EUSTACE MULLINS

SECRETELE REZERVEI FEDERALE

LEGĂTURA CU LONDRA

Coperta reproduce conturul vulturului de pe scutul roșu, stema orașului Frankfurt, Germania, adaptată de Mayer Amschel Bauer (1744-1812), care și-a schimbat numele din Bauer în Rothschild („Scutul Roșu"). Rothschild a adăugat cinci săgeți de aur ținute în ghearele vulturului, simbolizând cei cinci fii ai săi care conduceau cele cinci case bancare ale Casei internaționale Rothschild: Frankfurt, Londra, Paris, Viena și Napoli.

OMNIA VERITAS®

EUSTACE CLARENCE MULLINS
(1923-2010)

Eustace Mullins (1923–2010) a fost un scriitor american cunoscut pentru lucrările sale critice la adresa sistemului bancar şi a instituţiilor financiare. Influenţat de poetul Ezra Pound, el a publicat, printre altele, *The Secrets of the Federal Reserve* în 1952, o carte care a marcat anumite cercuri critice ale finanţelor internaţionale. Autor prolific, el s-a interesat de subiecte politice, economice şi istorice pe tot parcursul carierei sale.

The Secrets of the Federal Reserve
the London Connection

1991

SECRETELE REZERVEI FEDERALE
LEGĂTURA CU LONDRA

Tradus şi publicat de Omnia Veritas Ltd

OMNIA VERITAS®
www.omnia-veritas.com

Dedicat celor doi dintre cei mai de seamă savanţi ai secolului al XX-lea, ***GEORGE STIMPSON*** *şi* ***EZRA POUND,*** *care şi-au împărtăşit cu generozitate vastele cunoştinţe unui tânăr scriitor, pentru a-l ghida într-un domeniu pe care acesta nu l-ar fi putut stăpâni singur.*

MULȚUMIRI

Doresc să mulțumesc foștilor mei colegi de la Biblioteca Congresului, a căror asistență, cooperare și sugestii au făcut posibilă realizarea primelor versiuni ale acestei cărți. De asemenea, doresc să mulțumesc personalului Bibliotecii Newberry din Chicago, Bibliotecii Publice din New York, Bibliotecii Alderman a Universității din Virginia și Bibliotecii McCormick a Universității Washington și Lee din Lexington, Virginia, pentru ajutorul lor neprețuit în finalizarea celor treizeci de ani de cercetări suplimentare pentru această lucrare definitivă despre Sistemul Rezervei Federale.

DESPRE AUTOR

Eustace Mullins este un veteran al Forțelor Aeriene ale Statelor Unite, cu treizeci și opt de luni de serviciu activ în timpul celui de-al Doilea Război Mondial. Originar din Virginia, a studiat la Universitatea Washington și Lee, Universitatea din New York, Universitatea din Ohio, Universitatea din Dakota de Nord, Escuelas des Bellas Artes, San Miguel de Allende, Mexic, și Institutul de Arte Contemporane, Washington, D.C.

Cartea originală, publicată sub titlul *„Mullins On The Federal Reserve"*, a fost comandată de poetul Ezra Pound în 1948. Ezra Pound a fost deținut politic timp de treisprezece ani și jumătate la Spitalul St. Elizabeth din Washington, D.C. (o instituție federală pentru bolnavi mintali). Eliberarea sa s-a datorat în mare parte eforturilor domnului Mullins.

Cercetarea de la Biblioteca Congresului a fost coordonată și revizuită zilnic de George Stimpson, fondatorul National Press Club din Washington, pe care *The New York Times* l-a numit, la 28 septembrie 1952, „o sursă de referință foarte apreciată în capitală. Funcționari guvernamentali, congresmeni și reporteri apelau la el pentru informații despre orice subiect".

Publicată în 1952 de Kasper și Horton, New York, cartea originală a fost prima dezvăluire la nivel național a întâlnirilor secrete ale bancherilor internaționali de la Jekyll Island, Georgia, din perioada 1907-1910, loc în care a fost redactat proiectul Legii Rezervei Federale din 1913.

În anii care au urmat, autorul a continuat să adune informații noi și mai surprinzătoare despre trecutul persoanelor care conduc politicile Rezervei Federale. Noile informații adunate de-a lungul anilor din sute de ziare, reviste şi cărţi d, oferă o perspectivă care coroborează legăturile dintre casele bancare internaţionale.[1]

În timp ce cerceta acest material, Eustace Mullins făcea parte din personalul Bibliotecii Congresului. Ulterior, Mullins a fost consultant în finanţarea autostrăzilor pentru American Petroleum Institute, consultant în dezvoltarea hotelieră pentru Institutions Magazine şi director editorial pentru cele patru publicaţii ale Chicago Motor Club.

[1] Consiliul de Acceptare din Londra este alcătuit din şaptesprezece case bancare internaţionale autorizate de Banca Angliei să efectueze operaţiuni de schimb valutar.

PREFAȚĂ

În 1949, în timp ce îl vizitam pe Ezra Pound, care era deținut politic la Spitalul St. Elizabeth din Washington, D.C. (o instituție federală pentru bolnavi mintali), dr. Pound m-a întrebat dacă auzisem vreodată de Sistemul Rezervei Federale. I-am răspuns că nu, la vârsta de 25 de ani. Apoi mi-a arătat o bancnotă de zece dolari pe care scria „Federal Reserve Note" și m-a rugat să fac niște cercetări la Biblioteca Congresului despre Sistemul Rezervei Federale, care emisese această bancnotă. Pound nu putea merge el însuși la bibliotecă, deoarece era deținut fără proces ca prizonier politic de către guvernul Statelor Unite. După ce i s-a refuzat timpul de emisie în SUA, dr. Pound a transmis din Italia în încercarea de a convinge poporul american să nu intre în cel de-al Doilea Război Mondial. Franklin D. Roosevelt ordonase personal punerea sub acuzare a lui Pound, impulsionat de cererile celor trei asistenți personali ai săi, Harry Dexter White, Lauchlin Currie și Alger Hiss, toți fiind identificați ulterior ca având legături cu spionajul comunist.

Nu mă interesa subiectul banilor sau al băncilor, deoarece lucram la un roman. Pound s-a oferit să-mi suplimenteze venitul cu zece dolari pe săptămână timp de câteva săptămâni. Cercetările mele inițiale au dezvăluit dovezi ale existenței unui grup bancar internațional care planificase în secret redactarea Legii Rezervei Federale și adoptarea planului de către Congres sub formă de lege. Aceste descoperiri au confirmat ceea ce Pound bănuia de mult timp. El a spus: „Trebuie să lucrezi la asta ca la un roman polițist." Am avut norocul ca cercetările mele la Biblioteca Congresului să fie îndrumate de un savant proeminent, George Stimpson, fondatorul National Press Club, care a fost descris de *The New York Times* din 28 septembrie 1952: „Iubit de ziariștii din Washington ca «Biblioteca noastră ambulantă a Congresului», domnul Stimpson era o sursă de referință foarte apreciată în Capitol. Funcționarii guvernamentali, congresmenii și reporterii apelau la el pentru informații despre orice subiect."

Cercetam patru ore pe zi la Biblioteca Congresului, iar după-amiaza mergeam la Spitalul St. Elizabeth. Pound și cu mine treceam în revistă notițele din ziua precedentă. Apoi am luat cina cu George Stimpson la Scholl's Cafeteria, în timp ce el îmi verifica materialul, și Apoi m-am întors în camera mea pentru a dactilografia notele corectate. Atât Stimpson, cât și Pound mi-au oferit multe sugestii, ghidându-mă într-un domeniu în care nu aveam experiență anterioară. Când resursele lui Pound s-au epuizat, am depus cereri la Fundația Guggenheim, Fundația Huntington Hartford și alte fundații pentru a-mi finaliza cercetarea privind Rezerva Federală. Chiar dacă cererile mele către fundații erau susținute de cei trei poeți de frunte ai Americii, Ezra Pound, E.E. Cummings și Elizabeth Bishop, toate fundațiile au refuzat să sponsorizeze această cercetare. Am redactat apoi concluziile mele de până atunci și, în 1950, am început demersurile pentru a promova acest manuscris în New York. Optsprezece edituri l-au respins fără comentarii, dar a nouăsprezecea, Devin Garrity, președintele Devin Adair Publishing Company, mi-a dat câteva sfaturi prietenoase în biroul său. „Îmi place cartea ta, dar nu o putem tipări", mi-a spus el. „Nici altcineva din New York nu o poate tipări. De ce nu aduci un prospect pentru romanul tău? Cred că îți putem oferi un avans. Ai putea la fel de bine să renunți la ideea de a publica cartea despre Rezerva Federală. Mă îndoiesc că ar putea fi tipărită vreodată."

Aceasta a fost o veste devastatoare, venită după doi ani de muncă intensă. I-am raportat lui Pound, și am încercat să găsim un editor în alte părți ale țării. După doi ani de încercări fără rezultat, cartea a fost publicată într-un tiraj mic în 1952 de doi dintre discipolii lui Pound, John Kasper și David Horton, folosind fondurile lor private, sub titlul Mullins on the Federal Reserve. În 1954, o a doua ediție, cu modificări neautorizate, a fost publicată în New Jersey, sub titlul The Federal Reserve Conspiracy. În 1955, Guido Roeder a scos o ediție germană la Oberammergau, Germania. Cartea a fost confiscată, iar întregul tiraj de 10.000 de exemplare a fost ars de agenți guvernamentali conduși de dr. Otto John.

Arderea cărții a fost confirmată la 21 aprilie 1961 de judecătorul Israel Katz de la Curtea Supremă a Bavariei. Guvernul SUA a refuzat să intervină, deoarece Înaltul Comisar al SUA în Germania, James B. Conant (președinte al Universității Harvard între 1933 și 1953), aprobase ordinul inițial de ardere a cărții. Aceasta este singura carte care a fost arsă în Germania de la al Doilea Război Mondial încoace. În 1968 a apărut o ediție piratată a acestei cărți în

California. Atât FBI-ul, cât și inspectorii poștali americani au refuzat să ia măsuri, în ciuda numeroaselor plângeri depuse de mine în deceniul următor. În 1980 a apărut o nouă ediție germană. Deoarece guvernul SUA aparent nu mai dicta afacerile interne ale Germaniei, cartea identică cu cea care fusese arsă în 1955 circulă acum în Germania fără nicio interferență.

Am colaborat la mai multe cărți cu domnul H.L. Hunt, iar acesta mi-a sugerat să-mi continui cercetările, amânate de multă vreme, privind Rezerva Federală și să public o versiune mai definitivă a acestei cărți. Tocmai semnasem un contract pentru a scrie biografia autorizată a lui Ezra Pound, iar cartea despre Rezerva Federală a trebuit să fie amânată. Domnul Hunt a decedat înainte să pot relua cercetările, iar eu m-am confruntat din nou cu problema finanțării cercetării pentru această carte.

Cartea mea inițială identificase și numise figurile obscure din Statele Unite care au planificat Legea Rezervei Federale. Am descoperit acum că oamenii pe care i-am demascat în 1952 ca fiind figurile obscure din spatele funcționării Sistemului Rezervei Federale erau ei înșiși umbre, fațadele americane pentru figurile necunoscute care au devenit cunoscute sub numele de „Conexiunea de la Londra". Am constatat că, în ciuda succeselor noastre în Războaiele de Independență din 1812 împotriva Angliei, am rămas o colonie economică și financiară a Marii Britanii. Pentru prima dată, am identificat acționarii inițiali ai băncilor Rezervei Federale și am urmărit companiile-mamă ale acestora până la „Conexiunea de la Londra".

Această cercetare este susținută de citate și documentație din sute de ziare, periodice și cărți, precum și de diagrame care arată relațiile de rudenie, căsătorie și afaceri. Peste o mie de numere *ale ziarului The New York Times* pe microfilm au fost verificate nu numai pentru informații originale, ci și pentru verificarea afirmațiilor din alte surse.

Este un truism al profesiei de scriitor că un scriitor are o singură carte în el. Acest lucru pare aplicabil în cazul meu, deoarece mă aflu acum în a cincea decadă de scriere continuă pe un singur subiect, povestea din culisele Sistemului Rezervei Federale. Această carte a fost, încă de la început, comandată și îndrumată de Ezra Pound. Patru dintre protejații săi au primit anterior Premiul Nobel pentru

Literatură: William Butler Yeats pentru poezia sa târzie, James Joyce pentru „Ulise", Ernest Hemingway pentru „Soarele răsare și el" și T.S. Eliot pentru „Pământul pustiu". Pound a jucat un rol major în inspirarea și editarea acestor opere – ceea ce ne face să credem că lucrarea de față, inspirată și ea de Pound, reprezintă o tradiție literară continuă.

Deși la început se preconiza că această carte va fi o lucrare complexă despre tehnici economice și monetare, ea s-a transformat curând într-o poveste cu un farmec atât de universal și dramatic, încât, încă de la început, Ezra Pound m-a îndemnat să o scriu ca pe un roman polițist, un gen inventat de compatriotul meu virginian, Edgar Allan Poe. Cred că circulația continuă a acestei cărți în ultimii patruzeci de ani nu numai că l-a exonerat pe Ezra Pound de declarațiile sale politice și monetare atât de condamnate, dar a fost și va continua să fie arma supremă împotriva puternicilor conspiratori care l-au obligat să ispășească treisprezece ani și jumătate fără proces, ca prizonier politic ținut într-un azil de nebuni în stil KGB. Prima sa reabilitare a venit atunci când agenții guvernamentali care reprezentau conspiratorii au refuzat să-i permită să depună mărturie în propria apărare; a doua reabilitare a venit în 1958, când aceiași agenți au renunțat la toate acuzațiile împotriva lui, iar el a ieșit din Spitalul St. Elizabeth, din nou un om liber. A treia și ultima sa reabilitare este această lucrare, care documentează fiecare aspect al demascării sale a finanțiștilor internaționali nemiloși pentru care Ezra Pound a devenit doar o victimă în plus, condamnat să-și ispășească ani de zile ca Omul cu Masca de Fier, pentru că îndrăznise să-și alerteze concetățenii americani cu privire la actele lor ascunse de trădare împotriva întregului popor al Statelor Unite.

În prelegerile mele din întreaga țară și în aparițiile mele la numeroase emisiuni de radio și televiziune, am semnalat faptul că Sistemul Rezervei Federale nu este federal; nu are rezerve; și nu este deloc un sistem, ci mai degrabă un sindicat criminal. Din noiembrie 1910, când conspiratorii s-au întâlnit pe Insula Jekyll, Georgia, până în prezent, mașinațiile bancherilor Rezervei Federale au fost învăluite în secret. Astăzi, acel secret a costat poporul american o datorie de trei trilioane de dolari, cu plăți anuale de dobânzi către acești bancheri în valoare de aproximativ trei sute de miliarde de dolari pe an, sume care depășesc imaginația și care, în sine, sunt în cele din urmă imposibil de plătit. Oficialii Sistemului Rezervei Federale adresează în mod obişnuit protestele către public, la fel cum fakirul hindus cântă o melodie insistentă cobrei ameţite care îşi leagănă capul în faţa lui, nu pentru a rezolva situaţia, ci pentru a o împiedica să-l lovească. Aşa a fost scrisoarea liniştitoare redactată de Donald J. Winn, asistent al Consiliului Guvernatorilor d, ca răspuns la o întrebare adresată de un congresman, onorabilul Norman D. Shumway, la 10 martie 1983. Domnul Winn afirmă că „Sistemul Rezervei Federale a fost înfiinţat printr-o lege a Congresului în 1913 şi nu este o «societate privată»". Pe pagina următoare, domnul Winn continuă: „Acţiunile băncilor Rezervei Federale sunt deţinute în întregime de bănci comerciale care sunt membre ale Sistemului Rezervei Federale". El nu oferă nicio explicaţie cu privire la motivul pentru care guvernul nu a deţinut niciodată o singură acţiune la vreo bancă a Rezervei Federale sau de ce Sistemul Rezervei Federale nu este o „societate privată" atunci când toate acţiunile sale sunt deţinute de „societăţi private".

Istoria americană din secolul al XX-lea a consemnat realizările uimitoare ale bancherilor Rezervei Federale. În primul rând, izbucnirea Primului Război Mondial, care a fost posibilă datorită fondurilor disponibile de la noua bancă centrală a Statelor Unite. În al doilea rând, Depresiunea Agricolă din 1920. În al treilea rând, Căderea de Vinerea Neagră de pe Wall Street din octombrie 1929 şi Marea Depresiune care a urmat. În al patrulea rând, Al Doilea Război Mondial. În al cincilea rând, conversia activelor Statelor Unite şi ale cetăţenilor săi din proprietăţi imobiliare în active pe hârtie din 1945 până în prezent, transformând o Americă victorioasă şi cea mai importantă putere mondială în 1945 în cea mai mare naţiune debitoare din lume în 1990. Astăzi, această naţiune se află în ruine economice, devastată şi săracă, într-o situaţie la fel de gravă în care s-au aflat Germania şi Japonia în 1945. Vor acţiona americanii pentru a reconstrui naţiunea noastră, aşa cum au făcut Germania şi Japonia când s-au confruntat cu condiţiile identice cu cele cu care ne confruntăm noi acum – sau vom continua să fim sclavi ai sistemului monetar babilonian al datoriei, care a fost instituit prin Legea Rezervei Federale din 1913 pentru a ne distruge complet? Aceasta este singura întrebare la care trebuie să răspundem, şi nu mai avem mult timp pentru a o face.

Datorită profunzimii şi importanţei informaţiilor pe care le-am dezvoltat la Biblioteca Congresului sub îndrumarea lui Ezra Pound, această lucrare a devenit un teren de vânătoare fericit pentru mulţi alţi istorici în devenire, care nu au putut cerceta acest material singuri. În ultimele patru decenii, m-am obişnuit să văd acest material apărând în multe alte cărţi, atribuit invariabil altor scriitori, fără ca numele meu să fie menţionat vreodată. Ca să adauge insultă la injurie, nu numai materialul meu, ci chiar şi titlul meu a fost însuşit, într-o lucrare masivă, deşi obtuză, intitulată („Secrets of the Temple – the Federal Reserve"). Această carte intens promovată a primit recenzii variind de la incredulitate la hilaritate. Revista Forbes şi-a sfătuit cititorii să citească recenzia lor şi să-şi economisească banii, subliniind că „cititorul nu va descoperi niciun secret" şi că „aceasta este una dintre acele cărţi a căror fanfară depăşeşte cu mult meritul lor". Acest lucru nu a fost întâmplător, întrucât această albire exagerată a bancherilor Rezervei Federale a fost publicată de cel mai faimos editor de non-cărţi din lume.

După şocul iniţial provocat de descoperirea faptului că cea mai influentă personalitate literară a secolului al XX-lea, Ezra Pound, era închis în „Iadul de la Washington", i-am scris imediat pentru a-i cere ajutorul unui finanţist de pe Wall Street, la reşedinţa căruia fusesem deseori oaspete. I-am reamintit că, în calitate de patron al artelor, nu-şi putea permite să-l lase pe Pound să rămână într-o astfel de captivitate inumană. Răspunsul său m-a şocat şi mai mult. Mi-a scris că „prietenul tău poate foarte bine să rămână unde este". Au trecut câţiva ani până când am reuşit să înţeleg că, pentru acest bancher de investiţii şi colegii săi, Ezra Pound va fi întotdeauna „duşmanul".

INTRODUCERE

Iată faptele simple ale marii trădări. Wilson şi House ştiau că făceau ceva important. Nu se pot desluşi motivele oamenilor, iar aceşti doi probabil credeau în ceea ce făceau. Ceea ce nu credeau era în guvernarea reprezentativă. Credeau în guvernarea unei oligarhii necontrolate, ale cărei acţiuni ar fi devenit evidente abia după un interval atât de lung, încât electoratul ar fi fost pentru totdeauna incapabil să facă ceva eficient pentru a remedia jafurile.

(NOTĂ A AUTORULUI: Dr. Pound a scris această introducere pentru cea mai veche versiune a acestei cărţi, publicată de Kasper şi Horton, New York, 1952. Deoarece era deţinut ca prizonier politic fără proces de către Guvernul Federal, nu-şi putea permite să-şi lase numele să apară pe carte din cauza represaliilor suplimentare împotriva sa. Nici nu putea permite ca cartea să-i fie dedicată, deşi el comandase scrierea ei. Autorul este mulţumit că poate remedia aceste omisiuni necesare, la treizeci şi trei de ani după evenimente.)

OPINIA LUI JEFFERSON CU PRIVIRE LA CONSTITUȚIONALITATEA BĂNCII

15 februarie 1791

(Scrierile lui Thomas Jefferson, ed. de H. E. Bergh, vol. III, p. 145 ff.)

Proiectul de lege pentru înființarea unei bănci naționale, din 1791, prevede, printre altele,--

1. Să constituie subscriitorii într-o societate comercială.

2. Să le permită, în calitatea lor de societate, să primească concesii de terenuri; și, în această măsură, este împotriva legilor privind proprietatea imobilă.

3. Să le permită subscriitorilor străini să dețină terenuri; și, în această măsură, este contrar legilor privind străinătatea.

4. Să transmită aceste terenuri, la moartea unui proprietar, unei anumite linii de succesori; și, în această măsură, modifică ordinea succesiunii.

5. Să pună terenurile în afara sferei de aplicare a confiscării sau a revânzării; și, în această măsură, este împotriva legilor privind confiscarea și revânzarea.

6. Să transmită bunuri mobile succesorilor, într-o anumită linie; și, în această măsură, este împotriva legilor distribuției.

7. Să le acorde dreptul unic și exclusiv de a desfășura activități bancare, sub autoritatea națională; și, în această măsură, este împotriva legilor privind monopolul.

8. Să le comunice o putere de a face legi, superioare legilor statelor; pentru că așa trebuie interpretate, pentru a proteja instituția de controlul legislaturilor statelor; și probabil așa vor fi interpretate.

Consider că fundamentul Constituției se bazează pe acest principiu – că toate puterile care nu sunt delegate Statelor Unite prin Constituție și nici interzise statelor prin aceasta sunt rezervate statelor sau poporului (al 12-lea amendament). A face un singur pas dincolo de limitele trasate astfel în mod special în jurul puterilor

Congresului înseamnă a prelua controlul asupra unui domeniu nelimitat de putere, care nu mai poate fi definit.

Înființarea unei bănci și puterile asumate de acest proiect de lege nu au fost, în opinia mea, delegate Statelor Unite prin Constituție.

CAPITOLUL UNU

INSULA JEKYLL

„Chestiunea unei rate uniforme de scont a fost discutată și soluționată la Jekyll Island." – **Paul M. Warburg**[2]

În noaptea de 22 noiembrie 1910, un grup de reporteri stătea descumpănit în gara din Hoboken, New Jersey. Tocmai văzuseră o delegație formată din principalii finanțiști ai națiunii părăsind gara într-o misiune secretă. Au trecut ani până când au descoperit care era acea misiune și, chiar și atunci, nu au înțeles că istoria Statelor Unite a suferit o schimbare drastică după acea noapte din Hoboken.

Delegația plecase într-un vagon de tren sigilat, cu jaluzelele trase, către o destinație necunoscută. Era condusă de senatorul Nelson Aldrich, șeful Comisiei Monetare Naționale. Președintele Theodore Roosevelt semnase legea de înființare a Comisiei Monetare Naționale în 1908, după ce tragica criză din 1907 provocase un val de proteste publice care cereau stabilizarea sistemului monetar al națiunii. Aldrich condusese membrii Comisiei într-un turneu de doi ani în Europa, cheltuind aproximativ trei sute de mii de dolari din banii publici. El nu întocmise încă un raport privind rezultatele acestei călătorii și nici nu propusese vreun plan de reformă bancară.

Senatorul Aldrich a fost însoțit la gara din Hoboken de secretarul său personal, Shelton; A. Piatt Andrew, secretar adjunct al

2 Prof. Nathaniel Wright Stephenson, Memorandumul lui Paul Warburg, *Nelson Aldrich, un lider al politicii americane*, Scribners, N.Y. 1930.

Trezoreriei și asistent special al Comisiei Monetare Naționale; Frank Vanderlip, președintele National City Bank din New York, Henry P. Davison, partener senior al J.P. Morgan Company și considerat în general ca emisarul personal al lui Morgan; și Charles D. Norton, președintele First National Bank din New York, dominată de Morgan. Grupului i s-au alăturat, chiar înainte ca trenul să părăsească gara, Benjamin Strong, cunoscut și el ca un locotenent al lui J.P. Morgan; și Paul Warburg, un imigrant recent din Germania care se alăturase casei bancare Kuhn, Loeb and Company, New York, în calitate de partener, câștigând cinci sute de mii de dolari pe an.

Șase ani mai târziu, un jurnalist financiar pe nume Bertie Charles Forbes (care a fondat ulterior revista Forbes; actualul editor, Malcom Forbes, este fiul său), a scris:

„Imaginați-vă un grup format din cei mai mari bancheri ai țării, care părăsesc New Yorkul pe ascuns, într-un vagon privat, sub acoperirea întunericului, străbătând în tăcere sute de kilometri spre sud, îmbarcându-se pe o barcă misterioasă, strecurându-se pe o insulă părăsită de toți, cu excepția câtorva servitori, trăind acolo o săptămână întreagă sub o asemenea secretizare strictă încât numele niciunui dintre ei nu a fost menționat măcar o dată, de teamă ca servitorii să nu afle identitatea lor și să dezvăluie lumii această expediție, cea mai ciudată și mai secretă din istoria finanțelor americane. Nu exagerez; prezint lumii, pentru prima dată, povestea reală a modului în care a fost redactat faimosul raport Aldrich privind moneda, fundamentul noului nostru sistem monetar... Tuturor li s-a impus cea mai strictă confidențialitate. Publicul nu trebuia să afle niciun indiciu despre ce urma să se întâmple. Senatorul Aldrich i-a anunțat pe fiecare să urce în liniște într-un vagon privat, pentru care compania feroviară primise ordin să-l aducă pe o platformă puțin frecventată. Grupul a plecat. Reporterii omniprezenți din New York fuseseră înșelați... Nelson (Aldrich) le-a mărturisit lui Henry, Frank, Paul și Piatt că urma să-i țină închiși pe Insula Jekyll, izolați de restul lumii, până când vor fi elaborat și compilat un sistem monetar științific pentru Statele Unite, adevărata naștere a actualului Sistem al Rezervei Federale, planul realizat pe Insula Jekyll în cadrul conferinței cu Paul, Frank și Henry... Warburg este veriga care leagă sistemul Aldrich de sistemul actual.

El, mai mult decât oricine altcineva, a făcut ca sistemul să devină o realitate funcțională. [3]

Biografia oficială a senatorului Nelson Aldrich menționează:

„În toamna anului 1910, șase bărbați au plecat la vânătoare de rațe: Aldrich, secretarul său Shelton, Andrews, Davison, Vanderlip și Warburg. Reporterii așteptau la gara din Brunswick (Georgia). Domnul Davison a ieșit și a vorbit cu ei. Reporterii s-au dispersat, iar secretul ciudatei călătorii nu a fost divulgat. Domnul Aldrich l-a întrebat cum a reușit acest lucru, dar el nu a oferit informația de bunăvoie."[4]

Davison avea o reputație excelentă ca persoană capabilă să concilieze facțiunile aflate în conflict, rol pe care îl îndeplinise pentru J.P. Morgan în timpul soluționării crizei monetare din 1907. Un alt partener al lui Morgan, T.W. Lamont, spune:

„Henry P. Davison a servit ca arbitru al expediției de la Jekyll Island."[5]

Din aceste referințe, este posibil să reconstituim povestea. Vagonul privat al lui Aldrich, care plecase din gara Hoboken cu jaluzelele trase, îi dusese pe finanțiști la Insula Jekyll, Georgia. Cu câțiva ani mai devreme, un grup foarte exclusivist de milionari, condus de J.P. Morgan, cumpărase insula ca refugiu de iarnă. Se numeau Jekyll Island Hunt Club și, la început, insula era folosită doar pentru expediții de vânătoare, până când milionarii și-au dat seama că climatul său plăcut oferea un refugiu cald față de iernile aspre din New York și au început să construiască vile splendide, pe care le numeau „cottage-uri", pentru vacanțele de iarnă ale familiilor lor. Clădirea clubului în sine, fiind destul de izolată, era uneori solicitată pentru petreceri de burlaci și alte activități care nu aveau legătură cu vânătoarea. În astfel de ocazii, membrilor clubului care nu erau invitați la aceste ieșiri specifice li se cerea să nu se prezinte acolo pentru un anumit număr de zile. Înainte ca grupul lui Nelson

---

[3] „CURRENT OPINION", decembrie 1916, p. 382.

[4] Nathaniel Wright Stephenson, Nelson W. *Aldrich, Un lider în politica americană*, Scribners, N.Y. 1930, cap. XXIV „Jekyll Island"

[5] T.W. Lamont, Henry P. Davison, Harper, 1933.

Aldrich să plece din New York, membrii ai clubului fuseseră anunţaţi că clubul va fi ocupat în următoarele două săptămâni.

Clubul Jekyll Island a fost ales ca loc pentru elaborarea planului de control al banilor şi creditului poporului Statelor Unite, nu numai datorită izolării sale, ci şi pentru că era rezervaţia privată a persoanelor care elaborau planul.

New York Times a menţionat ulterior, pe 3 mai 1931, comentând moartea lui George F. Baker, unul dintre cei mai apropiaţi asociaţi ai lui J.P. Morgan, că „Jekyll Island Club a pierdut unul dintre cei mai distinşi membri ai săi. O şesime din averea totală a lumii era reprezentată de membrii Jekyll Island Club." Calitatea de membru se dobândea doar prin moştenire.

Grupul Aldrich nu era interesat de vânătoare. Insula Jekyll a fost aleasă ca loc de pregătire a băncii centrale deoarece oferea intimitate completă şi deoarece nu exista niciun jurnalist pe o rază de 50 de mile. Nevoia de confidenţialitate era atât de mare încât membrii grupului au convenit, înainte de a ajunge pe Insula Jekyll, că nu vor folosi numele de familie în niciun moment pe durata şederii lor de două săptămâni. Grupul s-a numit ulterior „First Name Club", deoarece numele de familie ale lui Warburg, Strong, Vanderlip şi ale celorlalţi erau interzise pe durata şederii. Servitorilor obişnuiţi li s-au acordat două săptămâni de concediu de la club, iar pentru această ocazie au fost aduşi noi servitori de pe continent, care nu cunoşteau numele niciunui dintre cei prezenţi. Chiar dacă ar fi fost interogaţi după ce grupul Aldrich s-a întors la New York, aceştia nu ar fi putut dezvălui numele. Acest aranjament s-a dovedit a fi atât de satisfăcător încât membrii, limitaţi la cei care fuseseră efectiv prezenţi pe Insula Jekyll, au organizat ulterior o serie de întâlniri informale la New York.

De ce atâta secret? De ce această călătorie de o mie de mile într-un vagon de tren închis către un club de vânătoare îndepărtat? Aparent, era pentru a duce la îndeplinire un program de serviciu public, pentru a pregăti o reformă bancară care ar fi fost un binefacere pentru poporul Statelor Unite, care fusese ordonată de Comisia Monetară Naţională. Participanţii nu erau străini de faptele de binefacere publică. De obicei, numele lor erau inscripţionate pe plăci de aramă sau pe faţadele clădirilor pe care le donaseră. Aceasta nu a fost procedura pe care au urmat-o la Jekyll Island. Niciodată nu a fost ridicată vreo placă de aramă pentru a marca acțiunile altruiste ale celor care s-au întâlnit la clubul lor privat de vânătoare în 1910 pentru a îmbunătăți soarta fiecărui cetățean al Statelor Unite.

De fapt, la Jekyll Island nu a avut loc nicio acțiune caritabilă. Grupul Aldrich s-a deplasat acolo în secret pentru a redacta legislația bancară și monetară pe care Comisia Monetară Națională primise ordin să o pregătească în mod public. Miza era controlul viitor al banilor și al creditului din Statele Unite. Dacă s-ar fi pregătit și prezentat Congresului o reformă monetară autentică, aceasta ar fi pus capăt puterii creatorilor de bani elitiști ai lumii. Insula Jekyll a asigurat înființarea unei bănci centrale în Statele Unite, care le-ar fi oferit acestor bancheri tot ceea ce își doreau dintotdeauna.

Fiind cel mai priceput din punct de vedere tehnic dintre cei prezenți, Paul Warburg a fost însărcinat să se ocupe de cea mai mare parte a redactării planului. Munca sa urma să fie apoi discutată și revizuită de restul grupului. Senatorul Nelson Aldrich era acolo pentru a se asigura că planul finalizat va ieși într-o formă pe care el o putea face să treacă prin Congres, iar ceilalți bancheri erau acolo pentru a include orice detalii ar fi fost necesare pentru a se asigura că vor obține tot ce doreau, într-un proiect finalizat compus în timpul unei singure șederi. După ce s-au întors la New York, nu mai putea exista o a doua întâlnire pentru a-și reface planul. Nu puteau spera să obțină o astfel de confidențialitate pentru munca lor într-o a doua călătorie.

Grupul de la Jekyll Island a rămas la club timp de nouă zile, lucrând cu înverșunare pentru a-și duce la bun sfârșit misiunea. În ciuda intereselor comune ale celor prezenți, lucrările nu s-au desfășurat fără tensiuni. Senatorul Aldrich, o fire mereu autoritară, se considera liderul desemnat al grupului și nu se putea abține să nu le dea ordine tuturor celorlalți. Aldrich se simțea, de asemenea, oarecum în plus, fiind singurul membru care nu era bancher de profesie. De-a lungul carierei sale, avusese interese bancare substanțiale, dar doar ca persoană care profita de pe urma deținerii de acțiuni bancare. Știa puține lucruri despre aspectele tehnice ale operațiunilor financiare. Omologul său, Paul Warburg, credea că fiecare întrebare ridicată de grup necesita nu doar un răspuns, ci o prelegere. Rareori rata ocazia de a le ține membrilor un discurs lung menit să-i impresioneze cu amploarea cunoștințelor sale bancare. Acest lucru era resimtit de ceilalți și atrăgea adesea remarci sarcastice din partea lui Aldrich. Diplomația naturală a lui Henry P. Davison s-a dovedit a fi catalizatorul d, care i-a menținut la treabă. Accentul străin pronunțat al lui Warburg îi deranja și le amintea constant că trebuiau să-i accepte prezența dacă se dorea elaborarea unui plan de bancă centrală care să le garanteze profiturile viitoare. Warburg nu a depus prea mult efort pentru a le atenua prejudecățile și le-a contestat cu fiecare ocazie posibilă pe chestiuni bancare tehnice, pe care le considera apanajul său privat.

„În toate conspirațiile trebuie să existe o mare discreție."[6]

Planul de „reformă monetară" pregătit la Jekyll Island urma să fie prezentat Congresului ca opera finalizată a Comisiei Monetare Naționale. Era imperativ ca adevărații autori ai proiectului de lege să rămână ascunși. Resentimentul popular împotriva bancherilor era atât de mare de la Panica din 1907, încât niciun congresman nu ar fi îndrăznit să voteze un proiect de lege care purta pata Wall Street-ului, indiferent cine contribuise la cheltuielile sale de campanie. Planul de la Insula Jekyll era un plan de bancă centrală, iar în această țară exista o lungă tradiție de luptă împotriva impunerii unei bănci centrale asupra poporului american. Aceasta începuse cu lupta lui Thomas Jefferson împotriva planului lui Alexander Hamilton pentru Prima Bancă a Statelor Unite, susținut de James Rothschild. Aceasta a continuat cu războiul câștigat de președintele Andrew Jackson împotriva planului lui Alexander Hamilton privind a doua bancă a Statelor Unite, în care Nicholas Biddle acționa ca agent al lui James Rothschild din Paris. Rezultatul acelei lupte a fost crearea Sistemului Independent de Subtrezorerie, care se presupune că a servit la menținerea fondurilor Statelor Unite departe de mâinile finanțiștilor. Un studiu al crizelor din 1873, 1893 și 1907 indică faptul că aceste crize au fost rezultatul operațiunilor bancherilor internaționali din Londra. În 1908, publicul cerea ca Congresul să adopte o legislație care să împiedice repetarea crizelor monetare provocate artificial. O astfel de reformă monetară părea acum inevitabilă. Pentru a preveni și controla o astfel de reformă, a fost înființată Comisia Monetară Națională, condusă de Nelson Aldrich, deoarece acesta era liderul majorității din Senat.

Principala problemă, așa cum i-a informat Paul Warburg pe colegii săi, era evitarea denumirii de „Bancă Centrală". Din acest

---

6 Clarendon, Hist. Reb. 1647.

motiv, el a decis să folosească denumirea de „Sistemul Rezervei Federale". Acest lucru ar fi indus în eroare populaţia, făcând-o să creadă că nu era vorba de o bancă centrală. Cu toate acestea, planul de la Jekyll Island urma să fie un plan de bancă centrală, îndeplinind principalele funcţii ale unei bănci centrale; aceasta urma să fie deţinută de persoane private care ar fi profitat din deţinerea de acţiuni. Ca bancă emitentă, aceasta urma să controleze banii şi creditul naţiunii.

În capitolul dedicat insulei Jekyll din biografia lui Aldrich, Stephenson scrie despre conferinţă:

„Cum urma să fie controlată Banca de Rezervă? Trebuia să fie controlată de Congres. Guvernul urma să fie reprezentat în consiliul de administraţie, urma să aibă cunoştinţă deplină de toate afacerile băncii, dar majoritatea directorilor urmau să fie aleşi, direct sau indirect, de băncile din asociaţie."[7]

Astfel, Banca Rezervei Federale propusă urma să fie „controlată de Congres" şi să răspundă în faţa guvernului, dar majoritatea directorilor urmau să fie aleşi, „direct sau indirect", de băncile din asociaţie. În versiunea finală a planului lui Warburg, Consiliul Guvernatorilor Rezervei Federale urma să fie numit de preşedintele Statelor Unite, dar activitatea reală a Consiliului urma să fie controlată de un Consiliu Consultativ Federal, care se întâlnea cu guvernatorii. Consiliul urma să fie ales de directorii celor douăsprezece bănci ale Rezervei Federale şi urma să rămână necunoscut publicului.

Următoarea preocupare a fost ascunderea faptului că „Sistemul Rezervei Federale" propus urma să fie dominat de stăpânii pieţei monetare din New York. Congresmenii din Sud şi Vest nu ar fi putut supravieţui dacă ar fi votat pentru un plan al Wall Street-ului. Fermierii şi micii întreprinzători din acele zone suferiseră cel mai mult din cauza crizelor monetare. Existase o mare nemulţumire populară împotriva bancherilor din Est, care în secolul al XIX-lea s-a transformat într-o mişcare politică cunoscută sub numele de „populism". Documentele private ale lui Nicholas Biddle, publicate abia la mai bine de un secol după moartea sa, arată că, încă de la

[7] Nathaniel Wright Stephenson, Nelson W. *Aldrich, Un lider în politica americană*, Scribners, N.Y. 1930, cap. XXIV „Jekyll Island", p. 379.

început, bancherii din Est erau pe deplin conştienţi de opoziţia publică larg răspândită împotriva lor.

Paul Warburg a propus la Jekyll Island principala înşelăciune care urma să împiedice cetăţenii să recunoască faptul că planul său instituia o bancă centrală. Aceasta era sistemul de rezerve regionale. El a propus un sistem de patru (ulterior douăsprezece) bănci de rezervă sucursale situate în diferite părţi ale ţării. Puţini oameni din afara lumii bancare şi-ar fi dat seama că concentrarea existentă a structurii monetare şi de credit a naţiunii în New York făcea ca propunerea unui sistem de rezerve regionale să fie o iluzie.

O altă propunere avansată de Paul Warburg la Jekyll Island a fost modul de selecţie a administratorilor pentru sistemul de rezervă regional propus. Senatorul Nelson Aldrich insistase ca funcţionarii să fie numiţi, nu aleşi, şi ca Congresul să nu aibă niciun rol în selecţia lor. Experienţa sa de la Capitol Hill îl învăţase că opinia Congresului era adesea ostilă intereselor de pe Wall Street, întrucât congresmenii din Vest şi Sud ar fi dorit să le demonstreze alegătorilor lor că îi protejau împotriva bancherilor din Est.

Warburg a răspuns că administratorii băncilor centrale propuse ar trebui să fie supuşi aprobării executive a preşedintelui. Această eliminare evidentă a sistemului de sub controlul Congresului însemna că propunerea privind Rezerva Federală era neconstituţională încă de la început, deoarece Sistemul Rezervei Federale urma să fie o bancă emitentă. Articolul 1, secţiunea 8, paragraful 5 din Constituţie conferă în mod expres Congresului „puterea de a bate monedă şi de a reglementa valoarea acesteia". Planul lui Warburg ar fi privat Congresul de suveranitatea sa, iar sistemele de control şi echilibru al puterilor instituite de Thomas Jefferson în Constituţie ar fi fost distruse. Administratorii sistemului propus ar fi controlat banii şi creditul naţiunii şi ar fi fost ei înşişi aprobaţi de departamentul executiv al guvernului. Departamentul judiciar (Curtea Supremă etc.) era deja controlat practic de departamentul executiv prin numirea judecătorilor de către preşedinte.

Paul Warburg a scris ulterior o expunere detaliată a planului său, intitulată „The Federal Reserve System, Its Origin and Growth"

(Sistemul Rezervei Federale, originea și dezvoltarea sa)[8], de aproximativ 1750 de pagini, dar numele „Jekyll Island" nu apare nicăieri în acest text. El afirmă însă (vol. 1, p. 58):

„Dar apoi conferința s-a încheiat, după o săptămână de deliberări serioase, s-a convenit asupra schiței a ceea ce a devenit ulterior Proiectul de lege Aldrich și s-a conturat un plan care prevedea o «Asociație Națională de Rezervă», adică o organizație centrală de rezervă cu o emisiune elastică de bancnote bazată pe aur și efecte comerciale."

La pagina 60, Warburg scrie: „Rezultatele conferinței au fost în întregime confidențiale. Nici măcar faptul că a avut loc o întâlnire nu a fost permis să devină public." El adaugă într-o notă de subsol: „Deși au trecut optsprezece [sic] ani de atunci, nu mă simt liber să ofer o descriere a acestei conferințe extrem de interesante, cu privire la care senatorul Aldrich a obligat toți participanții la păstrarea secretului."

Dezvăluirea lui B.C. Forbes d[9], privind expediția secretă la Jekyll Island, a avut un impact surprinzător de mic. Ea nu a apărut în presă decât la doi ani după ce Legea Rezervei Federale fusese adoptată de Congres, prin urmare nu a fost citită niciodată în perioada în care ar fi putut avea un efect, adică în timpul dezbaterii din Congres asupra proiectului de lege. Povestea lui Forbes a fost, de asemenea, respinsă de cei „la curent" ca fiind absurdă și o simplă invenție. Stephenson menționează acest lucru la pagina 484 din cartea sa despre Aldrich.[10]

„Acest episod curios de la Insula Jekyll a fost considerat în general un mit. B.C. Forbes a obținut câteva informații de la unul dintre reporteri. Acestea prezentau în linii vagi povestea de la Insula Jekyll, dar nu au făcut nicio impresie și au fost considerate în general ca o simplă poveste."

Acoperirea conferinței de la Jekyll Island s-a desfășurat pe două linii, ambele având succes. Prima, așa cum menționează

---

[8] Paul Warburg, *Sistemul Rezervei Federale, originea și dezvoltarea sa*, volumul I, p. 58, Macmillan, New York, 1930.

[9] CURRENT OPINION, decembrie 1916, p. 382.

[10] Nathaniel Wright Stephenson, Nelson W. Aldrich, *Un lider în politica americană*, Scribners, N.Y. 1930, cap. XXIV „Jekyll Island", p. 379.

Stephenson, a fost aceea de a respinge întreaga poveste ca fiind o născocire romantică care nu a avut loc niciodată. Deși au existat scurte referiri la Insula Jekyll în cărțile ulterioare privind Sistemul Rezervei Federale, acestea au atras, de asemenea, puțină atenție din partea publicului. Așa cum am observat, lucrarea masivă și presupus definitivă a lui Warburg privind Sistemul Rezervei Federale nu menționează deloc Insula Jekyll, deși el admite că a avut loc o conferință. În niciunul dintre discursurile sau scrierile sale voluminoase nu apar cuvintele „Jekyll Island", cu o singură excepție notabilă. El a acceptat cererea profesorului Stephenson de a pregăti o scurtă declarație pentru biografia lui Aldrich. Aceasta apare la pagina 485 ca parte a „Memorandului Warburg". În acest fragment, Warburg scrie: „Chestiunea unei rate de discount uniforme a fost discutată și stabilită la Jekyll Island."

Un alt membru al „First Name Club" a fost mai puțin reticent. Frank Vanderlip a publicat ulterior câteva referințe succinte la conferință. În Saturday Evening Post, 9 februarie 1935, p. 25, Vanderlip a scris:

„În ciuda opiniilor mele cu privire la valoarea pentru societate a unei mai mari transparențe în ceea ce privește afacerile corporațiilor, a existat o ocazie, spre sfârșitul anului 1910, când am fost la fel de secretos, ba chiar de furiș, ca orice conspirator... Deoarece ar fi fost fatal pentru planul senatorului Aldrich să se afle că apela la cineva de pe Wall Street pentru a-l ajuta la pregătirea proiectului său de lege, s-au luat măsuri de precauție care l-ar fi încântat pe James Stillman (un bancher pitoresc și secretos care a fost președinte al National City Bank în timpul Războiului Hispano-American și despre care se credea că a fost implicat în implicarea noastră în acel război)... Nu cred că este o exagerare să vorbesc despre expediția noastră secretă la Insula Jekyll ca fiind ocazia concepției efective a ceea ce a devenit în cele din urmă Sistemul Rezervei Federale."

Într-un articol din rubrica de călătorii a ziarului The Washington Post, din 27 martie 1983, intitulat „Urmăriți-i pe bogați pe Insula Jekyll", Roy Hoopes scrie:

„În 1910, când Aldrich și patru experți financiari au căutat un loc unde să se întâlnească în secret pentru a reforma sistemul bancar al țării, au simulat o excursie de vânătoare la Jekyll și, timp de zece zile, s-au izolat în Clubhouse, unde au pus la punct planurile pentru ceea ce avea să devină, în cele din urmă, Banca Rezervei Federale."

Vanderlip a scris mai târziu în autobiografia sa, From Farmboy to Financier:[11]

„Expediția noastră secretă la Jekyll Island a fost ocazia concepției efective a ceea ce avea să devină în cele din urmă Sistemul Rezervei Federale d. Punctele esențiale ale Planului Aldrich au fost toate incluse în Legea Rezervei Federale, așa cum a fost adoptată."

Profesorul E.R.A. Seligman, membru al familiei bancare internaționale J. & W. Seligman și șef al Departamentului de Economie al Universității Columbia, a scris într-un eseu publicat de Academia de Științe Politice, Proceedings, v. 4, nr. 4, p. 387-90:

„Foarte puțini știu cât de mare este datoria Statelor Unite față de domnul Warburg. Se poate spune fără teamă de a fi contrazis că, în trăsăturile sale fundamentale, Legea Rezervei Federale este opera domnului Warburg mai mult decât a oricărui alt om din țară. Existența unui Consiliu al Rezervei Federale creează, în toate aspectele, cu excepția denumirii, o adevărată bancă centrală. În cele două elemente fundamentale ale controlului rezervelor și ale politicii de scont, Legea Rezervei Federale a acceptat în mod deschis principiul proiectului de lege Aldrich, iar aceste principii, așa cum s-a afirmat, au fost creația domnului Warburg și numai a domnului Warburg. Nu trebuie uitat faptul că domnul Warburg avea în vedere un obiectiv practic. În formularea planurilor sale și în promovarea acestora, cu sugestii ușor diferite din când în când, era de datoria sa să-și amintească că educarea țării trebuie să fie treptată și că o mare parte a sarcinii consta în a sparge prejudecățile și a înlătura suspiciunile. Planurile sale conțineau, prin urmare, tot felul de sugestii elaborate menite să protejeze publicul împotriva pericolelor imaginare și să convingă țara că schema generală era deloc practicabilă. Domnul Warburg spera că, odată cu trecerea timpului, ar fi posibil să se elimine din lege câteva clauze care fuseseră inserate în mare parte la sugestia sa, în scopuri educative."

Acum că datoria publică a Statelor Unite a depășit un trilion de dolari, putem într-adevăr recunoaște „cât de mare este datoria

[11] Frank Vanderlip, *De la băiat de la fermă la finanțist.*

Statelor Unite față de domnul Warburg". La momentul la care a redactat Legea Rezervei Federale, datoria publică era aproape inexistentă.

Profesorul Seligman subliniază remarcabila previziune a lui Warburg, conform căreia adevărata sarcină a membrilor conferinței de la Jekyll Island era să pregătească un plan bancar care să „educa treptat țara" și să „distrugă prejudecățile și să înlăture suspiciunile". Campania de transpunere a planului în lege a reușit să facă exact acest lucru.

CAPITOLUL DOI

PLANUL ALDRICH

„Finanţele şi tarifele sunt rezervate de Nelson Aldrich ca fiind de competenţa şi jurisdicţia sa exclusivă. Domnul Aldrich se străduieşte să elaboreze, prin intermediul Comisiei Monetare Naţionale, o lege bancară şi monetară. Sute de mii de persoane sunt ferm convinse că domnul Aldrich reprezintă, prin personalitatea sa, cea mai mare şi mai sinistră ameninţare la adresa bunăstării poporului din Statele Unite. Ernest Newman a spus recent: «Ceea ce Sudul le face negrilor din punct de vedere politic, Aldrich le-ar face-o celor de jos din Nord, dacă ar putea găsi o modalitate sigură şi practică de a realiza acest lucru.» – Harper's Weekly, 7 mai 1910.

Participanţii la conferinţa de la Jekyll Island s-au întors la New York pentru a conduce o campanie de propagandă la nivel naţional în favoarea „Planului Aldrich". Trei dintre universităţile de frunte, Princeton, Harvard şi Universitatea din Chicago, au fost folosite ca puncte de adunare pentru această propagandă, iar băncile naţionale au trebuit să contribuie la un fond de cinci milioane de dolari pentru a convinge publicul american că acest plan al băncii centrale ar trebui să fie adoptat ca lege de către Congres.

Woodrow Wilson, guvernator al New Jersey şi fost preşedinte al Universităţii Princeton, a fost recrutat ca purtător de cuvânt al Planului Aldrich. În timpul panicii din 1907, Wilson declarase: „Toate aceste probleme ar putea fi evitate dacă am numi un comitet format din șase sau șapte oameni cu spirit civic, precum J.P. Morgan, pentru a se ocupa de treburile țării noastre."

În biografia lui Nelson Aldrich din 1930, Stephenson spune:

„La 16 ianuarie 1911 a fost publicată broșura «Planul propus pentru legislația monetară», de către onorabilul Nelson Aldrich, pe baza concluziilor de la Jekyll Island." Stephenson menționează la pagina 388: „A fost înființată o organizație pentru progresul financiar. Domnul Warburg a prezentat o rezoluție care autoriza înființarea Ligii Cetățenilor, mai târziu Liga Națională a Cetățenilor... Profesorului Laughlin de la Universitatea din Chicago i s-a încredințat conducerea propagandei Ligii."[12]

Este de remarcat faptul că Stephenson caracterizează activitatea Ligii Naționale a Cetățenilor drept „propagandă", în concordanță cu expunerea lui Seligman privind activitatea lui Warburg ca fiind „educarea țării" și „eliminarea prejudecăților".

O mare parte din cei cinci milioane de dolari din fondul secret al bancherilor a fost cheltuită sub auspiciile Ligii Naționale a Cetățenilor, care era formată din profesori universitari. Cei doi propagandiști cei mai neobosiți ai Planului Aldrich au fost profesorul O.M. Sprague de la Harvard și J. Laurence Laughlin de la Universitatea din Chicago.

Congresmanul Charles A. Lindbergh, Sr., notează:

„J. Laurence Laughlin, președinte al Comitetului Executiv al Ligii Naționale a Cetățenilor încă de la înființarea acesteia, s-a întors la funcția sa de profesor de economie politică la Universitatea din Chicago. În iunie 1911, profesorului Laughlin i s-a acordat un concediu de un an de la universitate, pentru a-și putea dedica tot timpul campaniei de educație întreprinse de Ligă... El a muncit neobosit, iar în mare parte datorită eforturilor și perseverenței sale campania intră în etapa finală cu perspective încurajatoare de succes... Cititorul știe că Universitatea din Chicago este o instituție

---

[12] Nathaniel Wright Stephenson, *Nelson W. Aldrich, Un lider în politica americană*, Scribners, N.Y. 1930.

dotată de John D. Rockefeller cu aproape cincizeci de milioane de dolari."[13]

În biografia sa despre Nelson Aldrich, Stephenson dezvăluie că Liga Cetățenilor a fost, de asemenea, un produs al Insulei Jekyll. În capitolul 24,, aflăm că: Planul Aldrich a fost prezentat Congresului ca rezultat al a trei ani de muncă, studiu și călătorii ale membrilor Comisiei Monetare Naționale, cu cheltuieli de peste trei sute de mii de dolari.[14]

Depunând mărturie în fața Comitetului pentru Reguli, la 15 decembrie 1911, după ce planul Aldrich fusese prezentat în Congres, congresmanul Lindbergh a declarat:

„Sistemul nostru financiar este unul fals și reprezintă o povară uriașă pentru popor... Am susținut că există un trust monetar. Planul Aldrich este un plan care servește în mod evident intereselor trustului... De ce insistă atât de mult trustul monetar pentru Planul Aldrich acum, înainte ca oamenii să afle ce a făcut trustul monetar?"

Lindbergh și-a continuat discursul:

„Planul Aldrich este Planul Wall Street. Este o provocare la adresa Guvernului din partea campionului trustului monetar. Înseamnă o altă panică, dacă este necesar, pentru a intimida poporul. Aldrich, plătit de Guvern pentru a reprezenta poporul, propune în schimb un plan pentru trusturi. Comisia Monetară Națională a fost creată printr-o mișcare foarte inteligentă. În 1907, natura a răspuns în cel mai frumos mod și a oferit acestei țări cea mai bogată recoltă pe care a avut-o vreodată. Și alte industrii erau ocupate, iar din punct de vedere natural toate condițiile erau potrivite pentru un an extrem de prosper. În schimb, o panică ne-a adus pierderi enorme. Wall Street știa că poporul american cerea o soluție împotriva repetării unei astfel de situații ridicol de nenaturale. Majoritatea senatorilor și reprezentanților au căzut în capcana Wall Street și au adoptat Legea de urgență monetară Aldrich-Vreeland. Dar scopul real era acela de a obține o comisie monetară care să elaboreze o propunere de amendamente la legile noastre monetare și bancare, care să convină

[13] Charles A. Lindbergh, Sr., *Banking, Currency and the Money Trust*, 1913, p. 131.

[14] În 1911, Planul Aldrich a devenit parte a platformei oficiale a Partidului Republican.

trustului monetar. Interesele sunt acum ocupate pretutindeni cu educarea populației în favoarea Planului Aldrich. Se raportează că s-a strâns o sumă mare de bani în acest scop. Speculațiile de pe Wall Street au provocat panica din 1907. Fondurile deponenților au fost împrumutate jucătorilor și oricui dorea Money Trust să-l favorizeze. Apoi,, când deponenții și-au dorit banii, băncile nu îi aveau. Asta a provocat panica."

Edward Vreeland, coautor al proiectului de lege, a scris în ziarul Independent din 25 august 1910 (care era deținut de Aldrich): „Conform planului monetar propus de senatorul Aldrich, monopolurile vor dispărea, deoarece nu vor putea obține o dobândă mai mare de patru la sută, iar monopolurile nu pot continua la o rată atât de scăzută. De asemenea, acest lucru va marca dispariția guvernului din sectorul bancar."

Afirmațiile fantastice ale lui Vreeland erau tipice pentru valul de propagandă declanșat pentru a promova Planul Aldrich. Monopolurile ar fi dispărut, guvernul ar fi dispărut din sectorul bancar. Visuri deșarte.

Revista Nation, din 19 ianuarie 1911, nota: „Denumirea de Bancă Centrală este evitată cu grijă, dar «Asociația Rezervei Federale», denumirea dată organizației centrale propuse, este învestită cu puterile și responsabilitățile obișnuite ale unei bănci centrale europene."

După ce Comisia Monetară Națională s-a întors din Europa, aceasta nu a mai ținut nicio ședință oficială timp de aproape doi ani. Nu s-au prezentat niciodată documente sau procese-verbale care să arate cine a fost autorul Planului Aldrich. Întrucât nu au ținut ședințe oficiale, membrii comisiei nu puteau pretinde că planul le aparținea. Singurul rezultat tangibil al cheltuielilor de trei sute de mii de dolari ale Comisiei a fost o bibliotecă de treizeci de volume masive despre sistemul bancar european. Tipic pentru aceste lucrări este o istorie de o mie de pagini a Reichsbank, banca centrală care controla banii și creditul în Germania și ai cărei acționari principali erau familia Rothschild și casa bancară a familiei lui Paul Warburg, M.M. Warburg Company. Documentele Comisiei arată că aceasta nu a funcționat niciodată ca un organism deliberativ. De fapt, singura sa „ședință" a fost conferința secretă ținută la Jekyll Island, iar această conferință nu este menționată în nicio publicație a Comisiei.

Senatorul Cummins a adoptat o rezoluție în Congres prin care ordona Comisiei să prezinte un raport pe 8 ianuarie 1912 și să arate câteva rezultate constructive ale muncii sale de trei ani. În fața acestei provocări, Comisia Monetară Națională a încetat să mai existe.

Cu cei cinci milioane de dolari ca fond de război, propagandiștii Planului Aldrich au purtat un război fără menajamente împotriva opoziției. Andrew Frame a depus mărturie în fața Comitetului pentru Bănci și Monedă al Camerei Reprezentanților din cadrul Asociației Băncilor Americane. El a reprezentat un grup de bancheri din Vest care se opuneau Planului Aldrich:

PREȘEDINTELE CARTER GLASS: „De ce bancherii din vest nu s-au făcut auziți atunci când Asociația Băncilor Americane a dat aprobarea sa necondiționată și, după cum ni s-a asigurat, unanimă, schemei propuse de Comisia Monetară Națională?"

ANDREW FRAME: „Mă bucur că mi-ați atras atenția asupra acestui aspect. Când acel proiect de lege monetară a fost prezentat țării, mai erau doar câteva zile până la reuniunea Asociației Băncilor Americane de la New Orleans din 1911. Niciun bancher din o sută nu citise acel proiect de lege. Am avut douăsprezece discursuri în favoarea acestuia. Generalul Hamby din Austin, Texas, a scris o scrisoare președintelui Watts cerând o audiere împotriva proiectului de lege. Nu a primit un răspuns foarte politicos. Am refuzat să votez asupra acestuia, iar foarte mulți alți bancheri au făcut la fel."

DL BULKLEY: „Vreți să spuneți că niciun membru al Asociației nu a putut fi ascultat în opoziție față de proiectul de lege?"

ANDREW FRAME: „Au înăbușit orice argument."

DL KINDRED: „Dar s-a dat publicității că a fost practic unanim."

ANDREW FRAME: „Proiectul de lege fusese deja pregătit de senatorul Aldrich și prezentat consiliului executiv al Asociației Băncilor Americane în mai 1911. În calitate de membru al acelui consiliu, am primit o copie cu o zi înainte ca ei să ia o decizie în privința lui. Când proiectul de lege a ajuns la New Orleans, bancherii din Statele Unite nu îl citiseră."

DL KINDRED: „Preşedintele a exclus pur şi simplu pe cei care doreau să discute negativ despre el?”

ANDREW FRAME: „Nu permiteau nimănui care nu era în favoarea proiectului de lege să participe la dezbatere.”

PREŞEDINTELE GLASS: „Ce semnificaţie are faptul că, la următoarea reuniune anuală a Asociaţiei Băncilor Americane, desfăşurată la Detroit, în statul, în 1912, Asociaţia nu şi-a reiterat susţinerea planului Comisiei Monetare Naţionale, cunoscut sub numele de schema Aldrich?”

ANDREW FRAME: „Nu şi-a reiterat susţinerea din simplul motiv că susţinătorii Planului Aldrich ştiau că Asociaţia nu îl va susţine. Eram pregătiţi pentru ei, dar ei nu au adus vorba despre asta.”

Andrew Frame a dezvăluit coluziunea care, în 1911, a obţinut susţinerea Planului Aldrich din partea Asociaţiei Băncilor Americane, dar care, în 1912, nici măcar nu a îndrăznit să-şi reitereze susţinerea, de teama unei discuţii oneste şi deschise cu privire la meritele planului.

Preşedintele Glass l-a chemat apoi ca martor pe unul dintre cei mai puternici zece bancheri din Statele Unite, George Blumenthal, partener al casei bancare internaţionale Lazard Freres şi cumnat al lui Eugene Meyer, Jr. Carter Glass l-a întâmpinat cu efuziune pe Blumenthal, afirmând că „senatorul O'Gorman din New York a avut amabilitatea să ne sugereze numele dumneavoastră”. Un an mai târziu, O'Gorman a împiedicat o comisie a Senatului să-i pună stăpânului său, Paul Warburg, întrebări jenante înainte de a aproba numirea acestuia în funcţia de primul guvernator al Consiliului Rezervei Federale.

George Blumenthal a declarat: „Din 1893, firma mea, Lazard Freres, a fost lider în importurile şi exporturile de aur şi, prin urmare, a intrat în contact cu toţi cei care aveau vreo legătură cu acest domeniu”.

Congresmanul Taylor a întrebat: „Aveţi o declaraţie cu privire la rolul pe care l-aţi avut în importul de aur în Statele Unite?” Taylor a pus această întrebare deoarece Panica din 1893 este cunoscută de economişti ca un exemplu clasic de panică monetară cauzată de mişcările de aur.

„Nu", a răspuns George Blumenthal, „nu am nimic în legătură cu asta, deoarece nu are nicio legătură cu întrebarea."

Un bancher din Philadelphia, Leslie Shaw, s-a opus celorlalţi martori la aceste audieri, criticând mult-lăudata „descentralizare" a Sistemului. El a spus: „Conform Planului Aldrich, bancherii vor avea asociaţii locale şi asociaţii de district, iar atunci când ai o organizaţie locală, controlul centralizat este asigurat d. Să presupunem că avem o asociaţie locală în Indianapolis; nu poţi numi cei trei oameni care vor domina acea asociaţie? Şi apoi, nu poţi numi acel om din toate celelalte locuri? Când ai legat băncile între ele, ele pot avea cea mai mare influenţă din toată ţara, cu excepţia ziarelor."

Pentru a promova proiectul de lege monetar al democraţilor, Carter Glass a făcut public bilanţul dezastruos al eforturilor republicane ale Comisiei Monetare Naţionale a senatorului Aldrich. Raportul său din 1913 spunea: „Senatorul MacVeagh stabileşte costul Comisiei Monetare Naţionale la 12 mai 1911 la 207.130 de dolari. De atunci, au cheltuit încă o sută de mii de dolari din banii contribuabililor. Munca depusă la un astfel de cost nu poate fi ignorată, dar, după ce a examinat literatura extinsă publicată de Comisie, Comitetul pentru Bănci şi Monedă găseşte puţine elemente relevante pentru starea actuală a pieţei de credit din Statele Unite. Ne opunem proiectului de lege Aldrich din următoarele motive:

- Lipsa totală a unui control adecvat din partea guvernului sau a publicului asupra mecanismului bancar pe care îl instituie.

- Tendinţa sa de a arunca controlul votului în mâinile marilor bănci ale sistemului.

- Pericolul extrem de inflaţie monetară inerent sistemului.

- Lipsa de sinceritate a planului de finanţare prin obligaţiuni prevăzut de măsură, existând o pretenţie flagrantă că acest sistem nu ar costa nimic guvernul.

- Aspectele monopoliste periculoase ale proiectului de lege.

La începutul activităţii sale, comisia noastră s-a confruntat cu un sentiment bine definit în favoarea unei bănci centrale, care era rezultatul evident al muncii depuse de Comisia Monetară Naţională.

Denunţarea de către Glass a proiectului de lege Aldrich ca fiind un plan de bancă centrală a ignorat faptul că propria sa Lege a

Rezervei Federale ar îndeplini toate funcţiile unei bănci centrale. Acţiunile sale ar fi deţinute de acţionari privaţi care ar putea folosi creditul guvernului în propriul lor profit; ar avea controlul asupra resurselor monetare şi de credit ale naţiunii; şi ar fi o bancă de emisiune care ar finanţa guvernul prin „mobilizarea" creditului în timp de război. În „The Rationale of Central Banking", Vera C. Smith (Comitetul pentru Cercetare şi Educaţie Monetară, iunie 1981) scrie: „Definiţia primară a unei bănci centrale este un sistem bancar în care o singură bancă deţine un monopol complet sau rezidual asupra emisiunii de bancnote. O bancă centrală nu este un produs natural al dezvoltării bancare. Ea este impusă din exterior sau ia naştere ca rezultat al favorurilor guvernamentale."

Astfel, o bancă centrală îşi dobândeşte poziţia dominantă din monopolul asupra emisiunii de bancnote acordat de guvern. Aceasta este cheia puterii sale. De asemenea, actul de înfiinţare a unei bănci centrale are un impact inflaţionist direct din cauza sistemului de rezervă fracţionară, care permite crearea de împrumuturi contabile şi, prin urmare, de bani, de câteva ori mai mult decât „banii" reali pe care banca îi are în depozite sau rezerve.

Planul Aldrich nu a ajuns niciodată la vot în Congres, deoarece republicanii au pierdut controlul Camerei Reprezentanţilor în 1910 şi, ulterior, au pierdut Senatul şi preşedinţia în 1912.

CAPITOLUL TREI

LEGEA REZERVEI FEDERALE

„Sistemul nostru financiar este unul fals și reprezintă o povară uriașă pentru popor... Această lege instituie cel mai gigantic trust de pe pământ.” – **Congresmanul Charles Augustus Lindbergh, Sr.**

Discursurile senatorului LaFollette și ale congresmanului Lindbergh au devenit puncte de raliere ale opoziției față de Planul Aldrich în 1912. De asemenea, ele au stârnit sentimentul popular împotriva trustului monetar. Congresmanul Lindbergh a spus, pe 15 decembrie 1911: „Guvernul urmărește penal alte trusturi, dar susține trustul monetar. Am așteptat cu răbdare timp de câțiva ani o ocazie de a demasca falsul standard monetar și de a arăta că cel mai mare favoritism este cel acordat de guvern trustului monetar.”

Senatorul LaFollette a acuzat public că un trust monetar format din cincizeci de oameni controla Statele Unite. George F. Baker, partenerul lui J.P. Morgan, fiind întrebat de reporteri cu privire la veridicitatea acuzației, a răspuns că aceasta era absolut eronată. El a spus că știa din cunoștințe personale că nu mai mult de opt oameni conduceau această țară.

Revista The Nation i-a răspuns senatorului LaFollette într-un editorial că „dacă există un trust monetar, nu va fi posibil să se stabilească dacă acesta își exercită influența în bine sau în rău”.

Senatorul LaFollette remarcă în memoriile sale că discursul său împotriva Money Trust i-a costat ulterior președinția Statelor Unite, la fel cum sprijinul timpuriu al lui Woodrow Wilson pentru Planul Aldrich l-a adus în atenția pentru această funcție.

Congresul a făcut în cele din urmă un gest pentru a calma spiritele, numind o comisie însărcinată să investigheze controlul asupra banilor și creditului în Statele Unite. Aceasta a fost Comisia Pujo, o subcomisie a Comisiei pentru Bănci și Monedă a Camerei Reprezentanților, care a condus celebrele audieri „Money Trust" din 1912, sub conducerea congresmanului Arsene Pujo din Louisiana, care era considerat un purtător de cuvânt al intereselor petroliere. Aceste audieri au fost prelungite în mod deliberat timp de cinci luni și au rezultat în șase mii de pagini de mărturii tipărite în patru volume. Lună după lună, bancherii făceau călătoria cu trenul de la New York la Washington, depuneau mărturie în fața Comisiei și se întorceau la New York. Audierile erau extrem de plictisitoare și nu a reieșit nicio informație surprinzătoare din aceste sesiuni. Bancherii au recunoscut solemn că erau într-adevăr bancheri, au insistat că au acționat întotdeauna în interesul public și au susținut că erau animați doar de cele mai înalte idealuri de serviciu public, la fel ca congresmenii în fața cărora depuneau mărturie.

Natura paradoxală a audierilor Pujo Money Trust poate fi mai bine înțeleasă dacă îl examinăm pe omul care a dus singur la bun sfârșit aceste audieri, Samuel Untermyer. El a fost unul dintre principalii contribuabili la fondul de campanie prezidențială al lui Woodrow Wilson și unul dintre cei mai bogați avocați corporativi din New York. El afirmă în autobiografia sa din „Who's Who" din 1926 că a primit odată un onorariu de 775.000 de dolari pentru o singură tranzacție juridică, fuziunea reușită dintre Utah Copper Company și Boston Consolidated and Nevada Company, o firmă cu o valoare de piață de o sută de milioane de dolari. El a refuzat să le ceară fie senatorului LaFollette, fie congresmanului Lindbergh să depună mărturie în cadrul anchetei pe care numai ei o forțaseră pe Congres să o organizeze. În calitate de consilier special al Comitetului Pujo, Untermyer a condus audierile ca o operațiune de un singur om. Membrii Congresului, inclusiv președintele acestuia, congresmanul Arsene Pujo, păreau să fi rămas muți de la începutul audierilor până la încheierea lor. Unul dintre acești slujitori tăcuți ai publicului a fost congresmanul James Byrnes, din Carolina de Sud, reprezentând districtul natal al lui Bernard Baruch, care mai târziu a devenit faimos ca „omul lui Baruch" și a fost numit de Baruch la conducerea Biroului de Mobilizare de Război în timpul celui de-al Doilea Război Mondial.

Deşi era un specialist în astfel de chestiuni, Untermyer nu a întrebat niciunul dintre bancheri despre sistemul de consilii de administraţie interconectate prin care aceştia controlau industria. El nu a abordat mişcările internaţionale de aur, care erau cunoscute ca un factor al panicii monetare, sau relaţiile internaţionale dintre bancherii americani şi cei europeni. Casele bancare internaţionale ale lui Eugene Meyer, Lazard Freres, J. & W. Seligman, Ladenburg Thalmann, Speyer Brothers, M. M. Warburg şi fraţii Rothschild nu au stârnit curiozitatea lui Samuel Untermyer, deşi era bine cunoscut în lumea financiară din New York că toate aceste case bancare familiale aveau fie sucursale, fie controlau case subsidiare pe Wall Street. Când Jacob Schiff a comparut în faţa Comitetului Pujo, întrebările abil formulate de domnul Untermyer i-au permis domnului Schiff să vorbească timp de multe minute fără a dezvălui nicio informaţie despre operaţiunile casei bancare Kuhn Loeb Company, al cărei partener senior era, şi pe care senatorul Robert L. Owen o identificase ca fiind reprezentanta familiei Rothschild din Europa în Statele Unite.

Îmbătrânitul J.P. Morgan, căruia îi mai rămăseseră doar câteva luni de viaţă, a comparut în faţa Comitetului pentru a-şi justifica deceniile de tranzacţii financiare internaţionale. El a declarat, spre edificarea domnului Untermyer, că „banii sunt o marfă". Aceasta era o stratagemă preferată a creatorilor de bani, deoarece doreau să facă publicul să creadă că crearea banilor era un fenomen natural, asemănător cu cultivarea unui câmp de porumb, deşi era de fapt o recompensă acordată bancherilor de către guvernele asupra cărora aceştia câştigaseră controlul.

J.P. Morgan a mai spus Comitetului Pujo că, atunci când acorda un împrumut, lua în considerare serios un singur factor: caracterul omului; chiar şi capacitatea omului de a rambursa împrumutul sau garanţiile sale erau de mică importanţă. Această observaţie uimitoare i-a surprins chiar şi pe membrii blazaţi ai Comitetului.

Farsa Comitetului Pujo s-a încheiat fără ca vreun oponent cunoscut al creatorilor de bani să fie lăsat să apară sau să depună mărturie. În ceea ce-l privea pe Samuel Untermyer, senatorul LaFollette şi congresmanul Charles Augustus Lindbergh nu existaseră niciodată. Cu toate acestea, acești congresmani reușiseră să convingă poporul Statelor Unite că bancherii din New York dețineau într-adevăr un monopol asupra banilor și creditului națiunii. La încheierea audierilor din cadrul Comitetului pentru Reglementarea Monedei ( ), bancherii și ziarele lor subvenționate au susținut că singura modalitate de a sparge acest monopol era adoptarea legislației bancare și monetare propuse în acel moment Congresului, un proiect de lege care urma să fie adoptat un an mai târziu sub numele de Legea Rezervei Federale. Presa a cerut cu insistență ca monopolul bancar din New York să fie spart prin încredințarea administrării noului sistem bancar celui mai avizat bancher dintre toți, Paul Warburg.

Campania prezidențială din 1912 a înregistrat una dintre cele mai interesante răsturnări de situație din istoria americană. Președintele în exercițiu, William Howard Taft, era un președinte popular, iar republicanii, într-o perioadă de prosperitate generală, dețineau controlul ferm asupra guvernului prin intermediul majorității republicane din ambele camere. Contracandidatul democrat, Woodrow Wilson, guvernatorul statului New Jersey, nu se bucura de recunoaștere la nivel național și era un om rigid și auster, care stârnea puțin entuziasm în rândul publicului. Ambele partide au inclus în programele lor un proiect de lege privind reforma monetară: republicanii erau dedicați Planului Aldrich, care fusese denunțat ca fiind un plan al Wall Street-ului, iar democrații aveau Legea Rezervei Federale. Niciunul dintre partide nu s-a deranjat să informeze publicul că proiectele de lege erau aproape identice, cu excepția denumirilor. Privind în retrospectivă, pare evident că creatorii de bani au decis să-l abandoneze pe Taft și să-l susțină pe Wilson. De unde știm asta? Taft părea sigur de realegere, iar Wilson urma să se întoarcă în obscuritate. Brusc, Theodore Roosevelt „și-a aruncat pălăria în ring". El a anunțat că candida ca reprezentant al unui al treilea partid, „Bull Moose". Candidatura sa ar fi fost ridicolă dacă nu ar fi fost faptul că era excepțional de bine finanțat. Mai mult, i s-a acordat o acoperire mediatică nelimitată, mai mult decât Taft și Wilson la un loc. În calitate de fost președinte republican, era evident că Roosevelt îi va lua o mare parte din voturi lui Taft. Așa s-a și întâmplat, iar Wilson a câștigat alegerile. Până în ziua de azi, nimeni nu poate spune care era programul lui Theodore Roosevelt sau de ce și-ar fi sabotat propriul partid. Deoarece bancherii îi finanțau pe toți cei trei candidați, ei ar fi câștigat indiferent de rezultat. Mărturiile ulterioare din Congres au arătat că, în cadrul firmei Kuhn Loeb Company, Felix Warburg îl susținea pe Taft, Paul Warburg și Jacob Schiff îl susțineau pe Wilson, iar Otto Kahn îl susținea pe Roosevelt. Rezultatul a fost că, în 1912, au fost aleși un Congres democrat și un președinte democrat pentru a promova legea privind banca centrală. Pare probabil că identificarea Planului Aldrich ca o operațiune a Wall Street a prevăzut că acesta ar avea o trecere dificilă prin Congres, deoarece democrații s-ar fi opus ferm, în timp ce un candidat democrat de succes, susținut de un Congres democrat, ar fi putut adopta planul băncii centrale. Taft a fost aruncat peste bord deoarece bancherii se îndoiau că ar putea duce la îndeplinire Planul Aldrich, iar Roosevelt a fost instrumentul căderii sale.[15]

Pentru a confunda și mai mult poporul american și a-l orbi față de adevăratul scop al propusului Federal Reserve Act, arhitecții Planului Aldrich, puternicul Nelson Aldrich, deși nu mai era senator, și Frank Vanderlip, președintele National City Bank, au stârnit un val de proteste împotriva proiectului de lege. Ei au acordat interviuri ori de câte ori găseau un public, denunțând propusul Federal Reserve Act ca fiind ostil sectorului bancar și bunei guvernări. S-a invocat spectrul inflației din cauza prevederilor legii privind tipărirea bancnotelor Rezervei Federale. Revista The Nation, în numărul din 23 octombrie 1913, a subliniat: „Domnul Aldrich însuși a stârnit un val de proteste cu privire la emisiunea de „monedă fiduciară” de către guvern, adică bani emiși fără a fi acoperiți de aur sau lingouri, deși un proiect de lege care prevedea exact acest lucru fusese adoptat în 1908, având chiar numele său ca autor, și el știa, în plus, că „guvernul” nu avea nimic de-a face cu aceasta, că Consiliul Rezervei Federale urma să aibă controlul deplin asupra emisiunii unor astfel de monede.”

Afirmațiile lui Frank Vanderlip erau atât de bizare încât senatorul Robert L. Owen, președintele Comitetului pentru Bănci și Monedă al Senatului, nou înființat la 18 martie 1913, l-a acuzat că desfășoară în mod deschis o campanie de denaturare a conținutului proiectului de lege. Interesele publicului, așa cum a susținut Carter Glass într-un discurs ținut în fața Congresului la 10 septembrie

[15] Rezultatul final al votului electoral din 1912 a fost: Wilson – 409; Roosevelt – 167; și Taft – 15.

1913, urmau să fie protejate de un consiliu consultativ al bancherilor. „Nu poate exista nimic sinistru în tranzacţiile sale. Se va întruni de cel puţin patru ori pe an un consiliu consultativ al bancherilor care va reprezenta fiecare district de rezervă regional din sistem. Cum am fi putut da dovadă de o prudenţă mai mare în protejarea intereselor publice?"

Glass a susţinut că Consiliul Consultativ Federal propus ar obliga Consiliul Guvernatorilor Rezervei Federale să acţioneze în interesul superior al poporului.

Senatorul Root a ridicat problema inflaţiei, susţinând că, în temeiul Legii Rezervei Federale, circulaţia bancnotelor se va extinde întotdeauna la nesfârşit, provocând o inflaţie puternică. Cu toate acestea, istoria ulterioară a Sistemului Rezervei Federale a arătat că acesta nu numai că a provocat inflaţie, dar că emisiunea de bancnote putea fi, de asemenea, restricţionată, provocând deflaţie, aşa cum s-a întâmplat între 1929 şi 1939.

Unul dintre criticii sistemului „descentralizat" propus a fost un avocat din Cleveland, Ohio, Alfred Crozier: Crozier a fost chemat să depună mărturie în faţa Comisiei Senatului deoarece scrisese o carte provocatoare în 1912, intitulată U.S. Money vs. Corporation Currency.[16] El a atacat Legea Aldrich-Vreeland din 1908 ca fiind un instrument al Wall Street-ului şi a subliniat că, atunci când guvernul nostru a trebuit să emită bani pe baza unor titluri de valoare aflate în proprietate privată, nu mai eram o naţiune liberă.

Crozier a declarat în faţa Comisiei Senatului că „ar trebui să se interzică acordarea sau solicitarea de împrumuturi în scopul influenţării cotaţiilor titlurilor de valoare şi contractarea de împrumuturi sau creşterea ratelor dobânzilor în mod concertat de către bănci pentru a influenţa opinia publică sau acţiunea oricărui organism legislativ. În ultimele luni, William McAdoo, secretarul Trezoreriei Statelor Unite, a fost citat în presa liberă acuzând în mod specific că exista o conspiraţie între anumite mari interese bancare pentru a contracta moneda şi a creşte ratele dobânzilor, cu scopul de a determina publicul să forţeze Congresul să adopte legislaţia

---

[16] Cartea lui Crozier a dezvăluit planul finanţiştilor de a înlocui moneda legală a SUA, garantată de Articolul I, Sec. 8, Paragraful 5 din Constituţie, cu „moneda corporativă".

monetară dorită de aceste interese. Aşa-numitul proiect de lege al administraţiei privind moneda acordă exact ceea ce Wall Street şi marile bănci au urmărit timp de douăzeci şi cinci de ani, şi anume CONTROLUL PRIVAT, ÎN LOC DE CEL PUBLIC, ASUPRA MONEDEI. Acesta face acest lucru la fel de complet ca şi proiectul de lege Aldrich. Ambele măsuri privesc guvernul şi poporul de orice control efectiv asupra banilor publici şi conferă băncilor în mod exclusiv puterea periculoasă de a face banii să fie rari sau abundenţi în rândul populaţiei. Proiectul de lege Aldrich conferă această putere unei singure bănci centrale. Proiectul de lege al Administraţiei o conferă unui număr de douăsprezece bănci centrale regionale, toate deţinute exclusiv de aceleaşi interese private care ar fi deţinut şi operat Banca Aldrich. Preşedintele Garfield a declarat, cu puţin timp înainte de asasinarea sa, că oricine controlează oferta de monedă va controla afacerile şi activităţile poporului. Thomas Jefferson ne-a avertizat acum o sută de ani că o bancă centrală privată care emite moneda publică reprezintă o ameninţare mai mare la adresa libertăţilor poporului decât o armată permanentă."

Este interesant de observat câte asasinate ale preşedinţilor Statelor Unite au urmat preocupării lor cu privire la emiterea monedei publice; Lincoln cu Greenback-ul său, bancnote fără dobândă, şi Garfield, care a făcut o declaraţie privind problemele monetare chiar înainte de a fi asasinat.

Acum începem să înţelegem de ce a fost necesară o campanie atât de îndelungată de înşelăciune planificată, de la conferinţa secretă de la Jekyll Island până la planurile identice de „reformă" propuse de partidele Democrat şi Republican sub denumiri diferite. Bancherii nu au putut smulge controlul asupra emiterii de bani din mâinile cetăţenilor Statelor Unite, cărora le fusese atribuit prin Constituţie prin intermediul Congresului, până când Congresul nu le-a acordat monopolul asupra unei bănci centrale. Prin urmare, o mare parte din influenţa exercitată pentru adoptarea Legii Rezervei Federale s-a desfăşurat în culise, în principal de către două persoane obscure, nealese: imigrantul german Paul Warburg şi colonelul Edward Mandell House din Texas.

Paul Warburg a depus mărturie în faţa Comisiei pentru bancă şi monedă a Camerei Reprezentanţilor în 1913, ocazie cu care şi-a prezentat pe scurt parcursul profesional: „Sunt membru al casei bancare Kuhn, Loeb Company. Am venit în această ţară în 1902, după ce m-am născut și am fost format în domeniul bancar la Hamburg, în Germania, am studiat finanțele la Londra și Paris și am călătorit în întreaga lume. În timpul crizei din 1907, prima sugestie pe care am făcut-o a fost: «Să înființăm o casă de compensare națională». Planul Aldrich conține câteva elemente care sunt pur și simplu reguli fundamentale ale activității bancare. Obiectivul dumneavoastră în acest plan (proiectul de lege Owen-Glass) trebuie să fie același: centralizarea rezervelor, mobilizarea creditului comercial și obținerea unei emisiuni elastice de bancnote."

Expresia lui Warburg, „mobilizarea creditului", era una importantă, deoarece Primul Război Mondial urma să înceapă în curând, iar prima sarcină a Sistemului Rezervei Federale urma să fie finanțarea războiului mondial. Națiunile europene erau deja falite, deoarece menținuseră armate permanente numeroase timp de aproape cincizeci de ani, o situație creată de propriile lor bănci centrale, și, prin urmare, nu puteau finanța un război. O bancă centrală impune întotdeauna o povară enormă asupra națiunii pentru „reînarmare" și „apărare", cu scopul de a crea o datorie inextinguibilă, creând simultan o dictatură militară și aservind poporul pentru a plăti „dobânda" la datoria pe care bancherii au creat-o artificial.

În dezbaterea din Senat privind Legea Rezervei Federale, senatorul Stone a declarat la 12 decembrie 1913: „Marile bănci au căutat de ani de zile să aibă și să controleze agenți în Trezorerie care să le servească scopurile. Permiteți-mi să citez din acest articol din World: «Imediat ce domnul McAdoo a venit la Washington, o femeie pe care National City Bank o instalase în Departamentul Trezoreriei pentru a obține informații în avans despre starea băncilor și alte chestiuni de interes pentru marele grup de pe Wall Street a fost îndepărtată. Imediat, secretarul și secretarul adjunct, John Skelton Williams, au fost criticați sever de agenții grupului de pe Wall Street.»

„Eu însumi am cunoscut mai multe ocazii în care bancherii au refuzat creditul unor oameni care se opuneau opiniilor și scopurilor lor politice. Când senatorul Aldrich și alții cutreierau țara exploatând acest plan, marile bănci din New York și Chicago erau angajate în strângerea unui fond generos pentru a susține propaganda lui Aldrich. Mi s-a spus de către bancheri din propriul meu stat că li s-au cerut contribuții la acest fond de exploatare și că au contribuit deoarece se temeau să nu fie puşi pe lista neagră sau boicotaţi. Există bancheri în această ţară care sunt duşmani ai bunăstării publice. În trecut, câteva mari bănci au urmat politici şi proiecte care au paralizat energiile industriale ale ţării pentru a-şi perpetua puterea enormă asupra industriilor financiare şi de afaceri din America."

Carter Glass afirmă în autobiografia sa că a fost chemat de Woodrow Wilson la Casa Albă şi că Wilson i-a spus că intenţiona să transforme bancnotele de rezervă în obligaţiuni ale Statelor Unite. Glass spune: „Am rămas fără cuvinte pentru o clipă. Am protestat. Nu există nicio obligaţie guvernamentală aici, domnule preşedinte. Wilson a spus că a trebuit să facă un compromis în această privinţă pentru a salva proiectul de lege."

Termenul „compromis" în această privinţă a venit direct de la Paul Warburg. Col. Elisha Ely Garrison, în cartea sa „Roosevelt,[17] Wilson and the Federal Reserve Law", a scris: „În 1911, Lawrence Abbot, ofiţerul personal al domnului Roosevelt la «The Outlook», mi-a înmânat o copie a aşa-numitului Plan Aldrich pentru reforma monetară. Am spus că nu pot să cred că domnul Warburg era autorul. Acest plan nu este altceva decât legislaţia Aldrich-Vreeland, care prevedea emisiunea de monedă în schimbul titlurilor de valoare. Warburg ştie asta la fel de bine ca mine. Mă voi duce să-l văd imediat şi îl voi întreba despre asta. Bine, adevărul. Da, eu l-am scris, a spus el. De ce? Am întrebat. A fost un compromis, a răspuns Warburg."[18]

Garrison spune că Warburg i-a scris pe 8 februarie 1912.

„Nu am nicio îndoială că, la finalul unei discuţii aprofundate, fie veţi vedea lucrurile aşa cum le văd eu, fie eu le voi vedea aşa cum le vedeţi dumneavoastră – dar sper că le veţi vedea aşa cum le văd eu."

Aceasta era o altă zicală celebră a lui Warburg atunci când făcea lobby în secret pe lângă membrii Congresului pentru a-şi susţine interesele, ameninţarea voalată că aceştia ar trebui să „o vadă în felul lui". Cei care nu au făcut-o au constatat că sume mari au fost

[17] Theodore Roosevelt.

[18] Elisha Ely Garrison, *Roosevelt, Wilson şi Legea Rezervei Federale*, Christopher Publications, Boston, 1931.

contribuite adversarilor lor la următoarele alegeri și, de obicei, au suferit o înfrângere.

Colonelul Garrison, un agent al băncii Brown Brothers, mai târziu Brown Brothers Harriman, avea acces peste tot în comunitatea financiară. El scrie despre colonelul House: „Colonelul House era de acord în totalitate cu scrierile timpurii ale domnului Warburg." La pagina 337, el îl citează pe colonelul House:

„Sugerez, de asemenea, ca Consiliul Central să fie extins de la patru membri la cinci, iar mandatul acestora să fie prelungit de la opt la zece ani. Acest lucru ar asigura stabilitate și ar elimina puterea unui președinte de a schimba personalul consiliului în timpul unui singur mandat."

Fraza lui House, „să elimine puterea unui președinte", este semnificativă, deoarece președinții ulteriori s-au trezit neputincioși să schimbe direcția guvernului, deoarece nu aveau puterea de a schimba componența Consiliului Rezervei Federale pentru a obține o majoritate în cadrul acestuia pe durata mandatului respectivului președinte. Garrison a scris, de asemenea, în această carte:

„Paul Warburg este omul care a elaborat Legea Rezervei Federale după ce Planul Aldrich a stârnit atâta resentiment și opoziție la nivel național. Creierul ambelor planuri a fost baronul Alfred Rothschild din Londra."

Colonelul Edward Mandell House[19] a fost numit de rabinul Stephen Wise în autobiografia sa, Challenging Years, „secretarul de stat neoficial". House a remarcat că el și Wilson știau că, prin adoptarea Legii Rezervei Federale, au creat un instrument mai puternic decât Curtea Supremă. Consiliul Guvernatorilor Rezervei Federale constituia, de fapt, o Curte Supremă a Finanțelor, iar hotărârile sale erau definitive, fără posibilitate de apel.

În 1911, înainte ca Wilson să preia funcția de președinte, House se întorsese la casa sa din Texas și terminase o carte intitulată Philip Dru, Administrator. Aparent un roman, era de fapt un plan detaliat pentru viitorul guvern al Statelor Unite, „care ar fi instaurat socialismul visat de Karl Marx", potrivit lui House. Acest „roman" prezicea adoptarea impozitului pe venit progresiv, a impozitului pe

---

[19] A se vedea nota lui House în „Biografii"

profiturile excesive, a asigurării de șomaj, a securității sociale și a unui sistem monetar flexibil. Pe scurt, era planul care a fost urmat mai târziu de administrațiile lui Woodrow Wilson și Franklin D. Roosevelt. A fost publicat „anonim" de B. W. Huebsch din New York și a circulat pe scară largă printre oficialii guvernamentali, care nu aveau nicio îndoială cu privire la autorul său. George Sylvester Viereck, un jurnalist de l[20], care îl cunoștea pe House de ani de zile, a scris mai târziu o relatare despre relația dintre Wilson și House, intitulată The Strangest Friendship in History.[21] În 1955, Westbrook Pegler, editorialistul Hearst din 1932 până în 1956, a auzit de cartea Philip Dru și l-a sunat pe Viereck pentru a-l întreba dacă are un exemplar d. Viereck i-a trimis lui Pegler exemplarul său din carte, iar Pegler a scris un articol despre aceasta, afirmând:

„Una dintre instituțiile descrise în Philip Dru este Sistemul Rezervei Federale. Familiile Schiff, Warburg, Kahn, Rockefeller și Morgan și-au pus încrederea în House. Interesele familiilor Schiff, Warburg, Rockefeller și Morgan au fost reprezentate personal la misterioasa conferință de la Jekyll Island. Frankfurter a ajuns la Facultatea de Drept de la Harvard, grație unei contribuții financiare făcute către Harvard de Felix Warburg și Paul Warburg, și astfel i-am avut pe Alger și Donald Hiss, Lee Pressman, Harry Dexter White și mulți alți protejați ai lui Little Weenie."[22]

Opiniile deschis socialiste ale lui House au fost exprimate fără ocolișuri în Philip Dru, Administrator; la paginile 57-58, House a scris:

---

20 Vezi nota lui Viereck în „Biografii"

21 George Sylvester Viereck, *Cea mai ciudată prietenie din istorie, Woodrow Wilson și col. House*, Liveright, New York, 1932

22 Autorul prezentului articol se afla împreună cu Viereck în apartamentul acestuia de la Hotelul Belleclaire când Pegler a sunat și a cerut cartea. Viereck i-a trimis-o prin secretara sa. El a zâmbit și a spus că Pegler părea foarte entuziasmat. „Ar trebui să scoată un articol bun din asta", mi-a spus Viereck. Într-adevăr, Pegler a scris un articol bun pe tema asta. Din păcate pentru el, a mers prea departe când a menționat familia Warburg. Atâta timp cât și-a limitat atacurile la La Grand Bouche (Eleanor Roosevelt) și soțul ei, i s-a permis să continue, dar acum că a dezvăluit legătura familiei Warburg cu rețeaua de spionaj comunistă din Washington, articolul său a fost imediat retras de marile cotidiene ale orașului, iar lunga carieră a lui Pegler a luat sfârșit.

„Într-o manieră directă și convingătoare, el a subliniat că civilizația noastră era fundamental greșită, în măsura în care, printre altele, restricționa eficiența; că, dacă societatea ar fi organizată corespunzător, nu ar exista nimeni care să nu fie suficient îmbrăcat și hrănit. Rezultatul era că legile, obiceiurile și educația etică în vigoare erau la fel de responsabile pentru inegalitățile de șanse și pentru diferența mare dintre puțini și mulți; că rezultatul unor astfel de condiții era de a face ineficientă o mare parte a populației, procentul diferind în fiecare țară în raport cu ponderea pe care educația, iluminarea și legile altruiste o aveau față de ignoranță, bigotism și legile egoiste."[23]

În cartea sa, House (Dru) se imaginează devenind un dictator și impunându-și viziunile radicale asupra poporului, pagina 148: „Ei au recunoscut faptul că Dru domina situația și că o minte strălucită se ridicase în sfârșit în Republică." Acum își asumă titlul de general. „Generalul Dru și-a anunțat intenția de a-și asuma puterile unui dictator... li s-a asigurat că era lipsit de orice ambiție personală... s-a proclamat «Administrator al Republicii»."[24]

Acest visător melancolic care se imagina dictator a reușit de fapt să se plaseze în poziția de consilier de încredere al președintelui Statelor Unite și apoi să-și transforme multe dintre dorințele sale în legi! La pagina 227, el enumeră câteva dintre legile pe care dorește să le promulge în calitate de dictator. Printre acestea se numără o lege privind pensia de bătrânețe, compensații de asigurare pentru muncitori, piețe cooperative, un sistem bancar de rezervă federală, împrumuturi cooperative, birouri naționale de ocupare a forței de muncă și alte „legi sociale", dintre care unele au fost adoptate în timpul administrației Wilson, iar altele în timpul administrației lui Franklin D. Roosevelt. Aceasta din urmă a fost, de fapt, o continuare

---

[23] Colonelul Edward M. House, *Philip Dru, Administrator*, B. W. Heubsch, New York, 1912.

[24] Acest citat din *Philip Dru, Administrator*, scris de col. House în 1912, este inclus aici pentru a ilustra filosofia sa marxistă totalitară. House avea să devină, timp de 8 ani, alături de Wilson, cel mai apropiat consilier al președintelui. Ulterior, el și-a continuat influența în administrația lui Franklin D. Roosevelt. Din casa sa din Magnolia, Massachusetts, House l-a sfătuit pe FDR prin intermediul vizitelor frecvente ale lui Felix Frankfurter la Casa Albă. Frankfurter a fost numit ulterior la Curtea Supremă de către F.D.R.

a administrației Wilson, cu mulți dintre aceiași membri ai personalului și cu House conducând administrația din culise.

La fel ca majoritatea operatorilor din culise din această carte, colonelul Edward Mandell House avea „legătura obligatorie cu Londra". Provenind dintr-o familie olandeză, „Huis", strămoșii săi locuiseră în Anglia timp de trei sute de ani, după care tatăl său s-a stabilit în Texas, unde a făcut o avere din încălcarea blocadei în timpul Războiului Civil, transportând bumbac și alte mărfuri de contrabandă către conexiunile sale britanice, inclusiv familia Rothschild, și aducând înapoi provizii pentru texanii asediați. House senior, neavând încredere în situația instabilă din Texas, și-a depus cu prudență toate profiturile obținute din transportul de mărfuri prin blocadă în aur la casa de bănci Baring din Londra.[25] La sfârșitul Războiului Civil, era unul dintre cei mai bogați oameni din Texas. Și-a numit fiul „Mandell" după unul dintre asociații săi comercianți.

Potrivit lui Arthur Howden Smith, când tatăl lui House a murit în 1880, averea sa a fost împărțită între fiii săi după cum urmează: Thomas William a primit afacerea bancară; John, plantația de zahăr; iar Edward M. plantațiile de bumbac, care îi aduceau un venit de 20.000 de dolari pe an.[26]

La vârsta de doisprezece ani, tânărul Edward Mandell House a suferit de meningită, iar mai târziu a rămas cu sechele în urma unei insolații. Era un semi-invalid, iar afecțiunile sale îi confeririseră un aspect oriental ciudat. Nu a exercitat niciodată o profesie, dar a folosit averea tatălui său pentru a deveni unul dintre cei mai influenți oameni din politica texană, contribuind la alegerea a cinci guvernatori între anii 1893 și 1911. În 1911 a început să-l susțină pe Wilson pentru funcția de președinte și i-a acordat acestuia sprijinul

---

[25] Dope, Inc. îl identifică pe Barings după cum urmează: „Baring Brothers, principala bancă comercială din comerțul cu opiu din 1783 până în prezent, a menținut, de asemenea, contacte strânse cu familiile din Boston... La sfârșitul secolului[al XIX-lea], principalul bancher al grupului a devenit Casa Morgan – care și-a luat, de asemenea, partea din traficul de opiu din Orient... Operațiunile lui Morgan din Extremul Orient erau traficul oficial de opiu al britanicilor... Cazul lui Morgan merită o atenție specială din partea poliției americane și a agențiilor de reglementare, datorită asocierilor strânse dintre Morgan Guaranty Trust și conducerea identificată a băncilor britanice de droguri."

[26] Arthur Howden Smith, *The Real Col. House*, Doran Company, New York, 1918.

crucial al delegației din Texas, ceea ce i-a asigurat nominalizarea. House l-a întâlnit pe Wilson pentru prima dată la Hotel Gotham, pe 31 mai 1912.

În *cartea „Cea mai ciudată prietenie din istorie, Woodrow Wilson și colonelul House*", scrisă de George Sylvester Viereck, Viereck scrie:

„Ce", l-am întrebat pe House, „a consolidat prietenia voastră?" „Identitatea temperamentelor noastre și a politicilor noastre publice", a răspuns House. „Care era scopul tău și al lui?" „Să transpunem în legislație anumite idei liberale și progresiste."[27]

House i-a spus lui Viereck că, atunci când s-a dus la Wilson la Casa Albă, i-a înmânat 35.000 de dolari. Această sumă a fost depășită doar de cei 50.000 de dolari pe care Bernard Baruch i-a dat lui Wilson.

Promulgarea cu succes a programelor lui House nu a scăpat atenției altor asociați ai lui Wilson. În vol. 1, pagina 157 din *The Intimate Papers of Col. House*, House notează: „Membri ai cabinetului precum domnul Lane și domnul Bryan au comentat influența lui Dru asupra președintelui. «Tot ce spune cartea că ar trebui să fie», a scris Lane, se întâmplă. Președintele ajunge la «Philip Dru» în cele din urmă."[28]

House a consemnat unele dintre eforturile sale în favoarea Legii Rezervei Federale în The Intimate Papers of Col. House: „19 decembrie 1912. Am vorbit cu Paul Warburg la telefon despre reforma monetară. I-am povestit despre călătoria mea la Washington și despre ce am făcut acolo pentru a o pune în aplicare. I-am spus că Senatul și congresmenii păreau dornici să facă ceea ce dorea el și că președintele ales Wilson avea o viziune clară asupra problemei."[29]

Astfel, agentul lui Warburg la Washington, colonelul House, îl asigură că Senatul și membrii Congresului vor face ceea ce dorește el și că președintele ales „avea o viziune clară asupra problemei". În

[27] George Sylvester Viereck, *The Strangest Friendship in History, Woodrow Wilson and Col. House*, Liveright, New York, 1932.

[28] Col. Edward Mandell House, *The Intimate Papers of Col. House*, editat de Charles Seymour, Houghton Mifflin Co., 1926-28, vol. 1, p. 157

[29] Ibid. Vol. 1, p. 163.

acest context, guvernul reprezentativ pare să fi încetat să mai existe. House continuă în „Papers”:

„13 martie 1913. Warburg şi cu mine am avut o discuţie intimă cu privire la reforma monetară.

27 martie 1913. Domnul J.P. Morgan, Jr. şi domnul Denny de la firma sa au sosit punctual la ora 17:47

McAdoo a sosit aproximativ zece minute mai târziu. Morgan avea deja un plan monetar tipărit. I-am sugerat să-l dactilografieze, pentru a nu părea prea aranjat, şi să-l trimită astăzi lui Wilson şi mie.

23 iulie 1913. Am încercat să-i arăt primarului Quincy (din Boston) nebunia bancherilor din Est de a adopta o atitudine antagonică faţă de proiectul de lege privind moneda. I-am explicat maiorului Henry Higginson[30] cu câtă grijă a fost elaborat proiectul de lege. Chiar înainte de sosirea sa, terminasem o recenzie a profesorului Sprague de la Harvard privind critica lui Paul Warburg la adresa proiectului de lege Glass-Owen şi o voi transmite mâine la Washington. Toţi bancherii cunoscuţi de Warburg, care cunosc subiectul din practică, au fost consultaţi cu privire la elaborarea proiectului de lege.

13 octombrie 1913. Paul Warburg a fost primul meu vizitator astăzi. A venit să discutăm despre măsura monetară. Există multe aspecte ale proiectului de lege Owen-Glass pe care el nu le aprobă. I-am promis că îl voi pune în legătură cu McAdoo şi senatorul Owen, pentru ca el să poată discuta cu ei.

17 noiembrie 1913. Paul Warburg a sunat în legătură cu călătoria sa la Washington. Mai târziu, el şi domnul Jacob Schiff au trecut pe la mine pentru câteva minute.

Warburg a vorbit cel mai mult. Avea o nouă sugestie cu privire la gruparea băncilor de rezervă obişnuite, astfel încât unităţile să fie unite şi să comunice mai uşor cu Consiliul Rezervei Federale.”

George Sylvester Viereck, în *cartea sa The Strangest Friendship in History, Woodrow Wilson and Col. House*, a scris: „Familia

[30] Cel mai proeminent bancher din Boston.

Schiff, familia Warburg, familia Kahn, familia Rockefeller și familia Morgan și-au pus încrederea în House. Când legislația privind Rezerva Federală a căpătat în sfârșit o formă definitivă, House a fost intermediarul dintre Casa Albă și finanțiști."[31]

La pagina 45, Viereck notează: „Colonelul House consideră reforma sistemului monetar drept cea mai importantă realizare internă a administrației Wilson."[32]

Proiectul de lege Glass (versiunea Camerei Reprezentanților a Legii finale privind Rezerva Federală) fusese adoptat de Camera Reprezentanților la 18 septembrie 1913, cu 287 de voturi pentru și 85 împotrivă. La 19 decembrie 1913, Senatul a adoptat propria versiune cu 54 de voturi pentru și 34 împotrivă. Mai rămăseseră de rezolvat peste patruzeci de diferențe importante între versiunile Camerei Reprezentanților și ale Senatului, iar oponenții proiectului de lege din ambele camere ale Congresului au fost induși să creadă că vor mai trece multe săptămâni până când proiectul de lege al Conferinței va fi gata pentru a fi luat în considerare. Membrii Congresului s-au pregătit să părăsească Washingtonul pentru vacanța anuală de Crăciun, siguri că proiectul de lege al Conferinței nu va fi adus în discuție la până în anul următor. Acum, creatorii de bani au pregătit și au executat cea mai strălucită mișcare a planului lor. Într-o singură zi, au rezolvat toate cele patruzeci de pasaje disputate din proiectul de lege și l-au supus rapid la vot. Luni, 22 decembrie 1913, proiectul de lege a fost adoptat de Camera Reprezentanților cu 282 de voturi pentru și 60 împotrivă, iar de Senat cu 43 de voturi pentru și 23 împotrivă. Pe 21 decembrie 1913, *The New York Times* a comentat în editorialul său cu privire la lege: „New Yorkul va avea o bază mai solidă de creștere financiară și îl vom vedea în curând ca centru financiar al lumii".

The New York Times a relatat pe prima pagină, luni, 22 decembrie 1913, în titluri: PROIECTUL DE LEGE MONETARĂ AR PUTEA DEVENI LEGE AZI – PARTICIPANȚII LA CONFERINȚĂ AU AJUSTAȚI APROAPE TOATE DIFERENȚELE LA ORA 1:30 ÎN ACEASTĂ DIMINEAȚĂ- FĂRĂ GARANȚII PENTRU DEPOZITE – SENATUL A CEDAT

---

[31] George Sylvester Viereck, Cea mai ciudată prietenie din istorie, Woodrow Wilson și col. House, Liveright, New York, 1932.

[32] Ibid.

PE ACEST PUNCT, DAR A APROBAT MULTE ALTE MODIFICĂRI „Cu o viteză aproape fără precedent, conferința menită să aplaneze diferențele dintre Camera Reprezentanților și Senat cu privire la proiectul de lege privind moneda și-a încheiat practic lucrările în această dimineață devreme. Sâmbătă, participanții la conferință nu au făcut decât să rezolve aspectele preliminare, lăsând patruzeci de diferențe esențiale să fie dezbătute duminică... Nicio altă lege importantă nu va fi dezbătută în niciuna dintre cele două camere ale Congresului în această săptămână. Membrii ambelor camere se pregătesc deja să părăsească Washingtonul."

„O viteză fără precedent", spune *The New York Times*. Se vede mâna abilă a lui Paul Warburg în această strategie finală. Unii dintre cei mai vocali critici ai proiectului de lege părăsiseră deja Washingtonul. Era o curtoazie politică de lungă durată ca legislația importantă să nu fie adoptată în săptămâna dinaintea Crăciunului, dar această tradiție a fost brutal încălcată pentru a impune poporului american Legea Rezervei Federale.

The Times a ascuns o scurtă declarație a congresmanului Lindbergh, potrivit căreia „proiectul de lege ar crea cel mai gigant trust de pe pământ", și l-a citat pe reprezentantul Guernsey din Maine, un republican din Comisia pentru bancă și monedă a Camerei Reprezentanților, care a afirmat că „Acesta este un proiect de lege inflaționist, singura întrebare fiind amploarea inflației."

Congresmanul Lindbergh a declarat în acea zi istorică, în fața Camerei:

„Această lege înființează cel mai gigantic trust de pe pământ. Când președintele va semna acest proiect de lege, guvernarea invizibilă a Puterii Monetare va fi legalizată. Oamenii s-ar putea să nu-și dea seama imediat,, dar ziua judecății este la doar câțiva ani distanță. Trusturile își vor da seama în curând că au mers prea departe chiar și pentru binele lor. Oamenii trebuie să facă o declarație de independență pentru a se elibera de Puterea Monetară. Vor putea face acest lucru preluând controlul asupra Congresului. Cei de pe Wall Street nu ne-ar putea înșela dacă voi, senatorii și reprezentanții, nu ați transforma Congresul într-o farsă. Dacă am avea un Congres al poporului, ar exista stabilitate.

Cea mai mare crimă a Congresului este sistemul său monetar. Cea mai gravă crimă legislativă a tuturor timpurilor este comisă de acest proiect de lege bancar. Grupurile parlamentare şi şefii de partid au acţionat din nou şi au împiedicat poporul să beneficieze de propriul său guvern."

În 23 decembrie 1913, New York Times a comentat într-un editorial, în contrast cu critica adusă proiectului de lege de către congresmanul Lindbergh: „Proiectul de lege privind banca şi moneda a devenit mai bun şi mai solid de fiecare dată când a fost trimis de la un capăt la altul al Capitoliului. Congresul a lucrat sub supraveghere publică la elaborarea proiectului de lege."

Prin „supraveghere publică", *The Times* se referea aparent la Paul Warburg, care timp de câteva zile a avut un mic birou în clădirea Capitoliului, de unde a coordonat campania de succes dinaintea Crăciunului pentru adoptarea proiectului de lege şi unde senatori şi congresmeni veneau la fiecare oră la chemarea sa pentru a-i pune în aplicare strategia.

„Viteza fără precedent" cu care Legea Rezervei Federale a fost adoptată de Congres în timpul a ceea ce a devenit cunoscut sub numele de „masacrul de Crăciun" a avut un aspect neprevăzut. Woodrow Wilson a fost luat prin surprindere, deoarece, la fel ca mulţi alţii, i se asigurase că proiectul de lege nu va fi supus votului decât după Crăciun. Acum, el refuza să-l semneze, deoarece se opunea prevederilor privind selecţia directorilor de clasa B. William L. White relatează în biografia sa despre Bernard Baruch că acesta, unul dintre principalii contribuabili la fondul de campanie al lui Wilson, a fost uimit când a fost informat că Wilson refuza să semneze proiectul de lege. S-a grăbit la Casa Albă şi l-a asigurat pe Wilson că aceasta era o chestiune minoră, care putea fi rezolvată ulterior prin „procese administrative". Important era ca Legea Rezervei Federale să fie promulgată imediat. Cu această asigurare, Wilson a semnat Legea Rezervei Federale pe 23 decembrie 1913. Istoria a demonstrat că, în acea zi, Constituţia a încetat să mai fie pactul de guvernare al poporului american, iar libertăţile noastre au fost predate unui mic grup de bancheri internaţionali.

Ediţia din 24 decembrie 1913 a ziarului New York Times avea pe prima pagină titlul „WILSON SEMNEAZĂ LEGEA MONETARĂ!". Sub acesta, tot cu majuscule, se aflau alte două titluri: „PROSPERITATEA VA FI GRATUITĂ" și „VA AJUTA TOATE CLASELE SOCIALE". Cine ar putea obiecta împotriva unei legi care oferea beneficii tuturor? *The Times* a descris atmosfera festivă în timp ce familia lui Wilson și oficialii guvernamentali îl priveau semnând legea. „Spiritul Crăciunului a cuprins adunarea", se bucura *The Times*.

În biografia lui Carter Glass, Rixey Smith afirmă că printre cei prezenți la semnarea legii se aflau vicepreședintele Marshall, secretarul Bryan, Carter Glass, senatorul Owen, secretarul McAdoo, președintele Camerei Reprezentanților Champ Clark și alți oficiali ai Trezoreriei. Niciunul dintre adevărații autori ai proiectului de lege, redactorii de la Jekyll Island, nu era prezent. Aceștia s-au abținut cu prudență de la a fi prezenți la scena victoriei lor. Rixey Smith a scris, de asemenea: „Era ca și cum Crăciunul ar fi venit cu două zile mai devreme." Pe 24 decembrie 1913, Jacob Schiff i-a scris colonelului House:

„Dragul meu colonel House. Vreau să-ți adresez câteva cuvinte pentru munca tăcută, dar fără îndoială eficientă, pe care ai depus-o în interesul legislației monetare și să te felicit pentru faptul că măsura a fost în sfârșit adoptată ca lege. Îți transmit urări de bine, al tău cu sinceritate, JACOB SCHIFF."

Reprezentantul Moore din Kansas, comentând adoptarea legii, a declarat în fața Camerei Reprezentanților: „Președintele Statelor Unite devine acum dictatorul absolut al tuturor finanțelor țării. El numește un consiliu de control format din șapte oameni, toți aparținând partidului său politic, chiar dacă acesta este minoritar. Secretarul Trezoreriei va avea autoritate supremă ori de câte ori există o diferență de opinie între el și Consiliul Rezervei Federale.

ȘI, doar un singur membru al Consiliului va părăsi funcția pe durata mandatului președintelui."

Mandatul de zece ani al membrilor Consiliului a fost prelungit prin Legea bancară din 1935 la paisprezece ani, ceea ce însemna că acești directori ai finanțelor naționale, deși nu erau aleși de popor, dețineau funcția mai mult timp decât trei președinți.

În timp ce colonelul House, Jacob Schiff și Paul Warburg se bucurau de satisfacția unei munci bine făcute, ceilalți actori din această dramă au fost supuși unor reflecții ulterioare. Woodrow

Wilson a scris în 1916, în lucrarea „Economia națională și sistemul bancar", Sen. Doc. Nr. 3, Nr. 223, al 76-lea Congres, prima sesiune, 1939: „Sistemul nostru de credit este concentrat (în Sistemul Rezervei Federale). Prin urmare, creșterea națiunii și toate activitățile noastre se află în mâinile câtorva oameni."

Când a fost întrebat de Clarence W. Barron dacă a aprobat proiectul de lege așa cum a fost adoptat în final, Warburg a remarcat: „Ei bine, nu conține chiar tot ce ne dorim, dar lipsurile pot fi ajustate ulterior prin procese administrative."

Majoritatea istoricilor contemporani atribuie meritul pentru această lege lui Woodrow Wilson și Carter Glass, dar dintre toți cei implicați, Wilson a avut cel mai puțin de-a face cu acțiunea Congresului privind proiectul de lege. George Creel, un corespondent veteran la Washington, a scris în Harper's Weekly, la 26 iunie 1915:

„În ceea ce privește Partidul Democrat, Woodrow Wilson nu avea nicio influență, cu excepția patronajului de care dispunea. Bryan a fost cel care a adus Congresul la ordine în privința proiectului de lege privind tarifele, a abrogării taxelor de trecere prin Canalul Panama și a proiectului de lege privind moneda." Domnul Bryan a scris mai târziu: „Acesta este singurul lucru din cariera mea publică pe care îl regret – eforturile mele de a asigura adoptarea Legii Rezervei Federale."

Pe 25 decembrie 1913, *The Nation* a subliniat că „Bursa din New York a început să crească constant la aflarea veștii că Senatul era gata să adopte Legea Rezervei Federale."

Acest lucru contrazice afirmația că Legea Rezervei Federale a fost un proiect de lege de reformă monetară. Bursa de Valori din New York este considerată, în general, un barometru precis al adevăratului sens al oricărei legislații financiare adoptate la Washington. Senatorul Aldrich a decis, de asemenea, că nu mai avea rezerve cu privire la Legea Rezervei Federale. Într-o revistă pe care o deținea și pe care o numea *The Independent*, el a scris în iulie 1914: „Înainte de adoptarea acestei legi, bancherii din New York puteau domina doar rezervele din New York. Acum suntem capabili să dominăm rezervele bancare ale întregii țări".

H.W. Loucks a denunțat Legea Rezervei Federale în *The Great Conspiracy of the House of Morgan*: „Prin Legea Rezervei Federale, ei au smuls din mâinile poporului și și-au asigurat pentru ei înșiși puterea constituțională de a emite bani și de a reglementa valoarea acestora." La pagina 31, Loucks scrie: „Casa Morgan deține acum controlul suprem asupra industriei, comerțului și afacerilor noastre politice."

Aceștia dețin controlul deplin asupra elaborării politicilor partidelor Democrat, Republican și Progresist. Actuala campanie propagandistică extraordinară pentru „starea de pregătire" este concepută mai mult pentru a exercita presiune internă decât pentru a asigura apărarea împotriva agresiunii străine.[33] Semnarea Legii Rezervei Federale de către Woodrow Wilson a reprezentat punctul culminant al unor ani de colaborare cu prietenul său apropiat, colonelul House, și cu Paul Warburg. Unul dintre oamenii cu care House a făcut cunoștință în administrația Wilson a fost Franklin D. Roosevelt, secretar adjunct al Marinei. Imediat ce a obținut nominalizarea democrată pentru președinție, în 1932, Franklin D. Roosevelt a făcut un „pelerinaj" la casa colonelului House din Magnolia, Massachusetts. Roosevelt, după pauza republicană din anii 1920, a dus la îndeplinire obiectivele lui Philip Dru, administratorul „[34] ", pe care Wilson nu reușise să le realizeze. Realizările târzii ale lui Roosevelt au inclus adoptarea programului de securitate socială, impozitul pe profiturile excesive și extinderea impozitului pe venit progresiv la 90% din venitul realizat.

Biograful lui House, Charles Seymour, a scris: „Era obosit de detaliile politicii de partid și de numiri. Nici măcar contribuția sa la legislația internă constructivă (Legea Rezervei Federale, revizuirea tarifelor și amendamentul privind impozitul pe venit) nu l-a satisfăcut. De la începutul anului 1914, și-a dedicat din ce în ce mai mult timp ceea ce considera cea mai înaltă formă de politică și domeniul pentru care era deosebit de potrivit – afacerile internaționale."[35]

---

[33] H.W. Loucks, *Marea conspirație a Casei Morgan*, Tipărită privat, 1916.

[34] E.M. House, *Philip Dru, Administrator*, B. W. Heubsch, N.Y., 1912.

[35] Col. E.M. House, *Documentele intime ale col. House*, 4 v. 1926-1928, Houghton Mifflin Co.

În 1938, cu puţin timp înainte de a muri, House i-a spus lui Charles Seymour: „În ultimii cincisprezece ani am fost aproape de centrul evenimentelor, deşi puţini oameni bănuiesc acest lucru. Niciun străin important nu a venit în Statele Unite fără să discute cu mine. Am fost apropiat de mişcarea care l-a nominalizat pe Roosevelt. El mi-a dat mână liberă în a-l sfătui. Toţi ambasadorii mi-au raportat frecvent."

O comparaţie între textul Legii Rezervei Federale din 1913, aşa cum a fost adoptată de Camera Reprezentanţilor şi modificată de Senat, arată următoarea schimbare izbitoare:

Senatul a eliminat: „Să suspende funcţionarii băncilor Rezervei Federale pentru motive justificate, expuse în scris, cu posibilitatea de a fi audiaţi, să solicite demiterea respectivului funcţionar pentru incompetenţă, neglijenţă în îndeplinirea îndatoririlor, fraudă sau înşelăciune, o astfel de demitere fiind supusă aprobării preşedintelui Statelor Unite." Aceasta a fost modificată de Senat pentru a se citi: „Să suspende sau să demită orice funcţionar sau director al oricărei bănci a Rezervei Federale, motivul unei astfel de demiteri urmând a fi comunicat imediat în scris de către Consiliul Rezervei Federale funcţionarului sau directorului demis şi băncii respective." Acest lucru a modificat complet condiţiile în care un funcţionar sau director ar putea fi demis. Nu mai ştim care sunt condiţiile de demitere sau motivul acesteia. Se pare că incompetenţa, neglijenţa în îndeplinirea îndatoririlor, frauda sau înşelăciunea nu contează pentru Consiliul Rezervei Federale. De asemenea, funcţionarul demis nu are posibilitatea de a face apel la preşedinte. Ca răspuns la o solicitare scrisă, secretarul adjunct al Consiliului Rezervei Federale a răspuns că doar un singur funcţionar a fost demis „din motive întemeiate" în cei treizeci şi şase de ani, numele şi detaliile acestei chestiuni fiind o „chestiune privată" între persoana în cauză, banca de rezervă în cauză şi Consiliul Rezervei Federale.

Sistemul Rezervei Federale şi-a început activitatea în 1914 odată cu activitatea Comitetului de organizare, numit de Woodrow Wilson şi compus din secretarul Trezoreriei, William McAdoo, care era ginerele său, secretarul Agriculturii, Houston, şi controlorul monedei, John Skelton Williams.

La 6 ianuarie 1914, J.P. Morgan s-a întâlnit cu Comitetul de organizare la New York. El i-a informat că nu ar trebui să existe mai mult de şapte districte regionale în noul sistem.

Acest comitet urma să selecteze locaţiile băncilor de rezervă „descentralizate". Ei erau împuterniciţi să selecteze între opt şi douăsprezece bănci de rezervă, deşi J.P. Morgan declarase că, în opinia sa, nu ar trebui selectate mai mult de patru. Selectarea acestor locaţii a fost marcată de numeroase jocuri politice, întrucât cele douăsprezece oraşe astfel favorizate urmau să devină extrem de importante ca centre financiare. New Yorkul, desigur, era o concluzie previzibilă. Richmond a fost următoarea alegere, ca recompensă pentru Carter Glass şi Woodrow Wilson, cei doi virginieni cărora li s-a acordat meritul politic pentru Legea Rezervei Federale. Celelalte alegeri ale Comitetului au fost Boston, Philadelphia, Cleveland, Chicago, St. Louis, Atlanta, Dallas, Minneapolis, Kansas City şi San Francisco. Toate aceste oraşe au dezvoltat ulterior „districte financiare" importante ca urmare a acestei selecţii.

Aceste bătălii locale au pălit însă în faţa dominaţiei absolute a Băncii Rezervei Federale din New York în cadrul sistemului.

Ferdinand Lundberg a subliniat, în America's Sixty Families, că „în practică, Banca Rezervei Federale din New York a devenit sursa sistemului celor douăsprezece bănci regionale, deoarece New York era piaţa monetară a naţiunii. Celelalte unsprezece bănci erau nişte mausolee costisitoare ridicate pentru a satisface mândria locală şi a potoli temerile jacksoniene ale provinciei. Benjamin Strong, preşedintele Bankers Trust (J.P. Morgan), a fost ales primul guvernator al Băncii Rezervei Federale din New York. Expert în finanţe de nivel înalt, Strong a manipulat timp de mulţi ani sistemul monetar al ţării la discreţia directorilor care reprezentau băncile de frunte din New York. Sub conducerea lui Strong, Sistemul Rezervei a fost integrat într-o reţea de relaţii cu Banca Angliei şi Banca Franţei. Benjamin Strong şi-a păstrat funcţia de guvernator al Băncii Rezervei Federale din New York până la moartea sa subită în 1928, în timpul unei anchete a Congresului privind întâlnirile secrete dintre guvernatorii Rezervei şi şefii băncilor centrale europene, care au dus la Marea Depresiune din 1929-1931.[36] Strong se căsătorise

[36] Ferdinand Lundberg, *Cele şaizeci de familii ale Americii*, 1937.

cu fiica preşedintelui Bankers Trust, ceea ce l-a adus în linia de succesiune în intrigile dinastice care joacă un rol atât de important în lumea finanţelor de vârf. De asemenea, fusese membru al grupului iniţial de la Jekyll Island, First Name Club, şi era astfel calificat pentru cea mai înaltă funcţie din Sistemul Rezervei Federale, cea de guvernator al Băncii Rezervei Federale din New York, care domina întregul sistem.

Paul Warburg este menţionat şi în lucrarea de referinţă a lui J. Laurence Laughlin, intitulată „The Federal Reserve Act, Its Origins and Purposes" („Legea Rezervei Federale, originile şi scopurile sale"): „Domnul Paul Warburg, de la firma Kuhn, Loeb, a prezentat în martie 1910 un plan destul de bine elaborat, cunoscut sub numele de United Reserve Bank of the United States. Acesta a fost publicat în *ziarul The New York Times* din 24 martie 1910. Grupul interesat de obiectivele Comisiei Monetare Naţionale s-a întâlnit în secret la Jekyll Island timp de aproximativ două săptămâni în decembrie 1910 şi s-a concentrat pe pregătirea unui proiect de lege care urma să fie prezentat Congresului de către Comisia Monetară Naţională. Bărbaţii care au fost prezenţi la Jekyll Island au fost senatorul Aldrich, H. P. Davison de la J.P. Morgan Company, Paul Warburg de la Kuhn, Loeb Company, Frank Vanderlip de la National City Bank şi Charles D. Norton de la First National Bank. Fără îndoială, cea mai abilă minte bancară din grup a fost cea a domnului Warburg, care avusese o pregătire bancară europeană. Senatorul Aldrich nu avea o pregătire specială în domeniul bancar."[37]

O menţiune despre Paul Warburg, scrisă de Harold Kelloch şi intitulată „Warburg, revoluţionarul", a apărut în revista Century Magazine, în mai 1915. Kelloch scrie:

„El şi-a impus ideile asupra unei naţiuni de o sută de milioane de oameni... Fără domnul Warburg nu ar fi existat Legea Rezervei Federale. Casa bancară Warburg şi Warburg din Hamburg a fost întotdeauna strict o afacere de familie. Nimeni altcineva în afară de un Warburg nu a fost eligibil pentru aceasta, dar toţi Warburgii s-au născut în ea. În 1895 s-a căsătorit cu fiica regretatului Solomon Loeb de la Kuhn Loeb Company. A devenit membru al Kuhn Loeb Company în 1902. Salariul domnului Warburg din afacerea sa privată a fost de aproximativ jumătate de milion pe an. Motivele

---

[37] J. Laurence Laughlin, *Legea Rezervei Federale, originile şi scopurile sale.*

domnului Warburg au fost pur şi simplu cele ale sacrificiului patriotic."

Adevăratele scopuri ale Legii Rezervei Federale au început curând să deziluzioneze pe mulţi dintre cei care au crezut iniţial în afirmaţiile sale. W. H. Allen a scris în revista Moody's, în 1916: „Scopul Legii Rezervei Federale era de a preveni concentrarea banilor în băncile din New York, făcând profitabil pentru bancherii din provincie să-şi folosească fondurile acasă, dar mişcarea monedei arată că băncile din New York au câştigat din interior în fiecare lună, cu excepţia lunii decembrie 1915, de când a intrat în vigoare Legea. Stabilizarea ratelor a avut loc doar în New York. În alte părţi, ratele ridicate continuă. Legea, care urma să priveze Wall Street de fondurile sale pentru speculaţii de tip, le-a oferit de fapt „taurilor" şi „ursilor" o sursă de fonduri cum nu au mai avut niciodată. Adevărul este că, departe de a fi blocat canalul către Wall Street, aşa cum se lăuda cu atâta încredere domnul Glass, aceasta a lărgit de fapt vechile canale şi a deschis două noi. Primul dintre acestea duce direct la Washington şi oferă Wall Street controlul asupra întregului excedent de numerar din Trezoreria Statelor Unite. În plus, prin puterea de a emite bancnote, aceasta furnizează o sursă inepuizabilă de bani de credit; al doilea canal duce la marile bănci centrale din Europa, prin care, prin vânzarea de accepturi, practic garantate de Guvernul Statelor Unite, Wall Street beneficiază de imunitate faţă de cererile străine de aur care au precipitat fiecare mare criză din istoria noastră."

Timp de mulţi ani, a existat un mister considerabil cu privire la cine deţine de fapt acţiunile băncilor Rezervei Federale. Congresmanul Wright Patman, principalul critic al sistemului, a încercat să afle cine erau acţionarii. Acţiunile celor douăsprezece bănci regionale ale Rezervei Federale au fost achiziţionate de băncile naţionale din acele douăsprezece regiuni. Deoarece Banca Rezervei Federale din New York urma să stabilească ratele dobânzilor şi să dirijeze operaţiunile de piaţă deschisă, controlând astfel oferta zilnică şi preţul banilor în întreaga Statele Unite, acţionarii acelei bănci sunt adevăraţii directori ai întregului sistem. Pentru prima dată, se poate dezvălui cine sunt aceşti acţionari. Autorul acestui articol deţine certificatele originale de constituire ale celor douăsprezece bănci ale Rezervei Federale, care indică deţinerea acţiunilor de către băncile naţionale din fiecare district.

Banca Rezervei Federale din New York a emis 203.053 de acţiuni şi, conform documentelor depuse la Controlorul Monedei la 19 mai 1914, marile bănci din New York au preluat mai mult de jumătate din acţiunile emise. National City Bank, controlată de Rockefeller Kuhn, Loeb, a preluat cel mai mare număr de acţiuni dintre toate băncile, respectiv 30.000 de acţiuni. First National Bank a lui J.P. Morgan a preluat 15.000 de acţiuni. Când aceste două bănci au fuzionat în 1955, deţineau într-un singur pachet aproape un sfert din acţiunile Băncii Rezervei Federale din New York, care controla întregul sistem, şi astfel puteau numi pe Paul Volcker sau pe oricine altcineva doreau în funcţia de preşedinte al Consiliului Guvernatorilor Rezervei Federale. Chase National Bank a preluat 6.000 de acţiuni. Marine Nation Bank din Buffalo, cunoscută ulterior sub numele de Marine Midland, a preluat 6.000 de acţiuni. Această bancă era deţinută de familia Schoellkopf, care controla Niagara Power Company şi alte interese importante. National Bank of Commerce din New York City a preluat 21.000 de acţiuni. Acţionarii acestor bănci care deţin acţiuni ale Băncii Rezervei Federale din New York sunt oamenii care ne-au controlat destinele politice şi economice încă din 1914. Aceştia sunt

- Rothschildii, din Europa,
- Lazard Freres (Eugene Meyer),
- Kuhn Loeb Company, Warburg Company,
- Lehman Brothers,
- Goldman Sachs,
- familia Rockefeller,
- şi interesele lui J.P. Morgan.

Aceste interese s-au contopit şi s-au consolidat în ultimii ani, astfel încât controlul este mult mai concentrat. National Bank of Commerce este acum Morgan Guaranty Trust Company. Lehman Brothers a fuzionat cu Kuhn, Loeb Company, First National Bank a fuzionat cu National City Bank, iar în celelalte unsprezece districte ale Rezervei Federale, aceiaşi acţionari deţin sau controlează indirect acţiuni în aceste bănci, celelalte acţiuni fiind deţinute de familiile conducătoare din acele zone, care deţin sau controlează principalele industrii din aceste regiuni.[38] Familiile „locale" au înfiinţat consilii regionale, la ordinele din New York, ale unor

38 A se vedea graficele de la V la IX.

grupuri precum Consiliul pentru Relații Externe, Comisia Trilaterală și alte instrumente de control concepute de stăpânii lor. Ele finanțează și controlează evoluțiile politice din zona lor, numesc candidați și rareori li se opune cu succes planurilor lor.

Odată cu înființarea celor douăsprezece „districte financiare" prin intermediul băncilor Rezervei Federale, diviziunea tradițională a Statelor Unite în cele patruzeci și opt de state a fost răsturnată și am intrat în era „regionalismului", adică a douăsprezece regiuni care nu aveau nicio legătură cu granițele tradiționale ale statelor.

Aceste evoluții care au urmat adoptării Legii Rezervei Federale au dovedit fiecare dintre acuzațiile pe care Thomas Jefferson le-a adus împotriva unei bănci centrale în 1791: că subscriitorii la acțiunile Băncii Rezervei Federale au format o corporație, ale cărei acțiuni puteau fi și erau deținute de străini; că aceste acțiuni urmau să fie transmise unei anumite linii de succesori; că urmau să fie plasate în afara confiscării și a revânzării; că urmau să primească un monopol asupra activității bancare d, ceea ce era împotriva legilor privind monopolul; și că aceștia aveau acum puterea de a legifera, cu prioritate față de legile statelor. Niciun legislativ statal nu poate anula vreuna dintre legile stabilite de Consiliul Guvernatorilor Rezervei Federale în beneficiul acționarilor lor privați. Acest consiliu emite legi cu privire la nivelul ratei dobânzii, la cantitatea de bani și la prețul banilor. Toate aceste puteri abrogă puterile legislaturilor statelor și responsabilitatea acestora față de cetățenii statelor respective.

New York Times a declarat că băncile Rezervei Federale vor fi gata să-și înceapă activitatea la 1 august 1914, dar acestea și-au început de fapt operațiunile la 16 noiembrie 1914. La acea dată, activele lor totale erau înregistrate la 143.000.000 de dolari, provenind din vânzarea de acțiuni ale băncilor Rezervei Federale către acționarii băncilor naționale care au subscris la acestea.

Partea efectivă din acești 143.000.000 de dolari care a fost plătită pentru aceste acțiuni rămâne învăluită în mister. Unii istorici cred că acționarii au plătit doar aproximativ jumătate din sumă în numerar; alții cred că nu au plătit deloc în numerar, ci au trimis doar cecuri pe care le-au emis la băncile naționale pe care le dețineau. Pare foarte probabil ca, încă de la început, operațiunile Rezervei Federale să fi fost „hârtie emisă contra hârtie", iar înregistrările contabile să fi constituit singurele valori care au schimbat proprietarii.

Oamenii pe care preşedintele Woodrow Wilson i-a ales pentru a alcătui primul Consiliu al Guvernatorilor Rezervei Federale erau oameni proveniţi din grupul bancar. El fusese nominalizat pentru preşedinţie de Partidul Democrat, care pretindea că reprezintă „omul de rând" împotriva „intereselor create". Potrivit lui Wilson însuşi, i s-a permis să aleagă doar un singur om pentru Consiliul Rezervei Federale. Ceilalţi au fost aleşi de bancherii din New York. Alegerea lui Wilson a fost Thomas D. Jones, administrator al Universităţii Princeton şi director al International Harvester şi al altor corporaţii. Ceilalţi membri erau Adolph C. Miller, economist de la Universitatea Rockefeller din Chicago şi de la Universitatea Harvard a lui Morgan, care ocupa şi funcţia de secretar adjunct al Internelor; Charles S. Hamlin, care ocupase anterior funcţia de secretar adjunct al Trezoreriei timp de opt ani; F.A. Delano, o rudă a lui Roosevelt şi operator feroviar care a preluat o serie de căi ferate pentru Kuhn, Loeb Company; W.P.G. Harding, preşedintele First National Bank of Atlanta; şi Paul Warburg de la Kuhn, Loeb Company. Conform lucrării „The Intimate Papers of Col. House", Warburg a fost numit deoarece „preşedintele a acceptat sugestia (lui House) privind numirea lui Paul Warburg din New York, datorită interesului şi experienţei acestuia în problemele monetare atât sub administraţiile republicane, cât şi sub cele democrate".[39] La fel ca Warburg, şi Delano se născuse în afara graniţelor continentale ale Statelor Unite, deşi era cetăţean american. Tatăl lui Delano, Warren Delano, potrivit dr. Josephson şi altor autorităţi, era activ în Hong Kong în comerţul cu opiu chinezesc, iar Frederick Delano s-a născut în Hong Kong în 1863.

În The Money Power of Europe, Paul Emden scrie că „Familia Warburg a atins apogeul în ultimii douăzeci de ani ai secolului trecut, odată cu creşterea companiei Kuhn, Loeb din New York, cu care se afla într-o uniune personală şi relaţie de familie. Paul Warburg a dus la bun sfârşit, cu un succes magnific, în 1913, reorganizarea sistemului bancar american, la care lucra împreună cu

[39] Charles Seymour, *Documentele intime ale col. House*, 4 vol., 1926-1928, Houghton Mifflin Co.

senatorul Aldrich încă din 1911, consolidând astfel în mod temeinic moneda și finanțele Statelor Unite."[40]

New York Times[41] a menționat la 6 mai 1914 că Paul Warburg s-a „retras" de la Kuhn, Loeb Company pentru a activa în cadrul Consiliului Rezervei Federale, deși nu și-a dat demisia din funcțiile de director la American Surety Company, Baltimore and Ohio Railroad, National Railways of Mexico, Wells Fargo sau Westinghouse Electric Corporation, ci urma să continue să activeze în aceste consilii de administrație.„Who's Who" îl menționa ca deținător al acestor funcții de director și, în plus, al celor de la American I.G. Chemical Company (filială a I.G. Farben), Agfa Ansco Corporation, Westinghouse Acceptance Company, Warburg Company din Amsterdam, președinte al Consiliului de administrație al International Acceptance Bank și al multor alte bănci, căi ferate și corporații d. „Kuhn Loeb & Co. împreună cu Warburg dețin patru voturi, adică majoritatea în Consiliul Rezervei Federale."[42]

În ciuda faptului că se retrăsese din cadrul companiei Kuhn, Loeb în mai 1914 pentru a ocupa un post în Consiliul Guvernatorilor Rezervei Federale, Warburg a fost invitat să se prezinte în fața unei subcomisii a Senatului în iunie 1914 și să răspundă la câteva întrebări privind rolul său din culise în adoptarea Legii Rezervei Federale de către Congres. Este posibil ca aceste întrebări să fi vizat conferința secretă de la Jekyll Island, iar Warburg a refuzat să se prezinte. La 7 iulie 1914, el i-a scris o scrisoare lui G.M. Hitchcock, președintele Comisiei pentru bancă și monedă a Senatului, afirmând că ar putea să-i afecteze utilitatea în cadrul Consiliului dacă i s-ar cere să răspundă la orice întrebări și că, prin urmare, își va retrage candidatura. Se părea că Warburg era pregătit să blufeze Comisia Senatului pentru a-l confirma fără a i se pune nicio întrebare. Pe 10 iulie 1914, *The New York Times* l-a apărat pe Warburg pe pagina editorială și a denunțat „Inchiziția senatorială". Deoarece lui

---

40 Paul Emden, *Puterea monetară a Europei în secolele XIX și XX*, S. Low, Marston Co., Londra, 1937.

41 *The New York Times* din 30 aprilie 1914 a raportat că cele 12 districte aveau subscrieri în valoare de 74.740.800 de dolari și că băncile subscritoare urmau să plătească jumătate din această sumă în șase luni.

42 Clarence W. Barron, More They Told Barron, Arno Press, New York Times, 1973, 12 iunie 1914. p. 204.

Warburg nu i se pusese încă nicio întrebare, termenul „Inchiziție" părea extrem de nepotrivit, și nici nu exista vreun pericol real ca senatorii să se pregătească să folosească instrumente de tortură asupra domnului Warburg. Împotmolirea a fost rezolvată când Comisia Senatului, într-o capitulare umilă, a fost de acord ca domnului Warburg să i se dea o listă de întrebări înainte de apariția sa, astfel încât să le poată parcurge, și ca el să poată fi scutit de a răspunde la orice întrebări care ar putea să-i afecteze activitatea în cadrul Consiliului Guvernatorilor. The Nation a raportat pe 23 iulie 1914 că „domnul Warburg a avut în cele din urmă o întâlnire cu senatorul O'Gorman și a acceptat să se întâlnească informal cu membrii subcomisiei Senatului, în vederea ajungerii la o înțelegere și a furnizării oricăror informații rezonabile pe care aceștia le-ar putea dori. Opinia la Washington este că confirmarea domnului Warburg este asigurată." *The Nation* a avut dreptate. Domnul Warburg a fost confirmat, drumul fiind netezit de „facilitatorul" său, senatorul O'Gorman din New York, cunoscut mai degrabă sub numele de „senatorul de pe Wall Street". Senatorul Robert L. Owen îl acuzase anterior pe Warburg că era reprezentantul american al familiei Rothschild, dar a-l interoga pe această temă ar fi avut într-adevăr un aer de „Inchiziție" medievală, de tipul, iar colegii săi senatori erau prea civilizați pentru a se lăsa pradă unei astfel de barbarii.[43]

În timpul audierilor din Senat privindu-l pe Paul Warburg în fața Comisiei pentru Bănci și Monedă a Senatului, la 1 august 1914, senatorul Bristow a întrebat: „Câți dintre acești parteneri (ai companiei Kuhn, Loeb) sunt cetățeni americani?" WARBURG: „Toți sunt cetățeni americani, cu excepția domnului Kahn. El este un supus britanic." BRISTOW: „A fost la un moment dat candidat la Parlament, nu-i așa?" WARBURG: „S-a vorbit despre asta, i s-a sugerat și el se gândea la asta."

Paul Warburg a mai declarat în fața Comitetului: „Am plecat în Anglia, unde am stat doi ani, mai întâi la firma bancară și de scont

---

43 Warburg a fost confirmat în funcție la 8 august 1914, cu 38 de voturi pentru și 11 împotrivă, opoziția principală venind din partea senatorului Bristow din Kansas, care a fost denunțat de *The New York Times* ca fiind un „republican radical" și a cărui excelentă bibliotecă de cărți rare despre sectorul bancar a fost achiziționată de autorul prezentului articol în 1983 pentru cercetarea necesară realizării acestei lucrări.

Samuel Montague & Company. După aceea, am plecat în Franţa, unde am lucrat la o bancă franceză."

PREŞEDINTELE: „Ce bancă franceză era aceea?"

WARBURG: „Este banca rusă pentru comerţ exterior, care are o agenţie la Paris."

BRISTOW: „Înţeleg că aţi spus că eraţi republican, dar când a apărut domnul Theodore Roosevelt, aţi devenit un simpatizant al domnului Wilson şi l-aţi susţinut?"

WARBURG: „Da."

BRISTOW: „În timp ce fratele dumneavoastră (Felix Warburg) îl susţinea pe Taft?"

WARBURG: „Da."

Astfel, trei parteneri ai companiei Kuhn, Loeb susţineau trei candidaţi diferiţi la preşedinţia Statelor Unite. Paul Warburg îl susţinea pe Wilson, Felix Warburg îl susţinea pe Taft, iar Otto Kahn îl susţinea pe Theodore Roosevelt. Paul Warburg a explicat această situaţie curioasă spunând Comitetului că nu aveau nicio influenţă asupra convingerilor politice ale celorlalţi, „deoarece finanţele şi politica nu se amestecă".

Întrebările legate de numirea lui Warburg s-au stins în valul de proteste stârnit de numirea de către Wilson a singurului său reprezentant în Consiliul Guvernatorilor, Thomas B. Jones. Reporterii descoperiseră că Jones, la momentul numirii sale, era pus sub acuzare de către Procurorul General al Statelor Unite. Wilson a sărit în apărarea alegerii sale, spunând reporterilor că „Majoritatea oamenilor legaţi de ceea ce am ajuns să numim «marile afaceri» sunt oneşti, incoruptibili şi patrioţi". În ciuda protestelor lui Wilson, Comisia pentru Bănci şi Monedă a Senatului a programat audieri privind aptitudinea lui Thomas D. Jones de a fi membru al Consiliului Guvernatorilor. Wilson a scris apoi o scrisoare senatorului Robert L. Owen, preşedintele respectivei comisii:

Casa Albă

18 iunie 1914

Stimate domnule senator Owen:

Domnul Jones a apărat întotdeauna drepturile poporului împotriva drepturilor privilegiate. Legătura sa cu Harvester Company a fost un serviciu public, nu un interes privat. El este singurul om dintre toți care a fost, într-un sens particular, alegerea mea personală.

Cu sinceritate,

Woodrow Wilson

Woodrow Wilson a spus: „Nu există niciun motiv să credem că raportul nefavorabil reprezintă atitudinea Senatului în sine." După câteva săptămâni, Thomas D. Jones și-a retras candidatura, iar țara a trebuit să se descurce fără serviciile sale.

Ceilalți membri ai primului Consiliu de Administrație erau secretarul Trezoreriei, William McAdoo, ginerele lui Wilson, și președintele Hudson-Manhattan Railroad, o întreprindere controlată de Kuhn, Loeb Company, precum și controlorul monetar John Skelton Williams.

Când băncile Rezervei Federale și-au deschis porțile pe 16 noiembrie 1914, Paul Warburg a declarat: „Această dată poate fi considerată ca 4 iulie în istoria economică a Statelor Unite."

CAPITOLUL PATRU

CONSILIUL CONSULTATIV FEDERAL

În timp ce promova cu forță Legea Rezervei Federale în Camera Reprezentanților, congresmanul Carter Glass a declarat pe 30 septembrie 1913 în plenul Camerei că interesele publicului vor fi protejate de un consiliu consultativ format din bancheri. „Nu poate exista nimic sinistru în tranzacțiile sale. Se va întruni de cel puțin patru ori pe an un consiliu consultativ al bancherilor care va reprezenta fiecare district regional de rezervă din sistem. Cum am fi putut da dovadă de o mai mare prudență în protejarea interesului public?"

Carter Glass nu a oferit nici atunci, nici mai târziu, vreo justificare pentru convingerea sa că un grup de bancheri ar proteja interesele publicului, și nici nu există vreo dovadă în istoria Statelor Unite că vreun grup de bancheri ar fi făcut vreodată acest lucru. De fapt, Consiliul Consultativ Federal s-a dovedit a fi „procesul administrativ" pe care Paul Warburg îl introdusese în Legea Rezervei Federale pentru a asigura exact tipul de control îndepărtat, dar invizibil, asupra Sistemului pe care și-l dorea. Când a fost întrebat de reporterul financiar C.W. Barron, imediat după ce Legea Rezervei Federale a fost adoptată de Congres, dacă este de acord cu proiectul de lege așa cum a fost adoptat în final, Warburg a răspuns: „Ei bine, nu conține chiar tot ce ne dorim, dar lipsurile pot fi ajustate ulterior prin procese administrative." Consiliul s-a dovedit a fi vehiculul ideal pentru scopurile lui Warburg, deoarece a funcționat timp de șaptezeci de ani în anonimat aproape complet, membrii săi și asociațiile lor de afaceri trecând neobservate de public.

Senatorul Robert Owen, președintele Comisiei pentru bancă și monedă a Senatului, a declarat, conform citatului din *The New York Times* din 3 august 1913, înainte de adoptarea legii:

„Legea Rezervei Federale va oferi băncilor și intereselor industriale și comerciale discountul pentru efectele comerciale calificate d, stabilizând astfel viața noastră comercială și industrială. Băncile Rezervei Federale nu sunt concepute ca bănci menite să genereze profit, ci să servească unui mare scop național de a veni în întâmpinarea comerțului, a oamenilor de afaceri și a băncilor, de a proteja o piață stabilă pentru bunurile manufacturate, pentru produsele agricole și pentru forța de muncă. Nu există niciun motiv pentru care băncile ar trebui să controleze sistemul Rezervei Federale. Stabilitatea va face ca comerțul nostru să se extindă sănătos în toate direcțiile."

Optimismul senatorului Owen a fost sortit eșecului din cauza dominației promotorilor de la Jekyll Island asupra compoziției inițiale a Sistemului Rezervei Federale.

Nu numai că alianța Morgan-Kuhn-Loeb a achiziționat controlul majoritar asupra acțiunilor Băncii Rezervei Federale din New York, cu aproape jumătate din acțiuni deținute de cele cinci bănci din New York aflate sub controlul lor,

- First National Bank,
- National City Bank,
- National Bank of Commerce,
- Chase National Bank și
- Hanover National Bank,

dar l-au convins și pe președintele Woodrow Wilson să-l numească pe unul dintre membrii grupului de la Jekyll Island, Paul Warburg, în Consiliul Guvernatorilor Rezervei Federale.

Fiecare dintre cele douăsprezece bănci ale Rezervei Federale urma să aleagă un membru al Consiliului Consultativ Federal, care se reunea de patru ori pe an la Washington cu Consiliul Guvernatorilor Rezervei Federale, pentru a „consilia" Consiliul cu privire la politica monetară viitoare. Acest lucru părea să asigure o democrație absolută, întrucât fiecare dintre cei doisprezece „consilieri", reprezentând o regiune diferită a Statelor Unite, ar fi trebuit să apere interesele economice ale zonei sale, iar fiecare dintre cei doisprezece membri ar fi avut un vot egal. Teoria poate că a fost admirabilă în conceptul său, dar realitățile dure ale vieții economice au dus la o imagine cu totul diferită. Președintele unei mici bănci din

St. Louis sau Cincinnati, aflat în conferință cu Paul Warburg și J.P. Morgan pentru a-i „consilia" cu privire la politica monetară, ar fi puțin probabil să-i contrazică pe doi dintre cei mai puternici finanțiști internaționali din lume, întrucât o notă scrisă de mână de către oricare dintre ei d, ar fi suficientă pentru a-și arunca mica sa bancă în faliment. De fapt, băncile mici din cele douăsprezece districte ale Rezervei Federale existau doar ca sateliți ai marilor interese financiare din New York și se aflau complet la mila acestora. Martin Mayer, în The Bankers, subliniază că „J.P. Morgan menținea relații de corespondență cu multe bănci mici din toată țara."[44] Marile bănci din New York nu s-au limitat la tranzacții de milioane de dolari cu alte mari interese financiare, ci au desfășurat multe tranzacții mai mici și mai de rutină cu băncile lor „corespondente" din întreaga Statele Unite.

Aparent siguri de convingerea că activitățile lor nu vor fi niciodată expuse publicului, grupurile de interese Morgan-Kuhn, Loeb au selectat cu îndrăzneală membrii Consiliului Consultativ Federal din rândul băncilor lor corespondente și al băncilor în care dețineau acțiuni. Nimeni din comunitatea financiară nu părea să observe, întrucât nu s-a spus nimic despre acest lucru pe parcursul celor șaptezeci de ani de funcționare a Sistemului Rezervei Federale.

Pentru a evita orice suspiciune că interesele din New York ar putea controla Consiliul Consultativ Federal, primul său președinte, ales în 1914 de ceilalți membri, a fost J.B. Forgan, președintele First National Bank of Chicago. Rand McNally Bankers Directory pentru 1914 enumeră principalii corespondenți ai marilor bănci. Principala bancă corespondentă a First National Bank of New York, controlată de Baker-Morgan, este listată ca fiind First National Bank of Chicago. Principala bancă corespondentă listată de First National Bank of Chicago este Bank of Manhattan din New York, controlată de Jacob Schiff și Paul Warburg de la Kuhn, Loeb Company. James B. Forgan era, de asemenea, listat ca director al Equitable Life Insurance Company, controlată tot de Morgan. Cu toate acestea, relația dintre First National Bank of Chicago și aceste bănci din New York era chiar mai strânsă decât indică aceste liste.

La pagina 701 din cartea The Growth of Chicago Banks de F. Cyril James, găsim mențiunea „legăturii profitabile a First National

44 Martin Mayer, *The Bankers*, Weybright and Talley, New York, 1974, p. 207.

Bank of Chicago cu interesele lui Morgan. Un ambasador de bunăvoință a fost trimis în grabă la New York pentru a-l invita pe George F. Baker să devină director c al First National Bank of Chicago."[45] (J.B. Forgan către Ream, 7 ianuarie 1903.) De fapt, Baker și Morgan l-au ales personal pe primul președinte al Consiliului Consultativ Federal.

James B. Forgan (1852-1924) ilustrează, de asemenea, „legătura obligatorie cu Londra" în funcționarea Sistemului Rezervei Federale. Născut în St. Andrew's, Scoția, și-a început cariera bancară acolo, la Royal Bank of Scotland, o bancă corespondentă a Băncii Angliei. A venit în Canada pentru Bank of British North America, a lucrat pentru Bank of Nova Scotia, care l-a trimis la Chicago în anii 1880, iar până în 1900 devenise președinte al First National Bank of Chicago. A ocupat timp de șase ani funcția de președinte al Consiliului Consultativ Federal, iar când a părăsit consiliul, a fost înlocuit de Frank O. Wetmore, care îl înlocuise și pe postul de președinte al First National Bank of Chicago când Forgan fusese numit președinte al consiliului de administrație.

J.P. Morgan a reprezentat districtul Rezervei Federale din New York în primul Consiliu Consultativ Federal. El a fost numit președinte al Comitetului Executiv. Astfel, Paul Warburg și J.P. Morgan au participat la ședințele Consiliului Rezervei Federale în primii patru ani de funcționare a acestuia, înconjurați de ceilalți guvernatori și membri ai consiliului, care nu puteau să nu fie conștienți că viitorul lor urma să fie ghidat de acești doi bancheri puternici.

Un alt membru al Consiliului Consultativ Federal în 1914 a fost Levi L. Rue, reprezentând districtul Philadelphia. Rue era președintele Băncii Naționale din Philadelphia. Anuarul bancar Rand McNally din 1914 menționa Banca Națională din Philadelphia ca principal corespondent al Primei Bănci Naționale din New York. Prima Bancă Națională din Chicago menționa, de asemenea, Banca Națională din Philadelphia ca principal corespondent al său în Philadelphia. Printre ceilalți membri ai Consiliului Consultativ Federal se numărau Daniel S. Wing, președintele First National Bank of Boston, W.S. Rowe, președintele First National Bank of Cincinnati, și C.T. Jaffray, președintele First National Bank of

[45] F. Cyril James, *The Growth of Chicago Banks*, Harper, New York, 1938.

Minneapolis. Toate acestea erau bănci corespondente ale celor „cinci mari" bănci din New York care controlau piața monetară din Statele Unite.

Jaffray avea o legătură și mai strânsă cu interesele lui Baker-Morgan. În 1908, pentru a reinvesti dividendele anuale mari obținute din acțiunile First National Bank of New York, Baker și Morgan au înființat o societate holding, First Security Corporation, care a cumpărat 500 de acțiuni ale First National Bank of Minneapolis. Astfel, Jaffray era puțin mai mult decât un angajat salariat al lui Baker și Morgan, deși fusese „ales" de acționarii Federal Reserve Bank of Minneapolis pentru a le reprezenta interesele. First Security Corporation deținea, de asemenea, 50.000 de acțiuni ale Chase National Bank, 5.400 de acțiuni ale National Bank of Commerce, 2.500 de acțiuni ale Bankers Trust, 928 de acțiuni ale Liberty National Bank, banca la care Henry P. Davison fusese președinte când a fost ales să se alăture firmei J.P. Morgan, precum și acțiuni ale New York Trust, Atlantic Trust și Brooklyn Trust. First Security s-a concentrat pe acțiuni bancare care s-au apreciat rapid și au plătit dividende anuale generoase. În 1927, a câștigat cinci milioane de dolari, dar a plătit acționarilor opt milioane, luând restul din surplusul său.

Un alt membru al Consiliului Consultativ Federal inițial a fost E.F. Swinney, președintele First National Bank of Kansas City. El era, de asemenea, director al Southern Railway și se prezenta în Who's Who ca „independent din punct de vedere politic".

Archibald Kains a reprezentat districtul San Francisco în Consiliul Consultativ Federal, deși și-a păstrat biroul în New York, în calitate de președinte al American Foreign Banking Corporation.

După ce a ocupat funcția de guvernator al Consiliului Rezervei Federale între 1914 și 1918, Paul Warburg nu a solicitat un nou mandat. Cu toate acestea, el nu era pregătit să-și întrerupă legătura cu Sistemul Rezervei Federale, pentru a cărui înființare și punere în funcțiune depusese atâtea eforturi. J.P. Morgan a renunțat de bunăvoie la locul său în Consiliul Consultativ Federal, iar în următorii zece ani, Paul Warburg a continuat să reprezinte districtul Rezervei Federale din New York în cadrul Consiliului. A fost vicepreședinte al consiliului în perioada 1922-1925 și președinte în perioada 1926-1927. Astfel, Warburg a rămas o prezență dominantă la ședințele Consiliului Rezervei Federale pe tot parcursul anilor 1920, când băncile centrale europene planificau marea contracție a creditului care a precipitat Criza din 1929 și Marea Depresiune.

Deși majoritatea „recomandărilor" Consiliului Consultativ Federal adresate Consiliului Guvernatorilor nu au fost niciodată făcute publice, în câteva ocazii rare, *ziarul „The New York Times"* a oferit câteva informații despre deliberările acestuia prin intermediul unor scurte articole. La 21 noiembrie 1916, *„The Times"* a relatat că Consiliul Consultativ Federal se reunise la Washington pentru conferința sa trimestrială.

„S-a discutat despre preluarea extinderii creditului acordat de Europa către America de Sud și alte țări. Oficialii Rezervei Federale au afirmat că, pentru a-și menține poziția de unul dintre bancherii lumii, Statele Unite trebuie să se aștepte să fie chemate să presteze o mare parte din serviciile îndeplinite în trecut în mare măsură de Anglia, prin acordarea creditelor pe termen scurt necesare pentru producția și transportul de mărfuri de toate tipurile în comerțul mondial, și că acceptările în comerțul exterior necesită discounturi mai mici și piețe de aur cât mai libere și mai fiabile." (Primul Război Mondial era la apogeu în 1916.)

Pe lângă activitatea sa în cadrul Consiliului Guvernatorilor și al Consiliului Consultativ Federal, Paul Warburg a continuat să se adreseze grupurilor de bancheri cu privire la politicile monetare pe care se aștepta ca aceștia să le urmeze. La 22 octombrie 1915, el s-a adresat Clubului Băncilor din Twin City, St. Paul, Minnesota, în cadrul căruia a declarat: „Este în interesul vostru ca băncile Rezervei Federale să fie cât mai puternice posibil. Este de neimaginat ce poate rezerva viitorul pentru dezvoltarea sistemului bancar american. Cu marile puteri ale Europei limitate la propriul lor domeniu, cu Statele Unite transformate într-o națiune creditoare pentru întreaga lume, limitele domeniului care ne stă deschis sunt determinate doar de puterea noastră de expansiune sigură. Amploarea viitorului nostru bancar va fi, în cele din urmă, limitată de cantitatea de aur pe care o putem aduna ca fundament al structurii noastre bancare și de credit."

Componența Consiliului Guvernatorilor Rezervei Federale și a Consiliului Consultativ al Rezervei Federale, de la membrii inițiali până în prezent, arată legături cu conferința de la Jekyll Island și cu comunitatea bancară londoneză, ceea ce oferă dovezi incontestabile, acceptabile în orice instanță de judecată, că a existat un plan de a prelua controlul asupra banilor și creditului poporului Statelor Unite și de a-l folosi în beneficiul arhitecților acestuia. Vechi membri ai Insulei Jekyll erau Frank Vanderlip, președintele National City Bank, care a cumpărat o mare parte din acțiunile Băncii Rezervei Federale din New York în 1914; Paul Warburg de la Kuhn, Loeb Company; Henry P. Davison, mâna dreaptă a lui J.P. Morgan și director al First National Bank of New York și al National Bank of Commerce, care a preluat o mare parte din acțiunile Băncii Rezervei Federale din New York; și Benjamin Strong, cunoscut și ca locotenent al lui Morgan, care a ocupat funcția de guvernator al Băncii Rezervei Federale din New York în anii 1920.[46]

Selectarea membrilor regionali ai Consiliului Consultativ Federal din lista bancherilor care au lucrat cel mai îndeaproape cu cele „cinci mari" bănci din New York și care erau principalele lor bănci corespondente dovedește că mult-trâmbițata „apărare regională a interesului public" de către Carter Glass și alți susținători din Washington ai Legii Rezervei Federale a fost, încă de la început, o înșelăciune deliberată. Faptul că, timp de șaptezeci de ani, acest consiliu a putut să se întâlnească cu Consiliul Guvernatorilor Rezervei Federale și să „consilieze" guvernatorii cu privire la deciziile de politică monetară care afectau viața de zi cu zi a fiecărei persoane din Statele Unite, fără ca publicul să fie conștient de existența lor, demonstrează că planificatorii operațiunii băncii centrale știau exact cum să-și atingă obiectivele prin „procese administrative" despre care publicul urma să rămână în ignoranță. Afirmația că „sfaturile" membrilor consiliului nu sunt obligatorii

---

46 „Consiliul consultativ federal are o mare influență asupra Consiliului Rezervei Federale. O figură proeminentă în cadrul acestui consiliu este J.P. Morgan, membru de frunte al J.P. Morgan Company și fiul regretatului J.P. Morgan. Fiecare dintre cei doisprezece membri ai Consiliului Consultativ, după cum bine știți, a fost educat în aceeași atmosferă. Legea Rezervei Federale nu este doar o lege a privilegiilor speciale, ci persoanele privilegiate au fost plasate la conducere și sunt consilierii săi în administrare. Consiliul Rezervei Federale și Consiliul Consultativ Federal administrează Sistemul Rezervei Federale ca autoritate supremă, iar niciunul dintre funcționarii de rang inferior, chiar dacă ar dori, nu ar îndrăzni să se pună în conflict cu ei."
(DIN: *„De ce este țara ta în război?"* de Charles Lindbergh, publicată în 1917). Paragraful de mai sus explică de ce Woodrow Wilson a ordonat agenților guvernamentali să confisceze și să distrugă plăcile de tipar și exemplarele acestei cărți în primăvara anului 1918.

pentru guvernatori sau că nu au nicio pondere înseamnă a susţine că, de patru ori pe an, doisprezece dintre cei mai influenţi bancheri din Statele Unite îşi iau timp liber de la muncă pentru a se deplasa la Washington şi a se întâlni cu Consiliul Rezervei Federale doar pentru a bea o cafea şi a schimba amabilităţi. Este o afirmaţie pe care oricine familiarizat cu funcţionarea comunităţii de afaceri o va considera imposibil de luat în serios. În 1914, bancherii din Vestul Îndepărtat făceau o călătorie de patru zile în fiecare sens pentru a veni la Washington la o şedinţă a consiliului cu Consiliul Rezervei Federale. Aceşti oameni aveau interese de afaceri extinse care le solicitau timpul. J.P. Morgan era director al a şaizeci şi trei de corporaţii care ţineau şedinţe anuale şi nu se putea aştepta ca el să călătorească la Washington pentru a participa la şedinţele Consiliului Rezervei Federale dacă sfatul său urma să fie considerat lipsit de importanţă.[47]

[47] Legătura cu J.P. Morgan a rămas predominantă în cadrul Consiliului Consultativ Federal. În ultimii ani, prestigiosul District nr. 2 al Rezervei Federale, Districtul New York, a fost reprezentat în Consiliul Consultativ Federal de Lewis Preston. Preston este preşedintele J.P. Morgan Company şi, de asemenea, preşedinte şi director executiv al Morgan Guaranty Trust, New York. Moştenitor al averii Baldwin (o companie controlată de Morgan), Preston s-a căsătorit cu moştenitoarea averii ziarului Pulitzer. La 26 februarie 1929, *The New York Times* a menţionat că a avut loc o fuziune între National Bank of Commerce şi Guaranty Trust, transformându-le în cea mai mare bancă din Statele Unite, cu un capital de două miliarde de dolari. Fuziunea a fost negociată de Myron C. Taylor, preşedintele U.S. Steel, o firmă a lui Morgan. Băncile ocupau clădiri învecinate pe Wall Street şi, după cum nota *The New York Times*, „Guaranty Trust Company a fost cunoscută de mult timp ca una dintre băncile din «grupul Morgan»". National Bank of Commerce a fost, de asemenea, identificată cu interesele lui Morgan.

CAPITOLUL CINCI

CASA ROTHSCHILD

Succesul conspirației Rezervei Federale va ridica multe întrebări în mintea cititorilor care nu sunt familiarizați cu istoria Statelor Unite și a capitalului financiar. Cum a putut alianța Kuhn, Loeb-Morgan, oricât de puternică ar fi fost, să creadă că va fi capabilă, în primul rând, să elaboreze un plan care să aducă în mâinile lor întreaga sumă de bani și credit a poporului american și, în al doilea rând, să obțină adoptarea unui astfel de plan sub formă de lege?

Capacitatea de a elabora și pune în aplicare „Planul Rezervei Naționale", așa cum a fost numit rezultatul imediat al expediției de la Jekyll Island, se încadra cu ușurință în competențele alianței Kuhn, Loeb-Morgan, conform următorului fragment din revista McClure's Magazine, august 1911, articolul „Cei șapte bărbați" de John Moody:

„Șapte bărbați de pe Wall Street controlează acum o mare parte din industria și resursele fundamentale ale Statelor Unite. Trei dintre cei șapte bărbați, J.P. Morgan, James J. Hill și George F. Baker, directorul First National Bank of New York, aparțin așa-numitului grup Morgan; patru dintre ei, John D. și William Rockefeller, James Stillman, directorul National City Bank, și Jacob H. Schiff de la firma bancară privată Kuhn, Loeb Company, aparțin așa-numitului grup Standard Oil City Bank... mașinăria centrală a capitalului își extinde controlul asupra Statelor Unite... Procesul nu este doar logic din punct de vedere economic; acum este practic automat."[48]

Astfel, vedem că complotul din 1910 de a prelua controlul asupra banilor și creditului poporului Statelor Unite a fost planificat de oameni care controlau deja majoritatea resurselor țării. Lui John

48 John Moody, „*The Seven* Men", McClure's Magazine, august 1911, p. 418.

Moody i s-a părut „practic automat” că aceştia ar trebui să-şi continue operaţiunile.

Ceea ce John Moody nu ştia, sau nu le-a spus cititorilor săi, era că cei mai puternici oameni din Statele Unite erau ei înşişi responsabili în faţa unei alte puteri, o putere străină, şi o putere care căuta cu stăruinţă să-şi extindă controlul asupra tinerei republici a Statelor Unite încă de la înfiinţarea acesteia. Această putere era puterea financiară a Angliei, centrată în sucursala londoneză a Casei Rothschild. Adevărul era că, în 1910, Statele Unite erau, practic, conduse din Anglia, şi aşa este şi astăzi. Cele zece cele mai mari holdinguri bancare din Statele Unite se află ferm în mâinile anumitor case bancare, toate având sucursale la Londra. Acestea sunt J.P. Morgan Company, Brown Brothers Harriman, Warburg, Kuhn Loeb şi J. Henry Schroder. Toate menţin relaţii strânse cu Casa Rothschild, în principal prin controlul exercitat de Rothschild asupra pieţelor monetare internaţionale prin manipularea preţului aurului. În fiecare zi, preţul mondial al aurului este stabilit în biroul londonez al N.M. Rothschild and Company.

Deşi aceste firme sunt aparent firme americane, care au doar sucursale la Londra, adevărul este că aceste case bancare primesc de fapt instrucţiuni de la Londra. Istoria lor este fascinantă şi necunoscută publicului american, având originea în traficul internaţional cu aur, sclavi, diamante şi alte mărfuri de contrabandă. Nu există considerente morale în nicio decizie de afaceri luată de aceste firme. Ele sunt interesate exclusiv de bani şi putere.

Astăzi, turiştii privesc cu uimire magnificele conace ale celor foarte bogaţi din Newport, Rhode Island, fără să-şi dea seama că aceste „căsuţe” nu sunt doar un monument al dorinţelor baroniale ale milionarilor noştri victorieni, ci că ridicarea lor în Newport a reprezentat o comemorare nostalgică a marilor averi americane, care şi-au avut începuturile în Newport, pe vremea când acesta era capitala comerţului cu sclavi.

Timp de secole, comerţul cu sclavi a avut sediul central la Veneţia, până când Marea Britanie a secolului al XVII-lea, noul stăpân al mărilor, şi-a folosit controlul asupra oceanelor pentru a obţine monopolul. Pe măsură ce coloniile americane se populau, oamenii lor extrem de independenţi, dintre care majoritatea nu doreau sclavi, au descoperit cu surprindere că sclavi erau trimişi în porturile noastre în număr mare.

Timp de mulţi ani, Newport a fost capitala acestui comerţ neplăcut. William Ellery, colectorul portului Newport, a spus în 1791:

„... un etiopian şi-ar putea schimba pielea mai repede decât un comerciant din Newport ar putea fi convins să renunţe la un comerţ atât de profitabil... în favoarea profiturilor modeste ale oricărei fabrici."

John Quincy Adams a remarcat în jurnalul său, la pagina 459: „Fosta prosperitate a oraşului Newport se datora în principal implicării sale extinse în comerţul cu sclavi africani."

Preeminenţa lui J.P. Morgan şi a firmei Brown în finanţele americane poate fi datată odată cu dezvoltarea oraşului Baltimore ca capitală a comerţului cu sclavi în secolul al XIX-lea. Ambele firme îşi au originea în Baltimore, au deschis sucursale la Londra, au intrat sub egida Casei Rothschild şi s-au întors în Statele Unite pentru a deschide sucursale la New York şi a deveni puterea dominantă, nu numai în finanţe, ci şi în guvern. În ultimii ani, posturi cheie, precum cel de secretar al apărării, au fost ocupate de Robert Lovett, partener al Brown Brothers Harriman, şi de Thomas S. Gates, partener al Drexel and Company, o firmă subsidiară a J.P. Morgan. Actualul vicepreşedinte, George Bush, este fiul lui Prescott Bush, partener al Brown Brothers Harriman, timp de mulţi ani senator de Connecticut şi organizatorul financiar al Columbia Broadcasting System, al cărui director a fost, de asemenea, timp de mulţi ani.

Pentru a înţelege de ce aceste firme funcţionează aşa cum o fac, este necesar să prezentăm o scurtă istorie a originilor lor. Puţini americani ştiu că J.P. Morgan Company a început ca George Peabody and Company. George Peabody (1795-1869), născut la South Danvers, Massachusetts, şi-a început afacerea în Georgetown, D.C., în 1814, sub numele de Peabody, Riggs and Company, ocupându-se cu comerţul en gros de produse nealimentare şi cu administrarea pieţei de sclavi din Georgetown. În 1815, pentru a fi mai aproape de sursa de aprovizionare, s-au mutat la Baltimore, unde au funcţionat sub numele de Peabody and Riggs, între 1815 şi 1835. Peabody s-a implicat din ce în ce mai mult în afaceri provenite din Londra şi, în 1835, a înfiinţat firma George Peabody and

Company la Londra. Avea o poziție excelentă în mediul de afaceri londonez prin intermediul unei alte firme din Baltimore stabilite la Liverpool, Brown Brothers. Alexander Brown a venit la Baltimore în 1801 și a înființat ceea ce este cunoscut astăzi ca cea mai veche casă bancară din Statele Unite, care funcționează încă sub numele de Brown Brothers Harriman din New York; Brown, Shipley and Company din Anglia; și Alex Brown and Son din Baltimore. Puterea exercitată în culise de această firmă este indicată de faptul că Sir Montagu Norman, guvernator al Băncii Angliei timp de mulți ani, a fost partener al Brown, Shipley and Company.[49] Considerat cel mai influent bancher din lume, Sir Montagu Norman a fost organizatorul „discuțiilor informale" dintre șefii băncilor centrale în 1927, care au dus direct la Marea Cădere a Bursei din 1929.

La scurt timp după sosirea sa la Londra, George Peabody a fost surprins să fie chemat la o audiență cu aspruul baron Nathan Mayer Rothschild. Fără menajamente, Rothschild i-a dezvăluit lui Peabody că o mare parte a aristocrației londoneze îl displăcea în mod deschis pe Rothschild și îi refuza invitațiile. El i-a propus lui Peabody, un om cu mijloace modeste, să se impună ca un gazdă generoasă, ale cărei petreceri vor deveni în curând subiectul de discuție al Londrei. Rothschild urma, desigur, să plătească toate cheltuielile. Peabody a acceptat oferta și a devenit în scurt timp cunoscut ca cel mai popular gazdă din Londra. Cina sa anuală de 4 iulie, care sărbătorea independența americană, a devenit extrem de populară în rândul aristocrației engleze, mulți dintre aceștia, în timp ce beau vinul lui Peabody, își povesteau glume despre grosolănia și manierele proaste ale lui Rothschild, fără să-și dea seama că fiecare picătură pe care o beau fusese plătită de Rothschild.

Nu este deloc surprinzător faptul că cel mai popular gazdă din Londra avea să devină și un om de afaceri de mare succes, mai ales având în spate sprijinul Casei Rothschild. Peabody opera adesea cu un capital de 500.000 de lire la dispoziție și a devenit foarte abil în tranzacțiile sale de cumpărare și vânzare de pe ambele maluri ale Atlanticului. Agentul său american era firma Beebe, Morgan and Company din Boston, condusă de Junius S. Morgan, tatăl lui John

49 „Există o înțelegere informală conform căreia un director al Brown, Shipley ar trebui să facă parte din consiliul de administrație al Băncii Angliei, iar Norman a fost ales în acest consiliu în 1907." Montagu Norman, Current Biography, 1940.

Pierpont Morgan. Peabody, care nu s-a căsătorit niciodată, nu avea pe nimeni care să-i succeadă şi a fost foarte impresionat de Junius Morgan, un bărbat înalt şi chipeş. L-a convins pe Morgan să i se alăture la Londra ca partener în cadrul firmei George Peabody and Company în 1854. În 1860, John Pierpont Morgan fusese angajat ca ucenic de firma Duncan, Sherman din New York. Nu era foarte atent la afaceri, iar în 1864, tatăl lui Morgan a fost indignat când Duncan, Sherman a refuzat să-l facă pe fiul său partener. El a încheiat imediat o înţelegere prin care unul dintre angajaţii principali ai firmei Duncan, Sherman, Charles H. Dabney, a fost convins să se alăture lui John Pierpont Morgan într-o nouă firmă, Dabney, Morgan and Company. Revista Bankers Magazine, din decembrie 1864, a menţionat că Peabody îşi retrăsese contul de la Duncan, Sherman şi că se aştepta ca şi alte firme să facă acelaşi lucru. Contul Peabody a ajuns, desigur, la Dabney, Morgan Company.

John Pierpont Morgan s-a născut în 1837, în timpul primei crize monetare din Statele Unite. În mod semnificativ, aceasta fusese provocată de Casa Rothschild, cu care Morgan urma să se asocieze mai târziu.

În 1836, preşedintele Andrew Jackson, înfuriat de tacticile bancherilor care încercau să-l convingă să reînnoiască statutul celei de-a doua Bănci a Statelor Unite, a spus: „Sunteţi un cuib de vipere. Intenţionez să vă alung şi, pe Dumnezeu cel Veşnic, vă voi alunga. Dacă oamenii ar înţelege doar nedreptatea flagrantă a sistemului nostru monetar şi bancar, ar avea loc o revoluţie înainte de dimineaţă."

Deşi Nicholas Biddle era preşedintele Băncii Statelor Unite, era bine cunoscut faptul că baronul James de Rothschild din Paris era principalul investitor în această bancă centrală. Deşi Jackson a vetat reînnoirea statutului Băncii Statelor Unite, probabil că nu ştia că, cu câteva luni mai devreme, în 1835, Casa Rothschild consolidase relaţia cu Guvernul Statelor Unite, înlocuind firma Baring ca agent financiar al Departamentului de Stat la 1 ianuarie 1835.

Henry Clews, celebrul bancher, în cartea sa, „Twenty-eight Years in Wall Street" (Douăzeci şi opt de ani pe Wall Street),[50],

[50] Henry Clews, *Twenty-eight Years in Wall Street*, Irving Company, New York, 1888, pagina 157.

afirmă că panica din 1837 a fost orchestrată deoarece statutul celei de-a doua Bănci a Statelor Unite expirase în 1836. Președintele Jackson nu numai că a retras prompt fondurile guvernamentale din cea de-a doua Bancă a Statelor Unite, dar a depus aceste fonduri, 10 milioane de dolari, în bănci de stat. Rezultatul imediat, ne spune Clews, este că țara a început să se bucure de o mare prosperitate. Acest flux brusc de numerar a provocat o expansiune imediată a economiei naționale, iar guvernul a achitat întreaga datorie națională, lăsând un excedent de 50 de milioane de dolari în Trezorerie.

Finanțiștii europeni aveau răspunsul la această situație. Clews afirmă în continuare: „Panica din 1837 a fost agravată de Banca Angliei când, într-o singură zi, a aruncat toate hârtiile legate de Statele Unite".

Banca Angliei era, desigur, sinonimă cu numele baronului Nathan Mayer Rothschild. De ce a „eliminat" Banca Angliei într-o singură zi toate titlurile legate de Statele Unite, adică a refuzat să accepte sau să disconteze orice titluri, obligațiuni sau alte titluri financiare emise în Statele Unite? Scopul acestei acțiuni a fost de a crea o panică financiară imediată în Statele Unite, de a provoca o contracție completă a creditului, de a opri emisiunile ulterioare de acțiuni și obligațiuni și de a-i ruina pe cei care încercau să transforme titlurile Statelor Unite în numerar. În această atmosferă de panică financiară, s-a născut John Pierpont Morgan. Bunicul său, Joseph Morgan, era un fermier înstărit care deținea 106 acri în Hartford, Connecticut. Ulterior, el a deschis City Hotel și Exchange Coffee Shop, iar în 1819 a fost unul dintre fondatorii companiei de asigurări Aetna.

George Peabody a constatat că a făcut o alegere bună în a-l selecta pe Junius S. Morgan ca succesor al său. Morgan a fost de acord să continue relația secretă cu N.M. Rothschild Company și, în curând, a extins activitățile firmei prin transportul de cantități mari de fier pentru căi ferate în Statele Unite. Fierul lui Peabody a constituit baza pentru o mare parte din căile ferate americane între 1860 și 1890. În 1864, mulțumit să se retragă și să-și lase firma în mâinile lui Morgan, Peabody a permis schimbarea numelui în Junius S. Morgan Company. Firma Morgan a fost atunci și a rămas de atunci întotdeauna condusă de la Londra. John Pierpont Morgan și-a petrecut o mare parte din timp la magnificul său conac londonez, Prince's Gate.

Unul dintre momentele de vârf ale asocierii de succes Rothschild-Peabody-Morgan a fost Panica din 1857. Trecuseră douăzeci de ani de la Panica din 1837: lecțiile acesteia fuseseră uitate de mulțimile de investitori dornici, nerăbdători să investească profiturile unei Americi în dezvoltare. Era timpul să-i jecmănească din nou. Bursa funcționează ca un val care se sparge pe plajă. Acesta mătură cu el multe creaturi minuscule care își trag întreaga susținere vitală din oxigenul și apa valului. Ele plutesc pe creasta „Valului de prosperitate". Brusc, valul, după ce a atins nivelul maxim pe plajă, se retrage, lăsând toate creaturile gâfâind pe nisip. Un alt val ar putea veni la timp pentru a le salva, dar, cel mai probabil, nu va ajunge atât de departe, iar unele dintre creaturile marine sunt condamnate. În același mod, valurile de prosperitate, alimentate de bani nou creați, printr-o contracție artificială a creditului, se retrag, lăsându-i pe cei pe care i-au purtat la înălțime să gâfâie și să moară fără speranță de salvare.

Corsair, the Life of J.P. Morgan,[51] ne spune că Panica din 1857 a fost cauzată de prăbușirea pieței cerealelor și de prăbușirea bruscă a Ohio Life and Trust, care a înregistrat o pierdere de cinci milioane de dolari. Odată cu această prăbușire, alte nouă sute de companii americane au dat faliment. În mod semnificativ, una nu numai că a supraviețuit, ci a prosperat în urma prăbușirii. În Corsair, aflăm că Banca Angliei a împrumutat companiei George Peabody and Company cinci milioane de lire sterline în timpul panicii din 1857. Winkler, în Morgan the Magnificent[52], spune că Banca Angliei i-a avansat lui Peabody un milion de lire sterline, o sumă enormă la acea vreme și echivalentul a o sută de milioane de dolari astăzi, pentru a salva firma. Cu toate acestea, nicio altă firmă nu a beneficiat de o astfel de generozitate în timpul acestei panici. Motivul este dezvăluit de Matthew Josephson, în The Robber Barons. El spune la pagina 60:

„George Peabody and Company, vechiul copac din care a crescut Casa Morgan, era renumită pentru astfel de calități de

[51] Corsair, *Viața lui Morgan*.

[52] John K. Winkler, *Morgan the Magnificent*, Vanguard, N.Y. 1930.

conservatorism și puritate. În panica din 1857, când titlurile depreciate au fost aruncate pe piață de investitori aflați în dificultate din America, Peabody și Morgan cel bătrân, având lichidități, au cumpărat liber astfel de obligațiuni care aveau o valoare reală și apoi le-au revândut cu un avans substanțial când s-a restabilit raționalitatea."[53]

Astfel, din mai multe biografii ale lui Morgan, povestea poate fi reconstituită. După ce panica a fost orchestrată, o firmă a intrat pe piață cu un milion de lire sterline în numerar, a cumpărat titluri de valoare de la investitori aflați în dificultate la prețuri de panică și le-a revândut ulterior cu un profit enorm. Acea firmă era firma Morgan, iar în spatele ei se afla manevra inteligentă a baronului Nathan Mayer Rothschild. Asocierea a rămas secretă chiar și pentru cele mai avizate minți financiare din Londra și New York, deși Morgan apărea ocazional ca agent financiar într-o operațiune a familiei Rothschild. Pe măsură ce firma Morgan a crescut rapid la sfârșitul secolului al XIX-lea, până când a ajuns să domine finanțele națiunii, mulți observatori erau nedumeriți de faptul că familia Rothschild părea atât de puțin interesată să profite de investiții în economia americană în plină expansiune. John Moody notează, în The Masters of Capital, pagina 27: „Familia Rothschild se mulțumea să rămână un aliat apropiat al lui Morgan... în ceea ce privea domeniul american."[54] Secretul era mai profitabil decât curajul.

Motivul pentru care familia Rothschild din Europa a preferat să opereze în mod anonim în Statele Unite, în spatele fațadei J.P. Morgan and Company, este explicat de George Wheeler, în Pierpont Morgan and Friends, the Anatomy of a Myth, pagina 17:

„Însă chiar și în acel moment se luau măsuri pentru a-l scoate din impasul financiar, iar acestea nu erau inițiate de Pierpont Morgan însuși. Prima propunere ca numele său să fie luat în considerare pentru un rol în refacerea rezervei a venit de la sucursala londoneză a Casei Rothschild, angajatorii lui Belmont."[55]

---

[53] Matthew Josephson, *Baronii hoți*, Harcourt Brace, N.Y. 1934.

[54] John Moody, *Stăpânii capitalului*.

[55] George Wheeler, *Pierpont Morgan și prietenii, anatomia unui mit*, Prentice Hall, N.J. 1973.

Wheeler continuă explicând că în Europa și în Statele Unite se dezvoltase o mișcare anti-Rothschild considerabilă, care se concentra asupra activităților bancare ale familiei Rothschild. Chiar dacă aveau un agent înregistrat în Statele Unite, August Schoenberg, care își schimbase numele în Belmont când venise în Statele Unite ca reprezentant al familiei Rothschild în 1837, era extrem de avantajos pentru ei să aibă un reprezentant american care să nu fie cunoscut ca agent al familiei Rothschild.

Deși casa londoneză Junius S. Morgan and Company a continuat să fie filiala dominantă a întreprinderilor Morgan, odată cu moarte ă a lui Morgan senior în 1890 într-un accident de trăsură pe Riviera, John Pierpont Morgan a devenit șeful firmei. După ce a funcționat ca reprezentant american al firmei londoneze între 1864 și 1871 sub numele de Dabney Morgan Company, Morgan a luat un nou partener în 1871, Anthony Drexel din Philadelphia, și a funcționat sub numele de Drexel Morgan and Company până în 1895. Drexel a murit în acel an, iar Morgan a schimbat numele filialei americane în J.P. Morgan and Company.

LaRouche, în cartea sa „[56] ”, ne spune că, pe 5 februarie 1891, o asociație secretă cunoscută sub numele de „Grupul Mesei Rotunde" a fost înființată la Londra de Cecil Rhodes, bancherul său, Lord Rothschild, cumnatul lui Rothschild, Lord Rosebery și Lord Curzon. El afirmă că, în Statele Unite, Mesea Rotundă era reprezentată de grupul Morgan. Dr. Carrol Quigley se referă la acest grup ca la „Societatea secretă britanico-americană" în Tragedy and Hope, afirmând că „coloana vertebrală principală a acestei organizații s-a dezvoltat pe baza cooperării financiare deja existente între Banca Morgan din New York și un grup de finanțiști internaționali din Londra condus de Lazard Brothers (în 1901)".[57]

William Guy Carr, în *Pawns In The Game*, afirmă că „în 1899, J.P. Morgan și Drexel s-au deplasat în Anglia pentru a participa la Convenția Internațională a Bancherilor. La întoarcere, J.P. Morgan fusese numit reprezentantul principal al intereselor familiei Rothschild în Statele Unite. Ca urmare a Conferinței de la Londra, J.P. Morgan and Company din New York, Drexel and Company din

---

[56] Lyndon H. LaRouche, Jr., Dope, Inc., The New Benjamin Franklin House Publishing Company, N.Y. 1978.

[57] Dr. Carrol Quigley, *Tragedy and Hope,* Macmillan Co., N.Y.

Philadelphia, Grenfell and Company din Londra, Morgan Harjes Cie din Paris, M.M. Warburg Company din Germania și America, precum și Casa Rothschild au devenit toate afiliate."[58]

Aparent neștiind de legătura familiei Peabody cu familia Rothschild și de faptul că familia Morgan fusese întotdeauna afiliată cu Casa Rothschild, Carr a presupus că descoperise această relație abia în 1899, când, de fapt, ea se întindea până în 1835.[59]

După Primul Război Mondial, Masa Rotundă a devenit cunoscută sub numele de Consiliul pentru Relații Externe în Statele Unite și Institutul Regal de Afaceri Internaționale la Londra. Principalii oficiali guvernamentali atât din Anglia, cât și din Statele Unite erau aleși dintre membrii săi. În anii 1960, pe măsură ce atenția crescândă se concentra asupra activităților guvernamentale ascunse ale Consiliului pentru Relații Externe, grupuri subsidiare, cunoscute sub numele de Comisia Trilaterală și Bilderbergers, reprezentând aceleași interese financiare, și-au început activitatea, oficialii mai importanți, precum Robert Roosa, fiind membri ai tuturor celor trei grupuri.

George F. Peabody, History of the Great American Fortunes, Gustavus Myers, Mod. Lib. 537, menționează că tatăl lui J.P. Morgan, Junius S. Morgan, devenise partenerul lui George Peabody în afaceri bancare. „Când a izbucnit Războiul Civil, George Peabody and Company a fost numită reprezentantul financiar al Guvernului SUA în Anglia... odată cu această numire, averea lor a început brusc să se acumuleze; în timp ce până atunci își adunaseră bogățiile în etape nu foarte rapide, acum au adăugat multe milioane în doar câțiva ani." Potrivit scriitorilor vremii, metodele companiei George Peabody & Company nu erau doar nerezonabile, ci constituiau o dublă trădare, în sensul că, în timp ce ofereau ajutor

---

58 William Guy Carr, *Pioni în joc*, tipărită privat, 1956, pag. 60.

59 30 iulie 1930 McFadden Bazele controlului condițiilor economice. Acest control al structurii economice mondiale și al fericirii și progresului uman de către un grup restrâns este o chestiune de cel mai intens interes public. Pentru a-l analiza, trebuie să începem cu grupul intern care se concentrează în jurul companiei J.P. Morgan. Niciodată până acum nu a existat un control centralizat atât de puternic asupra finanțelor, producției industriale, creditelor și salariilor, așa cum este în prezent în mâinile grupului Morgan... Controlul Morgan asupra Sistemului Rezervei Federale se exercită prin controlul asupra conducerii Băncii Rezervei Federale din New York.

din interior inamicului, George Peabody & Company erau reprezentanții guvernului SUA și erau bine plătiți pentru a promova interesele acestuia.

„*Springfield* Republic", 1866: „Toți cei care știu ceva despre acest subiect știu foarte bine că Peabody și partenerii săi nu ne-au acordat niciun sprijin și nicio încredere în lupta noastră pentru existența națională. Ei au participat pe deplin la neîncrederea generală a englezilor față de cauza noastră de și de succesul nostru și au vorbit și au acționat mai degrabă în favoarea Sudului decât a națiunii noastre. Nimeni nu a contribuit mai mult la inundarea piețelor noastre monetare și la slăbirea încrederii financiare în naționalitatea noastră decât George Peabody & Company, și nimeni nu a câștigat mai mulți bani din această operațiune. Toți banii pe care domnul Peabody îi împarte atât de generos între instituțiile noastre de învățământ au fost câștigați prin speculațiile casei sale pe seama nenorocirilor noastre."

De asemenea, *New York Times*, 31 octombrie 1866: Fondul de bani al speculanților din perioada Reconstrucției. Fulger deasupra clădirii Trezoreriei, John Elson, Meador Publishing Co., Boston 41, pag. 53, „*Banca Angliei*, împreună cu băncile sale subsidiare din America (sub dominația lui J.P. Morgan), Banca Franței și Reichsbank din Germania, au alcătuit un sistem bancar interconectat și cooperativ, al cărui obiectiv principal era exploatarea poporului."

Potrivit lui William Guy Carr, în *Pawns In The Game*,[60], întâlnirea inițială a acestor planificatori ex officio a avut loc în atelierul de aurărie al lui Mayer Amschel Bauer din Frankfurt, în 1773. Bauer, care a adoptat numele de „Rothschild" sau Scutul Roșu, de la scutul roșu pe care îl atârna deasupra ușii pentru a-și promova afacerea (scutul roșu este astăzi stema oficială a orașului Frankfurt), (Vezi Coperta) „avea doar treizeci de ani când i-a invitat pe alți doisprezece bărbați bogați și influenți să se întâlnească cu el la Frankfurt. Scopul său era să-i convingă că, dacă ar fi fost de acord să-și pună în comun resursele, ar fi putut finanța și controla Mișcarea Revoluționară Mondială și să o folosească ca Manual de Acțiune pentru a obține controlul suprem asupra bogăției, resurselor naturale și forței de muncă din întreaga lume. Odată ajuns la acest acord, Mayer și-a dezvăluit planul revoluționar. Proiectul urma să fie

---

60 William Guy Carr, *Pawns In The Game*, tipărită în ediție privată, 1956.

susţinut de toată puterea care putea fi cumpărată cu resursele lor puse în comun.

Prin manipularea inteligentă a averii lor combinate, ar fi posibil să se creeze condiţii economice atât de nefavorabile încât masele ar fi reduse la o stare de mizerie, la limita foametei, din cauza şomajului... Propagandiştii lor plătiţi ar fi stârnit sentimente de ură şi răzbunare împotriva claselor conducătoare, expunând toate cazurile reale şi presupuse de extravaganţă, comportament licenţios, nedreptate, opresiune şi persecuţie. De asemenea, ar fi inventat infamii pentru a discredita pe alţii care, dacă ar fi fost lăsaţi în pace, ar fi putut să le interfereze cu planurile generale... Rothschild s-a întors spre un manuscris şi a început să citească un plan de acţiune pregătit cu atenţie.

1. El susţinea că LEGEA nu era altceva decât FORŢA deghizată. El considera că era logic să se concluzioneze că „conform legilor naturii, dreptul stă în forţă".

2. Libertatea politică este o idee, nu un fapt. Pentru a uzurpa puterea politică, tot ce era necesar era să se propovăduiască „liberalismul", astfel încât electoratul, de dragul unei idei, să cedeze o parte din puterea şi prerogativele sale, pe care complotiştii le-ar fi putut apoi aduna în propriile mâini.

3. Vorbitorul a afirmat că Puterea Aurului uzurpase puterea conducătorilor liberali... El a subliniat că pentru succesul planului său era irelevant dacă guvernele existente erau distruse de duşmani externi sau interni, deoarece învingătorul trebuia, din necesitate, să ceară ajutorul „Capitalului", care „se află în întregime în mâinile noastre".

4. El a susţinut că utilizarea oricăror mijloace pentru a atinge scopul final era justificată pe motiv că conducătorul care guverna după codul moral nu era un politician priceput, deoarece se lăsa vulnerabil şi într-o poziţie instabilă.

5. El a afirmat că „Dreptul nostru stă în forţă. Cuvântul DREPT este o idee abstractă şi nu dovedeşte nimic. Găsesc un nou DREPT... de a ataca prin Dreptul celui puternic, de a reconstrui toate instituţiile existente şi de a deveni stăpânul suveran al tuturor celor care ne-au lăsat Drepturile asupra puterilor lor, cedându-ni le prin liberalismul lor.

6. Puterea resurselor noastre trebuie să rămână invizibilă până în momentul în care va fi dobândit o forţă atât de mare încât nici vicleşugul, nici forţa nu o vor putea submina.

7. El a continuat să prezinte douăzeci şi cinci de puncte.

Punctul 8 se referea la consumul de băuturi alcoolice, droguri, corupţia morală şi toate viciile pentru a corupe sistematic tineretul tuturor naţiunilor.

9. Ei aveau dreptul să confişte proprietăţi prin orice mijloace şi fără ezitare, dacă astfel îşi asigurau supunerea şi suveranitatea.

10. Noi am fost primii care am pus sloganurile Libertate, Egalitate şi Fraternitate în gura maselor, ceea ce a creat o nouă aristocraţie. Calitatea necesară pentru această aristocraţie este AVUŢIA, care depinde de noi.

11. Războaiele ar trebui dirijate astfel încât naţiunile angajate de ambele părţi să se afunde şi mai mult în datoriile faţă de noi.

12. Candidaţii la funcţii publice trebuie să fie servili şi ascultători faţă de ordinele noastre, astfel încât să poată fi folosiţi cu uşurinţă.

13. Propaganda – averea lor combinată ar controla toate canalele de informare publică.

14. Panica şi depresiile financiare ar duce în cele din urmă la un Guvern Mondial, o nouă ordine a unui guvern mondial unic."

Familia Rothschild a jucat un rol crucial în finanţele internaţionale timp de două secole, după cum scrie Frederick Morton în The Rothschilds:

„În ultimii o sută cincizeci de ani, istoria Casei Rothschild a fost, într-o măsură uimitoare, istoria din culisele Europei de Vest."38 (Prefaţă)... Datorită succesului lor în acordarea de împrumuturi nu către indivizi, ci către naţiuni, au obţinut profituri uriaşe, deşi, aşa cum scrie Morton, p. 36, „Cineva a spus odată că averea familiei Rothschild constă în falimentul naţiunilor."[61]

E.C. Knuth scrie, în *The Empire of the City*, „Faptul că Casa Rothschild şi-a făcut averea în marile crize ale istoriei şi în marile

[61] Frederick Morton, *The Rothschilds*, Fawcett Publishing Company, N.Y., 1961.

războaie ale istoriei, tocmai în perioadele în care alții își pierdeau banii, este de necontestat."[62]

Marea Enciclopedie Sovietică afirmă: „Cel mai clar exemplu de legături personale (consilii de administrație internaționale) la scară vest-europeană este familia Rothschild. Filialele din Londra și Paris ale familiei Rothschild sunt legate nu doar de legături de familie, ci și de legături personale în cadrul unor companii controlate în comun."[63] Enciclopedia a descris în continuare aceste companii ca fiind monopoluri internaționale.

Strămoșul familiei, Mayer Amschel Rothschild, a înființat o mică afacere ca negustor de monede la Frankfurt în 1743. Deși era cunoscut anterior sub numele de Bauer,[64] el și-a promovat profesia afișând un semn care înfățișa un vultur pe un scut roșu, o adaptare a stemei orașului Frankfurt, la care a adăugat cinci săgeți de aur care se întindeau din gheare, semnificând cei cinci fii ai săi. Datorită acestei inscripții, el a luat numele de „Rothschild" sau „Scutul Roșu". Când Electorul de Hesse a câștigat o avere închiriind mercenari hessieni britanicilor pentru a înăbuși rebeliunea din coloniile americane, lui Rothschild i s-a încredințat această sumă de bani pentru a o investi. El a obținut un profit excelent atât pentru el însuși, cât și pentru Elector, și a atras și alte conturi. În 1785 s-a mutat într-o casă mai mare, la numărul 148 din Judengasse, o clădire cu cinci etaje cunoscută sub numele de „Scutul Verde", pe care o împărțea cu familia Schiff.

Cei cinci fii au înființat sucursale în principalele orașe ale Europei, cei mai de succes fiind James la Paris și Nathan Mayer la Londra. Ignatius Balla, în cartea sa „The Romance of the Rothschilds" ([65]), ne povestește cum și-a clădit averea Rothschildul din Londra. Acesta s-a dus la Waterloo, unde soarta Europei atârna în balanță, a văzut că Napoleon pierdea bătălia și s-a grăbit să se întoarcă la Bruxelles. La Ostend, a încercat să închirieze o barcă spre

---

62 E.C. Knuth, *Imperiul orașului,* p. 71.

63 *Marea Enciclopedie Sovietică,* Ediția a 3-a, 1973, Macmillan, Londra, Vol. 14, pag. 691

64 „Numele original al familiei Rothschild era Bauer." p. 397, Henry Clews, *Twenty-eight years in Wall Street.*

65 Ignatius Balla, *The Romance of the Rothschilds,* Everleigh Nash, Londra, 1913

Anglia, dar din cauza unei furtuni violente, nimeni nu era dispus să plece. Rothschild a oferit 500 de franci, apoi 700 și, în cele din urmă, 1.000 de franci pentru o barcă. Un marinar a spus: „Te voi duce pentru 2.000 de franci; atunci, cel puțin văduva mea va avea ceva dacă ne înecăm." În ciuda furtunii, au traversat Canalul Mânecii.

A doua zi dimineață, Rothschild se afla la locul său obișnuit din Bursa de Valori din Londra. Toată lumea a remarcat cât de palid și epuizat părea. Dintr-odată, a început să vândă, aruncând pe piață cantități uriașe de titluri de valoare. Panica s-a răspândit imediat în Bursă. Rothschild vinde; știe că am pierdut bătălia de la Waterloo. Rothschild și toți agenții săi cunoscuți au continuat să arunce titluri de valoare pe piață. Balla, în cartea sa, spune: „Nimic nu putea opri dezastrul. În același timp, el cumpăra în tăcere toate titlurile de valoare prin intermediul unor agenți secreți pe care nimeni nu-i cunoștea. Într-o singură zi, câștigase aproape un milion de lire sterline, dând naștere zicalei: «Aliații au câștigat bătălia de la Waterloo, dar, de fapt, cel care a câștigat a fost Rothschild.»"[66]

În The Profits of War, Richard Lewinsohn spune: „Profiturile de război obținute de Rothschild din războaiele napoleoniene au finanțat speculațiile bursiere ulterioare. Sub conducerea lui Metternich, Austria, după o lungă ezitare, a acceptat în cele din urmă să se supună îndrumării financiare a Casei Rothschild."[67]

După succesul exploatării sale de la Waterloo, Nathan Mayer Rothschild a obținut controlul asupra Băncii Angliei prin monopolul

---

[66] *The New York Times*, 1 aprilie 1915, a relatat că, în 1914, baronul Nathan Mayer de Rothschild a mers în instanță pentru a interzice cartea lui Ignatius Balla, pe motiv că povestea de la Waterloo despre bunicul său era falsă și calomnioasă. Instanța a hotărât că povestea era adevărată, a respins acțiunea lui Rothschild și i-a ordonat să plătească toate cheltuielile de judecată. *The New York Times* a menționat în acest articol că „Averea totală a familiei Rothschild a fost estimată la 2 miliarde de dolari". Un articol anterior din *The New York Times* (27 mai 1905) menționa că baronul Alphonse de Rothschild, șeful casei franceze Rothschild, deținea în averea sa titluri de valoare americane în valoare de 60 de milioane de dolari, deși se spune că familia Rothschild nu era activă pe scena americană. Acest lucru explică de ce agentul lor, J.P. Morgan, avea doar 19 milioane de dolari în titluri de valoare în patrimoniul său când a murit în 1913, iar titlurile de valoare gestionate de Morgan erau de fapt deținute de angajatorul său, Rothschild."

[67] Richard Lewinsohn, *The Profits of War*, E.P. Dutton, 1937.

său aproape total asupra „Consols" și a altor acțiuni. În Europa fuseseră înființate mai multe bănci „centrale", sau bănci care aveau puterea de a emite monedă: Banca Suediei, în 1656, care a început să emită bancnote în 1661, cea mai veche fiind Banca din Amsterdam, care a finanțat preluarea puterii de către Oliver Cromwell în Anglia în 1649, aparent din cauza diferențelor religioase. Cromwell a murit în 1657, iar tronul Angliei a fost restabilit odată cu încoronarea lui Carol al II-lea în 1660. Acesta a murit în 1685. În 1689, același grup de bancheri a recâștigat puterea în Anglia, punându-l pe tron pe regele William de Orange. El și-a răsplătit curând susținătorii, ordonând Trezoreriei Britanice să împrumute 1.250.000 de lire de la acești bancheri. De asemenea, le-a acordat o Cartă Regală pentru Banca Angliei, care le permitea să consolideze datoria națională (care tocmai fusese creată prin acest împrumut) și să asigure plățile de dobânzi și principal prin impozitarea directă a populației. Carta interzicea aurarilor privați să depoziteze aur și să emită chitanțe, ceea ce le-a conferit acționarilor ai Băncii Angliei un monopol monetar. Aurarii erau, de asemenea, obligați să-și depoziteze aurul în seifurile Băncii Angliei. Nu numai că privilegiul lor de a emite mijloace de circulație le-a fost luat prin decret guvernamental, dar averile lor au fost acum predate celor care i-au înlocuit.[68]

În „*Cantos*", 46; 27, Ezra Pound se referă la privilegiile unice pe care William Paterson le promova în prospectul său pentru Carta Băncii Angliei:

„A spus Paterson

Beneficiază de dobânda asupra tuturor banilor pe care banca îi creează din nimic."

„Nimicul" la care se face referire este, desigur, operațiunea contabilă a băncii, care „creează" bani prin introducerea unei înregistrări conform căreia ți-a „împrumutat" o mie de dolari, bani care nu existau până când banca nu a făcut înregistrarea.

Până în 1698, Trezoreria Britanică datora 16 milioane de lire sterline Băncii Angliei. Până în 1815, în principal din cauza dobânzii

68 În Statele Unite, după ce acționarii Sistemului Rezervei Federale și-au consolidat puterea în 1934, guvernul nostru a emis, de asemenea, ordine prin care cetățenilor privați li se interzicea să depoziteze sau să dețină aur.

compuse, datoria crescuse la 885 de milioane de lire sterline. O parte din această creștere s-a datorat războaielor care au avut loc în acea perioadă, inclusiv Războaiele Napoleoniene și războaiele pe care Anglia le-a purtat pentru a-și păstra colonia americană.

William Paterson (1658-1719) însuși a beneficiat puțin de „banii pe care banca îi creează din nimic", întrucât s-a retras, după o neînțelegere privind politica, din Banca Angliei la un an după înființarea acesteia. Un William Paterson ulterior a devenit unul dintre autorii Constituției Statelor Unite, în timp ce numele său persistă, la fel ca însăși banca centrală pernicioasă.

Paterson s-a trezit în imposibilitatea de a colabora cu acționarii Băncii Angliei. Mulți dintre aceștia au rămas anonimi, dar o descriere timpurie a Băncii Angliei afirma că era „o societate de aproximativ 1330 de persoane, incluzându-i pe regele și regina Angliei, care dețineau 10.000 de lire în acțiuni, pe ducele de Leeds, ducele de Devonshire, contele de Pembroke și contele de Bradford".

Datorită succesului său în speculații, baronul Nathan Mayer de Rothschild, așa cum se numea acum, domnea ca putere financiară supremă în Londra. El a exclamat cu aroganță, în timpul unei petreceri în conacul său: „Nu-mi pasă ce marionetă este așezată pe tronul Angliei pentru a conduce Imperiul peste care soarele nu apune niciodată. Omul care controlează masa monetară a Britaniei controlează Imperiul Britanic, iar eu controlez masa monetară britanică".

Fratele său, James, din Paris, ajunsese, de asemenea, să domine finanțele franceze. În cartea Baron Edmond de Rothschild, David Druck scrie: „Averea lui (James) Rothschild ajunsese la 600 de milioane. Doar un singur om din Franța deținea mai mult. Acesta era regele, a cărui avere era de 800 de milioane. Averea totală a tuturor bancherilor din Franța era cu 150 de milioane mai mică decât cea a lui James Rothschild. Acest lucru i-a conferit, în mod firesc, puteri nemăsurate, ajungând chiar să răstoarne guverne ori de câte ori dorea. Este bine cunoscut, de exemplu, faptul că a răsturnat cabinetul prim-ministrului Thiers."[69]

Expansiunea Germaniei sub Bismarck a fost însoțită de dependența sa de Samuel Bleichroder, bancherul curții împăratului

[69] David Druck, *Baron Edmond de Rothschild*, (Tipărit privat), N.Y. 1850.

prusac, care era cunoscut ca agent al familiei Rothschild încă din 1828. Viitorul cancelar al Germaniei, dr. von Bethmann Hollweg, era fiul lui Moritz Bethmann din Frankfurt, care se înrudise prin căsătorie cu familia Rothschild. Împăratul Wilhelm I s-a bazat, de asemenea, în mare măsură pe Bischoffsheim, Goldschmidt şi Sir Ernest Cassel din Frankfurt, care a emigrat în Anglia şi a devenit bancherul personal al Prinţului de Wales, viitorul Edward al VII-lea. Fiica lui Cassel s-a căsătorit cu Lordul Mountbatten, oferind familiei o legătură directă cu actuala Coroană Britanică.

În lucrarea sa „[70] ", Josephson afirmă că Philip Mountbatten era înrudit, prin familia Cassel, cu familia Rothschild din Frankfurt. Astfel, Casa Regală engleză Windsor are o legătură familială directă cu familia Rothschild d. În 1901, când fiul reginei Victoria, Edward, a devenit regele Edward al VII-lea, acesta a restabilit legăturile cu familia Rothschild.

Paul Emden, în cartea sa Behind The Throne, spune:

„Pregătirea lui Edward pentru meseria sa a fost destul de diferită de cea a mamei sale, de aceea el a «condus» mai puţin decât ea. Din fericire, el a păstrat în jurul său oameni care fuseseră alături de el în perioada construirii căii ferate din Bagdad... la personalul consultativ s-au adăugat Leopold şi Alfred de Rothschild, diverşi membri ai familiei Sassoon şi, mai presus de toate, consilierul său financiar privat, Sir Ernest Cassel."[71]

Averea enormă pe care Cassel a acumulat-o într-un timp relativ scurt i-a conferit o putere imensă pe care nu a abuzat-o niciodată. El a fuzionat firma Vickers Sons cu Naval Construction Company şi Maxim-Nordenfeldt Guns and Ammunition Company, o fuziune din care a rezultat firma mondială Vickers Sons and Maxim. Într-o cu totul altă poziţie faţă de Cassel se aflau oameni de afaceri precum familia Rothschild. Firma era condusă pe principii democratice, iar toţi partenerii trebuiau să fie membri ai familiei. Cu o mare ospitalitate şi într-o manieră princiară, ei duceau o viaţă de mari seniori, şi era firesc ca Edward al VII-lea să-i găsească simpatici. Datorită relaţiilor familiale internaţionale şi a legăturilor de afaceri

---

[70] E.M. Josephson, *The Strange Death of Franklin D. Roosevelt*, pag. 39, Chedney Press, N.Y. 1948.

[71] Paul Emden, *Behind The Throne*, Hoddard Stoughton, Londra, 1934.

și mai extinse, ei cunoșteau întreaga lume, erau bine informați despre toată lumea și aveau cunoștințe de încredere despre chestiuni care nu apăreau la suprafață. Această combinație de finanțe și politică fusese o marcă înregistrată a familiei Rothschild încă de la început. Casa Rothschild știa întotdeauna mai mult decât se putea afla din ziare și chiar mai mult decât se putea citi în rapoartele care ajungeau la Ministerul de Externe. Și în alte țări, relațiile familiei Rothschild se extindeau dincolo de tron. Abia după apariția numeroaselor publicații diplomatice în anii de după război a aflat un public mai larg cât de puternic a influențat Alfred de Rothschild politica Europei Centrale în cei douăzeci de ani dinaintea războiului (Primul Război Mondial)."

Odată cu controlul asupra banilor a venit și controlul asupra mass-media. Kent Cooper, șeful Associated Press, scrie în autobiografia sa, Barriers Down,

„Bancherii internaționali din cadrul Casei Rothschild au dobândit o participație în cele trei agenții europene de top."[72]

Astfel, familia Rothschild a cumpărat controlul asupra agenției de știri Reuters International, cu sediul la Londra, Havas din Franța și Wolf din Germania, care controlau difuzarea tuturor știrilor din Europa.

În Inside Europe,[73], John Gunther a scris în 1936 că orice prim-ministru francez, la sfârșitul anului 1935, era o marionetă a oligarhiei financiare și că această oligarhie financiară era dominată de doisprezece regenti, dintre care șase erau bancheri, și era condusă de baronul Edmond de Rothschild.

Strânsoarea de fier a „London Connection" asupra mass-media a fost dezvăluită într-o carte recentă a lui Ben J. Bagdikian, The Media Monopoly, descrisă ca „un raport surprinzător despre cele 50 de corporații care controlează ceea ce America vede, aude și citește".[74] Bagdikian, care a editat cea mai influentă revistă a națiunii, Saturday Evening Post, până când monopolul a închis-o brusc, dezvăluie legăturile dintre consiliile de administrație ale celor cincizeci de

[72] Kent Cooper, *Barriers Down*, pag. 21.

[73] John Gunther, *Inside Europe*, 1936.

[74] Ben H. Bagdikian, *Monopolul mass-media*, Beacon Press, Boston 1983.

corporații care controlează știrile, dar nu reușește să le urmărească până la cele cinci case bancare londoneze care le controlează. El menționează că CBS are legături cu Washington Post, Allied Chemical, Wells Fargo Bank și altele, dar nu spune cititorului că Brown Brothers Harriman controlează CBS, sau că familia Eugene Meyer (Lazard Freres) controlează Allied Chemical și Washington Post, iar Kuhn Loeb Co. controlează Wells Fargo Bank. El arată că *The New York Times* are legături cu Morgan Guaranty Trust, American Express, First Boston Corporation și altele, dar nu arată cum se interconectează băncile. El nu menționează Sistemul Rezervei Federale în întreaga sa carte, ceea ce este evident prin absența sa.

Bagdikian documentează faptul că monopolul mass-media închide în mod constant tot mai multe ziare și reviste. Washington D.C.,, cu un singur ziar, The Post, este unic printre capitalele lumii. Londra are unsprezece ziare cotidiene, Parisul paisprezece, Roma optsprezece, Tokyo șaptesprezece și Moscova nouă. El citează un studiu din World Press Encyclopaedia din 1982, conform căruia Statele Unite se află pe ultimul loc dintre națiunile industrializate în ceea ce privește numărul de ziare cotidiene vândute la 1.000 de locuitori. Suedia conduce lista cu 572, iar Statele Unite se află pe ultimul loc cu 287. Există o neîncredere generală a americanilor față de mass-media, din cauza monopolului și a părtinirii lor notorii. Mass-media solicită în unanimitate impozite mai mari pentru oamenii muncii, cheltuieli guvernamentale mai mari, un stat social cu puteri totalitare, relații strânse cu Rusia și o denunțare virulentă a oricui se opune comunismului. Acesta este programul „London Connection". Acesta afișează un rasism maniacal și are ca motto dictonul marii sale preotese, Susan Sontag, că „rasa albă este cancerul istoriei". Toată lumea ar trebui să fie împotriva cancerului. Monopolul mass-media tratează oponenții săi în unul din cele două moduri: fie printr-un atac frontal de calomnie, pe care omul de rând nu-și poate permite să-l conteste în instanță, fie printr-o cortină de fier a tăcerii, tratamentul standard pentru orice lucrare care expune activitățile sale clandestine.

Deși planul Rothschild nu se potrivește cu nicio mișcare politică sau economică de când a fost enunțat în 1773, părți vitale ale acestuia pot fi discernute în toate revoluțiile politice de la acea dată.

LaRouche[75] subliniază că Mese Rotunde au sponsorizat socialismul fabian în Anglia, în timp ce susţineau regimul nazist prin intermediul unui membru al Mesei Rotunde din Germania, dr. Hjalmar Schacht, şi că au folosit guvernul nazist pe tot parcursul celui de-al Doilea Război Mondial prin intermediul amiralului Canaris, membru al Mesei Rotunde, în timp ce Allen Dulles conducea o operaţiune de informaţii colaboratoare în Elveţia pentru Aliaţi.

[75] Lyndon H. LaRouche, Jr., *Dope, Inc.*, New Benjamin Franklin House Publishing Co., New York, 1978.

CAPITOLUL ȘASE

LEGĂTURA DE LA LONDRA

„Așadar, vezi tu, dragul meu Coningsby, că lumea este guvernată de personaje foarte diferite de cele imaginate de cei care nu se află în culise."[76] – Disraeli, prim-ministru al Angliei în timpul domniei reginei Victoria.

În 1775, coloniștii din America și-au declarat independența față de Marea Britanie și, ulterior, și-au câștigat libertatea prin Revoluția Americană. Deși au obținut libertatea politică, independența financiară s-a dovedit a fi o chestiune mai dificilă. În 1791, Alexander Hamilton, la cererea bancherilor europeni, a înființat prima Bancă a Statelor Unite, o bancă centrală cu puteri similare celor ale Băncii Angliei. Influențele străine din spatele acestei bănci, mai bine de un secol mai târziu, au reușit să promoveze Legea Rezervei Federale prin Congres, oferindu-le în sfârșit banca centrală de emisiune pentru economia noastră. Deși Banca Rezervei Federale nu era nici federală, fiind deținută de acționari privați, nici o rezervă, deoarece era destinată să creeze bani, în loc să îi păstreze în rezervă, a dobândit o putere financiară enormă, atât de mare încât a înlocuit treptat guvernul ales popular al Statelor Unite. Prin intermediul Sistemului Rezervei Federale, independența americană a fost absorbită în mod ascuns, dar invincibil, înapoi în sfera de influență britanică. Astfel, „Conexiunea de la Londra" a devenit arbitrul politicii Statelor Unite.

---

[76] *Coningsby*, de Disraeli, Longmans Co., Londra, 1881, p. 252.

Datorită pierderii imperiului colonial al Angliei după cel de-al Doilea Război Mondial, părea că influența sa ca putere politică mondială era în declin. În esență, acest lucru era adevărat. Anglia anului 1980 nu este Anglia anului 1880. Ea nu mai stăpânește mările; este o putere militară de rangul doi, poate chiar de rangul trei, dar, paradoxal, pe măsură ce puterea sa politică și militară a scăzut, puterea sa financiară a crescut. În Capital City găsim: „Indiferent de criteriul pe care îl alegi, Londra este cel mai important centru financiar al lumii... În anii 1960, dominația Londrei a crescut..."[77]

Se oferă o explicație parțială a acestui fapt:

„Daniel Davison, directorul Morgan Grenfell din Londra, a declarat: «Băncile americane au adus banii, clienții, capitalul și competențele necesare care au consacrat Londra în poziția sa actuală de preeminență... numai băncile americane dispun de un creditor de ultimă instanță. Consiliul Rezervei Federale a Statelor Unite poate *crea dolari atunci când este necesar*, și chiar o face. Fără americani, marile tranzacții în dolari nu pot fi realizate. Fără ei, Londra nu ar fi credibilă ca centru financiar internațional."[78]

Astfel, Londra este centrul financiar al lumii, deoarece poate dispune de sume enorme de capital, create la comanda sa de către Consiliul Rezervei Federale a Statelor Unite. Dar cum este posibil acest lucru? Am stabilit deja că politicile monetare ale Statelor Unite, ratele dobânzilor, volumul și valoarea banilor, precum și vânzările de obligațiuni, sunt decise nu de către figura de fațadă a Consiliului Guvernatorilor Rezervei Federale, ci de către Banca Rezervei Federale din New York. Pretinsa descentralizare a Sistemului Rezervei Federale și a celor douăsprezece bănci „regionale" ale sale, la fel de autonome, este și a fost o înșelăciune încă de când Legea Rezervei Federale a intrat în vigoare în 1913. Faptul că politica monetară a Statelor Unite provine exclusiv de la Banca Rezervei Federale din New York este încă o altă eroare. Faptul că Banca Rezervei Federale din New York este ea însăși autonomă și liberă să stabilească politica monetară pentru întreaga

[77] McRae și Cairncross, *Capital City*, Eyre Methuen, Londra, 1963, p. 1.
[78] Ibid, p. 225.

țară fără nicio interferență din exterior este în mod special neadevărat.

Am putea crede în această autonomie dacă nu am ști că pachetul majoritar de acțiuni al Băncii Rezervei Federale din New York a fost achiziționat, în 1914, de trei bănci din New York City: First National Bank, National City Bank și National Bank of Commerce. O examinare a principalilor acționari ai acestor bănci, în 1914 și astăzi, relevă o legătură directă cu Londra.

În 1812, National City Bank și-a început activitatea sub numele de City Bank, în aceeași încăpere în care își desfășura activitatea defuncta Bank of the United States, al cărei statut expirase. Aceasta reprezenta mulți dintre aceiași acționari, care funcționau acum sub un statut american legitim. La începutul anilor 1800, cel mai faimos nume asociat cu City Bank era Moses Taylor (1806-1882). Tatăl lui Taylor fusese un agent secret angajat să cumpere proprietăți pentru interesele lui Astor, ascunzând faptul că Astor era cumpărătorul. Prin această tactică, Astor a reușit să cumpere multe ferme, precum și o mulțime de proprietăți imobiliare potențial valoroase în Manhattan. Deși se spunea că capitalul lui Astor provenea din comerțul cu blănuri, o serie de surse indică faptul că el reprezenta și interese străine. LaRouche, în cartea sa „[79] ”, afirmă că Astor, în schimbul furnizării de informații britanicilor în anii dinaintea și de după Războiul de Independență, precum și pentru incitarea indienilor să atace și să ucidă coloniștii americani de-a lungul frontierei, a primit o recompensă generoasă. El nu a fost plătit în numerar, ci i s-a acordat un procent din comerțul britanic cu opiu cu China. Veniturile din această concesiune profitabilă au constituit baza averii familiei Astor.

Datorită legăturilor tatălui său cu familia Astor, tânărul Moses Taylor nu a avut nicio dificultate în a-și găsi un loc de ucenic într-o casă de bancă la vârsta de 15 ani. La fel ca mulți alții din aceste pagini, el și-a găsit cele mai mari oportunități atunci când mulți alți americani intrau în faliment în timpul unei contracții bruște a creditului. În timpul Panicii din 1837, când mai mult de jumătate din firmele comerciale din New York au dat faliment, el și-a dublat averea. În 1855, a devenit președinte al City Bank. În timpul crizei

---

[79] Lyndon H. LaRouche, *Dope, Inc.*, New Benjamin Franklin House Publishing Co., N.Y. 1978.

din 1857, City Bank a profitat de falimentul multora dintre concurenții săi. La fel ca George Peabody și Junius Morgan, Taylor părea să dispună de o rezervă amplă de numerar pentru a cumpăra acțiuni aflate în dificultate. A achiziționat aproape toate acțiunile Delaware Lackawanna Railroad la 5 dolari pe acțiune. Șapte ani mai târziu, acestea se vindeau cu 240 de dolari pe acțiune. Averea lui Moses Taylor se ridica acum la cincizeci de milioane de dolari.

În august 1861, Taylor a fost numit președinte al Comitetului pentru împrumuturi, însărcinat cu finanțarea guvernului Uniunii în timpul Războiului Civil. Comitetul l-a șocat pe Lincoln oferind guvernului 5.000.000 de dolari la o dobândă de 12% pentru finanțarea războiului. Lincoln a refuzat și a finanțat războiul prin emiterea celebrelor „Greenbacks" prin intermediul Trezoreriei SUA, care erau garantate cu aur. Taylor a continuat să-și sporească averea pe tot parcursul războiului, iar în ultimii ani ai vieții, tânărul James Stillman a devenit protejatul său. În 1882, când Moses Taylor a murit, a lăsat în urmă șaptezeci de milioane de dolari.[80] Ginerele său, Percy Pyne, i-a succedat în funcția de președinte al City Bank, care devenise între timp National City Bank. Pyne era paralizat și abia putea să-și îndeplinească atribuțiile la bancă. Timp de nouă ani, banca a stagnat, aproape tot capitalul său provenind din moștenirea lui Moses Taylor. William Rockefeller, fratele lui John D. Rockefeller, cumpărase acțiuni la bancă și era nerăbdător să o vadă progresând. L-a convins pe Pyne să se retragă în 1891 în favoarea lui James Stillman, iar în curând National City Bank a devenit principalul depozitar al veniturilor din petrol ale familiei Rockefeller. Fiul lui William Rockefeller, William, s-a căsătorit cu Isabel, fiica lui James Stillman. La fel ca mulți alții din sectorul bancar din New York, James Stillman avea și el o legătură cu Marea Britanie. Tatăl său, Don Carlos Stillman, venise la Brownsville, Texas, ca agent britanic și contrabandist în timpul Războiului Civil. Prin legăturile sale bancare din New York, Don Carlos reușise să-i găsească fiului său un post de ucenic într-o casă de bancă. În 1914,

---

80 *The New York Times* a menționat pe 24 mai 1882 că Moses Taylor era președintele Comitetului de împrumut al Băncilor Asociate din New York City în 1861. I-au fost încredințate titluri de valoare în valoare de două sute de milioane de dolari. Probabil că lui i se datorează mai mult decât oricărui alt om faptul că guvernul din 1861 s-a trezit cu mijloacele necesare pentru a continua războiul.

când National City Bank a achiziționat aproape zece la sută din acțiunile nou-înființatei Federal Reserve Bank of New York, doi dintre nepoții lui Moses Taylor, Moses Taylor Pyne și Percy Pyne, dețineau 15.000 de acțiuni ale National City. Fiul lui Moses Taylor, H.A.C. Taylor, deținea 7.699 de acțiuni ale National City Bank. Avocatul băncii, John W. Sterling, de la firma Shearman and Sterling, deținea, de asemenea, 6.000 de acțiuni ale National City Bank. Cu toate acestea, James Stillman deținea 47.498 de acțiuni, adică aproape douăzeci la sută din totalul de 250.000 de acțiuni ale băncii. [Vezi Graficul I]

Al doilea cel mai mare cumpărător de acțiuni ale Federal Reserve Bank of New York în 1914, First National Bank, era cunoscută în general c, „banca Morgan", datorită reprezentării familiei Morgan în consiliul de administrație, deși fondatorul băncii, George F. Baker, deținea 20.000 de acțiuni, iar fiul său, G.F. Baker, Jr., deținea 5.000 de acțiuni, reprezentând douăzeci și cinci la sută din totalul de 100.000 de acțiuni ale băncii. Fiica lui George F. Baker Sr. s-a căsătorit cu George F. St. George din Londra. Familia St. George s-a stabilit ulterior în Statele Unite, unde fiica lor, Katherine St. George, a devenit o proeminentă congresmenă timp de mai mulți ani. Dr. E.M. Josephson a scris despre ea: „Doamna St. George, verișoară primară a lui FDR și susținătoare a New Deal-ului, a spus: «Democrația este un eșec»".[81]

Fiica lui George Baker Jr., Edith Brevoort Baker, s-a căsătorit în 1934 cu nepotul lui Jacob Schiff, John M. Schiff. John M. Schiff este în prezent președinte onorific al Lehman Brothers Kuhn Loeb Company.

A treia achiziție importantă de acțiuni ale Băncii Rezervei Federale din New York în 1914 a fost cea a Băncii Naționale de Comerț, care a emis 250.000 de acțiuni. J.P. Morgan, prin participația sa majoritară în Equitable Life, care deținea 24.700 de acțiuni, și Mutual Life, care deținea 17.294 de acțiuni ale National Bank of Commerce, deținea, de asemenea, alte 10.000 de acțiuni ale National Bank of Commerce prin J.P. Morgan and Company (7.800 de acțiuni), J.P. Morgan, Jr. (1.100 de acțiuni) și partenerul lui Morgan, H.P. Davison (1.100 de acțiuni). Paul Warburg, guvernator

[81] E.M. Josephson, *The Strange Death of Franklin D. Roosevelt*, Chedney Press, N.Y. 1948.

al Consiliului Guvernatorilor Rezervei Federale, deţinea, de asemenea, 3.000 de acţiuni ale Băncii Naţionale de Comerţ. Partenerul său, Jacob Schiff, deţinea 1.000 de acţiuni ale National Bank of Commerce. Această bancă era controlată în mod clar de Morgan, care era de fapt o filială a Junius S. Morgan Company din Londra şi a N.M. Rothschild Company din Londra, precum şi a Kuhn, Loeb Company, cunoscută şi ca agent principal al familiei Rothschild.

Finanţistul Thomas Fortune Ryan deţinea, de asemenea, 5.100 de acţiuni ale National Bank of Commerce în 1914. Fiul său, John Barry Ryan, s-a căsătorit cu fiica lui Otto Kahn; Kahn era partener al lui Warburg şi Schiff în cadrul Kuhn, Loeb Company. Nepoata lui Ryan, Virginia Fortune Ryan, s-a căsătorit cu Lord Airlie, actualul şef al J. Henry Schroder Banking Corporation din Londra şi New York.

Un alt director al National Bank of Commerce în 1914, A.D. Juillard, era preşedintele A.D. Juillard Company, administrator al New York Life şi al Guaranty Trust, toate acestea fiind controlate de J.P. Morgan. Juillard avea, de asemenea, o legătură cu Marea Britanie, fiind director al North British and Mercantile Insurance Company. Juillard deţinea 2000 de acţiuni ale National Bank of Commerce şi era, de asemenea, director al Chemical Bank.

În cartea The Robber Barons, de Matthew Josephson, Josephson ne spune că, până în 1900, Morgan domina New York Life, Equitable Life şi Mutual Life, care aveau active de un miliard de dolari şi dispuneau de cincizeci de milioane de dolari pe an pentru investiţii. El spune:

„În această campanie de alianţe secrete, el (Morgan) a dobândit controlul direct asupra National Bank of Commerce; apoi o parte din proprietatea First National Bank, aliatându-se cu finanţistul foarte puternic şi conservator, George F. Baker, care o conducea; apoi, prin intermediul deţinerii de acţiuni şi al consiliilor de administraţie interconectate, a legat de băncile menţionate mai sus alte bănci de prim rang, Hanover, Liberty şi Chase."[82]

Mary W. Harriman, văduva lui E.H. Harriman, deţinea, de asemenea, 5.000 de acţiuni ale Băncii Naţionale de Comerţ în 1914.

---

82 Matthew Josephson, *The Robber Barons*, p. 409.

Imperiul feroviar al lui E.H. Harriman fusese finanţat în întregime de Jacob Schiff de la Kuhn, Loeb Company. Levi P. Morton deţinea, de asemenea, 1.500 de acţiuni ale Băncii Naţionale de Comerţ în 1914. Acesta fusese al douăzeci şi doilea vicepreşedinte al Statelor Unite, fost ministru al SUA în Franţa şi preşedinte al L.P. Morton Company, New York, Morton-Rose and Company şi Morton Chaplin din Londra. Era director al Equitable Life Insurance Company, Home Insurance Company, Guaranty Trust şi Newport Trust.

Ideea uimitoare conform căreia Sistemul Rezervei Federale a Statelor Unite este, de fapt, condus de la Londra va fi probabil respinsă la prima auzire de majoritatea americanilor. Cu toate acestea, Minsky a devenit celebru pentru teoria sa privind „cadrul dominant". El afirmă că, în orice situaţie concretă, există un „cadru dominant" cu care totul din acea situaţie este legat şi prin intermediul căruia poate fi interpretat. „Cadrul dominant" în deciziile de politică monetară ale Sistemului Rezervei Federale este faptul că aceste decizii sunt luate de cei care au cel mai mult de câştigat de pe urma lor. La prima vedere, aceştia par a fi principalii acţionari ai Băncii Rezervei Federale din New York. Cu toate acestea, am observat că toţi aceşti acţionari au o „legătură cu Londra". „Legătura cu Londra" devine mai evidentă ca putere dominantă atunci când descoperim în The Capital City[83] că doar şaptesprezece firme au dreptul să opereze ca bănci de investiţii în City of London, districtul financiar al Angliei. Toate trebuie să fie aprobate de Banca Angliei. De fapt, majoritatea guvernatorilor Băncii Angliei provin din rândul partenerilor acestor şaptesprezece firme. Clarke le clasează pe cele şaptesprezece în ordinea capitalizării lor. Numărul 2 este Schroder Bank. Numărul 6 este Morgan Grenfell, sucursala londoneză a Casei Morgan şi, de fapt, sucursala sa dominantă. Lazard Brothers este numărul 8. N.M. Rothschild este numărul 9. Brown Shipley Company, sucursala londoneză a Brown Brothers Harriman, este numărul 14. Aceste cinci firme de bănci comerciale din Londra controlează de fapt băncile din New York care deţin participaţia majoritară în Banca Rezervei Federale din New York.

---

83 McRae şi Cairncross, *Capital City*, Eyre Methuen, Londra, 1963.

Controlul asupra deciziilor Sistemului Rezervei Federale se bazează, de asemenea, pe o altă situație unică. În fiecare zi, reprezentanții a patru alte firme bancare londoneze se întâlnesc în birourile N.M. Rothschild Company din Londra pentru a stabili prețul aurului pentru ziua respectivă. Ceilalți patru bancheri sunt de la Samuel Montagu Company, care ocupă locul 5 pe lista celor șaptesprezece firme de bănci comerciale londoneze, Sharps Pixley, Johnson Matheson și Mocatta și Goldsmid.

În ciuda valului uriaș de monedă și bancnote piramidale care inundă acum lumea, la un moment dat, fiecare extindere a creditului trebuie să se bazeze, oricât de minuscul ar fi, pe un depozit de aur într-o bancă undeva în lume. Din cauza acestui factor, bancherii comerciali londonezi, cu puterea lor de a stabili prețul aurului în fiecare zi, devin arbitrii finali ai volumului de bani și ai prețului banilor în acele țări care trebuie să se supună puterii lor. Nu în ultimul rând, printre acestea se numără și Statele Unite.

Niciun funcționar al Băncii Rezervei Federale din New York sau al Consiliului Guvernatorilor Rezervei Federale nu poate exercita asupra banilor lumii o putere mai mare decât cea deținută de acești bancheri comerciali londonezi. Marea Britanie, deși în declin din punct de vedere al puterii politice și militare, exercită astăzi cea mai mare putere financiară. Din acest motiv, Londra este în prezent centrul financiar al lumii.

CAPITOLUL ŞAPTE

LEGĂTURA CU HITLER

J. Henry Schroder Banking Company este listată pe locul 2 în ceea ce priveşte capitalizarea în Capital City[84] pe lista celor şaptesprezece bancheri comerciali care alcătuiesc exclusivul Comitet al Caselor de Acceptare din Londra. Deşi este aproape necunoscută în Statele Unite, aceasta a jucat un rol important în istoria noastră. La fel ca şi ceilalţi de pe această listă, a trebuit mai întâi să fie aprobată de Banca Angliei. Şi, la fel ca familia Warburg, familia von Schroder şi-a început activitatea bancară în Hamburg, Germania. La începutul secolului, în 1900, baronul Bruno von Schroder a înfiinţat sucursala din Londra a firmei. La scurt timp, în 1902, i s-a alăturat Frank Cyril Tiarks. Tiarks s-a căsătorit cu Emma Franziska din Hamburg şi a fost director al Băncii Angliei între 1912 şi 1945.

În timpul Primului Război Mondial, J. Henry Schroder Banking Company a jucat un rol important în culise. Niciun istoric nu are o explicaţie rezonabilă pentru modul în care a început Primul Război Mondial. Arhiducele Ferdinand a fost asasinat la Sarajevo de Gavril Princeps, Austria a cerut scuze din partea Serbiei, iar Serbia a trimis nota de scuze. În ciuda acestui fapt, Austria a declarat război, iar în curând celelalte naţiuni ale Europei s-au alăturat conflictului. Odată ce războiul a început, s-a constatat că nu era uşor să-l menţină. Principala problemă era că Germania se confrunta cu o penurie acută de alimente şi cărbune, iar fără Germania, războiul nu putea continua. John Hamill, în lucrarea sa „The Strange Career of Mr. Hoover" ([85]), explică modul în care a fost rezolvată această

[84] McRae şi Cairncross, *Capital City*, Eyre Methuen, Londra, 1963.

[85] John Hamill, *The Strange Career of Mr. Hoover*, William Faro, New York, 1931.

problemă.[86] El citează din Nordeutsche Allgemeine Zeitung, 4 martie 1915: „Justiția, însă, cere ca să se facă public rolul preeminent jucat de autoritățile germane din Belgia în soluționarea acestei probleme. Inițiativa a venit de la ele și numai datorită relațiilor lor continue cu Comitetul American de Ajutor a fost rezolvată problema aprovizionării." Hamill subliniază: „Pentru asta a fost organizat Comitetul Belgian de Ajutor – pentru a asigura alimentarea Germaniei."

Comisia Belgiană de Ajutor a fost organizată de Emile Francqui, directorul unei mari bănci belgiene, Societe Generale, și de un promotor minier londonez, un american pe nume Herbert Hoover, care fusese asociat cu Francqui într-o serie de scandaluri care deveniseră cazuri judiciare celebre, în special scandalul Kaiping Coal Company din China, despre care se spune că a declanșat Rebeliunea Boxerilor, care avea ca scop expulzarea tuturor oamenilor de afaceri străini din China. Hoover fusese interzis să tranzacționeze la Bursa de Valori din Londra din cauza unei hotărâri judecătorești împotriva sa, iar asociatul său, Stanley Rowe, fusese condamnat la zece ani de închisoare. Având în vedere aceste antecedente, Hoover a fost considerat alegerea ideală pentru o carieră în domeniul umanitar.

Deși numele său este necunoscut în Statele Unite, Emile Francqui a fost spiritul conducător din spatele ascensiunii lui Herbert Hoover. Hamill (la pagina 156) îl identifică pe Francqui drept responsabilul pentru numeroase atrocități comise împotriva băștinașilor din Congo. „Pentru fiecare cartuș pe care îl foloseau, trebuiau să aducă mâna unui om". Istoricul îngrozitor al lui Francqui ar fi putut fi sursa acuzației aduse ulterior soldaților germani din Belgia, că ar fi tăiat mâinile femeilor și copiilor, o afirmație care s-a dovedit a fi nefondată. Hamill mai spune că Francqui „i-a păcălit pe americani să renunțe la concesiunea căii ferate Hankow-Canton din China în 1901 și, în același timp, a «stăcut deoparte» în cazul în care Hoover ar fi avut nevoie de ajutor suplimentar pentru «preluarea» minelor de cărbune din Kaiping. Acesta este umanitarul care a avut responsabilitatea exclusivă pentru distribuirea

[86] Exemplarele cărții lui Hamill au fost sistematic localizate și distruse de agenții guvernamentali, deoarece a fost publicată în ajunul campaniei de realegere a președintelui Hoover.

«ajutorului» belgian în timpul Primului Război Mondial, pentru care Hoover s-a ocupat de achiziționare și transport. Francqui a fost director alături de Hoover la Chinese Engineering and Mining Company (minele Kaiping), prin intermediul căreia Hoover a transportat 200.000 de muncitori chinezi sclavi în Congo pentru a lucra în minele de cupru ale lui Francqui."

Hamill spune la pagina 311 că „Francqui a deschis birourile Ajutorului Belgian în banca sa, Societe Generale, ca o afacere individuală, cu o scrisoare de permisiune din partea guvernatorului general german von der Goltz, datată 16 octombrie 1914.

New York Herald Tribune din 18 februarie 1930, citat de congresmanul Louis McFadden în Camera Reprezentanților pe 26 februarie 1930, a scris: „Unul dintre cei doi directori belgieni ai Băncii pentru Reglementări Internaționale va fi Emile Francqui de la Societe Generale, membru al comitetelor Planului Young și al Planului Dawes. Consiliul de administrație al băncii internaționale nu va avea o personalitate mai pitorească decât Emile Francqui, fost ministru al finanțelor, veteran al Congo-ului și al Chinei... el este considerat cel mai bogat om din Belgia și se numără printre cei doisprezece cei mai bogați oameni din Europa."

În ciuda notorietății sale, indexul *The New York Times* îl menționează pe Francqui doar de câteva ori în cele două decenii de dinaintea morții sale. La 3 octombrie 1931, *The New York Times* a citat ziarul Le Peuple din Bruxelles, care anunța că Francqui urma să viziteze Statele Unite. „În calitate de prieten al președintelui Hoover, domnul Francqui nu va ezita să-i facă o vizită președintelui."

Pe 30 octombrie 1931, *The New York Times* a relatat această vizită cu titlul: „Discuția dintre Hoover și Francqui a fost neoficială". „S-a afirmat că domnul Francqui a petrecut noaptea de marți ca oaspete personal al președintelui și că au discutat despre problemele financiare mondiale în general, într-un cadru strict neoficial. Domnul Francqui a fost un colaborator al președintelui Hoover în timpul mandatului acestuia din urmă în Belgia, în timpul războiului. Vizita lor nu a avut nicio semnificație oficială. Domnul Francqui este un simplu cetățean și nu este angajat în nicio misiune oficială."

Nu se face nicio referire la relațiile de afaceri dintre Hoover și Francqui, care au făcut obiectul unor procese de amploare la Londra. Vizita lui Francqui a avut probabil legătură cu moratoriul impus de Hoover asupra datoriilor de război ale Germaniei, care a șocat lumea financiară. La 15 decembrie 1931, președintele McFadden a informat Camera Reprezentanților cu privire la o știre publicată în Public Ledger din Philadelphia, la 24 octombrie 1931: „UN GERMAN DEZVĂLUIE SECRETUL LUI HOOVER. Președintele american se afla în negocieri strânse cu guvernul german cu privire la o amânare a plății datoriilor pe un an, încă din decembrie 1930." McFadden a continuat: „În spatele anunțului lui Hoover s-au aflat multe luni de pregătiri grăbite și ascunse, atât în Germania, cât și în birourile de pe Wall Street ale bancherilor germani. Germania, ca un burete, trebuia să fie saturată cu bani americani. Domnul Hoover însuși trebuia să fie ales, deoarece acest plan a început înainte ca el să devină președinte. Dacă bancherii internaționali germani de pe Wall Street – adică Kuhn Loeb Company, J. & W. Seligman, Paul Warburg, J. Henry Schroder – și sateliții lor nu ar fi avut această sarcină de îndeplinit, Herbert Hoover nu ar fi fost niciodată ales președinte al Statelor Unite. Alegerea domnului Hoover în funcția de președinte s-a făcut prin influența fraților Warburg, directori ai marii bănci Kuhn Loeb Company, care au suportat costurile alegerii sale. În schimbul acestei colaborări, domnul Hoover a promis să impună moratoriul asupra datoriilor germane. Hoover a încercat să scutească împrumutul de 125 de milioane de dolari acordat Germaniei de Kreuger de la aplicarea Moratoriului Hoover. Natura escrocheriei lui Kreuger era cunoscută aici încă din ianuarie, când acesta și-a vizitat prietenul, domnul Hoover, la Casa Albă.

Hoover nu l-a primit doar pe Francqui la Casa Albă, ci și pe Ivar Kreuger, cel mai faimos escroc al secolului al XX-lea.

Când Francqui a murit pe 13 noiembrie 1935, *The New York Times* l-a comemorat ca fiind „regele cuprului din Congo... Domnul Francqui, care anul trecut a dobândit puteri dictatoriale asupra Belgiei, a menținut-o pe etalonul aur în timpul unei crize. În 1891 a condus o expediție în Congo și l-a cucerit pentru regele Leopold. Un om de o mare avere, clasat printre cei doisprezece cei mai bogați oameni din Europa, a asigurat zăcăminte enorme de cupru. A fost ministru de stat în 1926 și ministru al finanțelor în 1934. Mândria lui era că nu a acceptat niciodată un centim de remunerație pentru serviciile sale aduse guvernului. În timp ce era consul general la Shanghai, a obținut concesiuni valoroase, în special minele de cărbune din Kaiping și concesiunea feroviară pentru calea ferată Tientsin. A fost guvernator al Societe Generale de Belgique, Lloyd Royal Belge și regent al La Banque Nationale de Belgique."

The Times nu menționează parteneriatele de afaceri ale lui Francqui cu Hoover. La fel ca Francqui, și Hoover a refuzat remunerația pentru „serviciile aduse guvernului" și, în calitate de secretar al Comerțului și de președinte al Statelor Unite în timpul crizei economice ( ), a returnat salariul său guvernului.

La 13 decembrie 1932, președintele McFadden a introdus o rezoluție de punere sub acuzare împotriva președintelui Hoover pentru crime grave și delicte, care acoperă multe pagini, inclusiv încălcarea contractelor, risipirea ilegală a resurselor financiare ale Statelor Unite și numirea lui Eugene Meyer în Consiliul Rezervei Federale. Rezoluția a fost depusă și nu a fost niciodată pusă în aplicare de către Camera Reprezentanților.

În critica sa la adresa moratoriului lui Hoover asupra datoriilor de război ale Germaniei, McFadden făcuse referire la susținătorii „germani" ai lui Hoover. Deși toți principalii membri ai „Conexiunii de la Londra" proveneau din Germania, majoritatea din Frankfurt, în momentul în care au sponsorizat candidatura lui Hoover la președinția Statelor Unite, aceștia operau din Londra, așa cum făcuse și Hoover însuși pentru cea mai mare parte a carierei sale.

De asemenea, moratoriul lui Hoover nu era menit să „ajute" Germania, întrucât Hoover nu fusese niciodată „pro-german". Moratoriul asupra datoriilor de război ale Germaniei era necesar pentru ca Germania să dispună de fonduri pentru reînarmare. În 1931, diplomații cu adevărat prevăzători anticipau cel de-al Doilea Război Mondial, iar un război nu putea exista fără un „agresor".

Hoover desfășurase, de asemenea, o serie de acțiuni de promovare a exploatărilor miniere în diverse părți ale lumii, în calitate de agent secret al familiei Rothschild, și fusese răsplătit cu un post de director într-una dintre principalele întreprinderi ale familiei Rothschild, minele Rio Tinto din Spania și Bolivia. Francqui și Hoover s-au dedicat sarcinii aparent imposibile de a aproviziona Germania în timpul Primului Război Mondial. Succesul lor a fost menționat în Nordeutsche Allgemeine Zeitung, din 13 martie 1915, care a remarcat că cantități mari de alimente ajungeau acum din Belgia pe calea ferată. Anuarul lui Schmoller pentru Legislație, Administrație și Economie Politică pentru 1916 arată că un miliard de livre de carne, un miliard și jumătate de livre de cartofi, un miliard și jumătate de livre de pâine și o sută douăzeci și unu de milioane de livre de unt au fost transportate din Belgia în Germania în acel an. O britanică patriotă care condusese un mic spital în Belgia timp de câțiva ani, Edith Cavell, a scris către Nursing Mirror din Londra, la 15 aprilie 1915,, plângându-se că proviziile „Belgian Relief" erau transportate în Germania pentru a hrăni armata germană. Germanii au considerat-o pe domnișoara Cavell ca fiind lipsită de importanță și nu i-au acordat nicio atenție, dar Serviciul de Informații Britanic din Londra a fost îngrozit de descoperirea domnișoarei Cavell și a cerut germanilor să o aresteze ca spioană.

Sir William Wiseman, șeful serviciilor secrete britanice și partener al companiei Kuhn Loeb, s-a temut că continuarea războiului era în pericol și i-a informat în secret pe germani că domnișoara Cavell trebuie executată.

Germanii au arestat-o cu reticență și au acuzat-o de ajutorarea prizonierilor de război să evadeze. Pedeapsa obișnuită pentru această infracțiune era de trei luni de închisoare, dar germanii s-au supus cererilor lui Sir William Wiseman și au împușcat-o pe Edith Cavell, creând astfel una dintre principalele martire ale Primului Război Mondial.

Odată cu eliminarea lui Edith Cavell, operațiunea „Ajutorul belgian" a continuat, deși în 1916, emisarii germani s-au adresat din nou oficialilor londonezi cu informația că nu credeau că Germania ar putea continua operațiunile militare, nu numai din cauza penuriei de alimente, ci și din cauza problemelor financiare. S-a trimis mai mult „ajutor de urgență", iar Germania a continuat războiul până în noiembrie 1918. Doi dintre principalii asistenți ai lui Hoover erau un fost funcționar în transportul de cherestea de pe Coasta de Vest, Prentiss Gray, și Julius H. Barnes, un vânzător de cereale din Duluth. Ambii bărbați au devenit parteneri în J. Henry Schroder Banking Corporation din New York după război și au acumulat averi uriașe, în principal din cereale și zahăr.

Odată cu intrarea Statelor Unite în război, Barnes şi Gray au primit posturi importante în nou-înfiinţata Administraţie Alimentară a SUA, care a fost, de asemenea, plasată sub conducerea lui Herbert Hoover. Barnes a devenit preşedinte al Corporaţiei de Cereale a Administraţiei Alimentare a SUA între 1917 şi 1918, iar Gray a fost şef al Transportului Maritim. Un alt partener al lui J. Henry Schroder, G. A. Zabriskie, a fost numit şef al Consiliului de Echilibrare a Preţurilor la Zahăr din SUA. Astfel, „London Connection" a controlat toate alimentele din Statele Unite prin intermediul „ţarilor" săi ai cerealelor şi zahărului în timpul Primului Război Mondial. În ciuda numeroaselor plângeri privind corupţia şi scandalurile din cadrul Administraţiei Alimentare a SUA, nimeni nu a fost vreodată pus sub acuzare. După război, partenerii d i ai J. Henry Schroder Company au constatat că deţineau acum cea mai mare parte a industriei zahărului din Cuba. Unul dintre parteneri, M.E. Rionda, era preşedinte al Cuba Cane Corporation şi director al Manati Sugar Company, al American British and Continental Corporation şi al altor firme. Baronul Bruno von Schroder, partener senior al firmei, era director al North British and Mercantile Insurance Company. Tatăl său, baronul Rudolph von Schroder din Hamburg, era director al Sao Paulo Coffee Ltd., una dintre cele mai mari companii braziliene de cafea, alături de F.C. Tiarks, tot din firma Schroder.[87]

După război, Zabriskie, care fusese „ţarul zahărului" al Statelor Unite prin prezidarea Consiliului de Echilibrare a Preţurilor la Zahăr din SUA, a devenit preşedinte al mai multor mari corporaţii de panificaţie din Statele Unite: Empire Biscuit, Southern Baking Corporation, Columbia Baking şi alte firme.

Ca asistent principal în cadrul Administraţiei Alimentare a SUA, Hoover l-a ales pe Lewis Lichtenstein Strauss, care urma să devină în curând partener în cadrul Kuhn Loeb Company, căsătorindu-se cu fiica lui Jerome Hanauer de la Kuhn Loeb. De-a lungul distinsului său serviciu umanitar în cadrul Comisiei de Ajutorare a Belgiei, Administraţiei Alimentare a SUA şi, după război, Administraţiei Americane de Ajutorare, cel mai apropiat colaborator al lui Hoover

87 *The New York Times* nota la 11 octombrie 1923: „Frank C. Tiarks, guvernatorul Băncii Angliei, va petrece două săptămâni aici pentru a pregăti deschiderea sucursalei casei bancare a lui J. Henry Schroder din Londra."

a fost un anume Edgar Rickard, născut în Pontgibaud, Franţa. În Who's Who, el afirmă că a fost „asistent administrativ al lui Herbert Hoover în timpul Primului Război Mondial în toate organizaţiile de război şi postbelice, inclusiv Comisia pentru Ajutor în Belgia. De asemenea, a lucrat la Administraţia Alimentară a Statelor Unite între 1914 şi 1924". El a rămas unul dintre cei mai apropiaţi prieteni ai lui Hoover, iar de obicei familiile Rickard şi Hoover îşi petreceau vacanţele împreună. După ce Hoover a devenit secretar al Comerţului sub Coolidge, Hamill ne spune că Hoover i-a acordat prietenului său brevetele Hazeltine Radio, care îi aduceau un milion de dolari pe an din drepturi de autor.

În 1928, „Conexiunea de la Londra" a decis să-l propună pe Herbert Hoover pentru funcţia de preşedinte al Statelor Unite. Exista însă o singură problemă: deşi Herbert Hoover se născuse în Statele Unite şi era, prin urmare, eligibil pentru funcţia de preşedinte, conform Constituţiei, el nu avusese niciodată o adresă profesională d, nici o adresă de domiciliu în Statele Unite, întrucât plecase în străinătate imediat după absolvirea facultăţii de la Stanford. Rezultatul a fost că, în timpul campaniei sale pentru preşedinţie, Herbert Hoover a indicat ca adresă americană Suite 2000, 42 Broadway, New York, care era biroul lui Edgar Rickard. Suite 2000 era împărţită şi de magnatul cerealelor şi partenerul J. Henry Schroder Banking Corporation, Julius H. Barnes.

După ce Herbert Hoover a fost ales preşedinte al Statelor Unite, a insistat să-l numească pe unul dintre vechii prieteni din Londra, Eugene Meyer, în funcţia de guvernator al Consiliului Rezervei Federale. Tatăl lui Meyer fusese unul dintre partenerii Lazard Freres din Paris şi Lazard Brothers din Londra. Meyer, alături de Baruch, fusese unul dintre cei mai puternici oameni din Statele Unite în timpul Primului Război Mondial, membru al celebrului Triumvirat care exercita o putere de neegalat; Meyer era preşedintele Corporaţiei de Finanţare a Războiului, Bernard Baruch era preşedintele Consiliului Industriilor de Război, iar Paul Warburg era guvernator al Sistemului Rezervei Federale.

Louis McFadden, preşedintele Comisiei pentru bancă şi monedă a Camerei Reprezentanţilor şi critic de lungă dată al lui Eugene Meyer, a fost citat în *ziarul „The New York Times"* din 17 decembrie 1930, afirmând într-un discurs ţinut în plenul Camerei că numirea lui Meyer de către Hoover era inacceptabilă şi acuzându-l că

„reprezintă interesele familiei Rothschild şi este ofiţer de legătură între guvernul francez şi J.P. Morgan". Pe 18 decembrie, *The Times* a relatat că „Herbert Hoover este profund îngrijorat" şi că discursul lui McFadden a fost „un eveniment nefericit". Pe 20 decembrie, *The Times* a comentat pe pagina editorială, sub titlul „McFadden din nou", că „discursul ar trebui să asigure ratificarea de către Senat a domnului Meyer în funcţia de şef al Rezervei Federale. Discursul a fost incoerent, aşa cum sunt de obicei discursurile domnului McFadden". Aşa cum a prezis *The Times*, Meyer a fost aprobat în mod corespunzător de Senat.

Nemulţumită de faptul că avea un prieten la Casa Albă, J. Henry Schroder Corporation s-a angajat curând în noi aventuri internaţionale, nimic mai puţin decât un plan de a declanşa cel de-al Doilea Război Mondial. Acest lucru urma să se realizeze prin furnizarea, într-un moment crucial, a finanţării pentru preluarea puterii de către Adolf Hitler în Germania. Deşi numeroşi magnaţi au fost creditaţi cu finanţarea lui Hitler, inclusiv Fritz Thyssen, Henry Ford şi J.P. Morgan, aceştia, precum şi alţii, au furnizat milioane de dolari pentru campaniile sale de politic din anii 1920, la fel cum au făcut-o şi pentru alţii care aveau şanse de câştig, dar care au dispărut şi nu s-a mai auzit nimic de ei. În decembrie 1932, multor observatori ai scenei germane li se părea inevitabil că şi Hitler era gata să alunece pe toboganul uitării. În ciuda faptului că se descurcase bine în campaniile naţionale, îşi cheltuise toţi banii proveniţi din sursele sale obişnuite şi se confrunta acum cu datorii uriaşe. În cartea sa Aggression, Otto Lehmann-Russbeldt ne spune că „Hitler a fost invitat la o întâlnire la Banca Schroder din Berlin pe 4 ianuarie 1933. Principalii industriaşi şi bancheri ai Germaniei l-au ajutat pe Hitler să treacă peste dificultăţile sale financiare şi i-au permis să-şi achite datoria enormă pe care o acumulaseră în legătură cu întreţinerea armatei sale private. În schimb, el a promis să distrugă puterea sindicatelor. La 2 mai 1933, şi-a îndeplinit promisiunea."[88]

La întâlnirea din 4 ianuarie 1933 au fost prezenţi fraţii Dulles, John Foster Dulles şi Allen W. Dulles, de la firma de avocatură din New York, Sullivan şi Cromwell, care reprezenta Banca Schroder.

---

[88] Otto Lehmann-Russbeldt, *Aggression*, Hutchinson & Co., Ltd., Londra, 1934, p. 44.

Fraţii Dulles apăreau adesea la întâlniri importante. Ei reprezentaseră Statele Unite la Conferinţa de pace de la Paris (1919); John Foster Dulles avea să moară în funcţie, ca secretar de stat al lui Eisenhower, în timp ce Allen Dulles a condus Agenţia Centrală de Informaţii timp de mulţi ani. Apologetii lor au încercat rareori să apere prezenţa fraţilor Dulles la întâlnirea care l-a instalat pe Hitler în funcţia de cancelar al Germaniei, preferând să pretindă că aceasta nu a avut loc niciodată. În mod indirect, un biograf, Leonard Mosley, o ocoleşte în cartea sa despre Dulles când afirmă:

„Ambii fraţi petrecuseră mult timp în Germania, unde Sullivan şi Cromwell aveau interese considerabile la începutul anilor 1930, reprezentând mai multe guverne provinciale, câteva mari combinate industriale, o serie de mari companii americane cu interese în Reich şi câţiva indivizi bogaţi."[89]

Allen Dulles a devenit mai târziu director al companiei J. Henry Schroder. Nici el, nici J. Henry Schroder nu puteau fi bănuiţi că ar fi pro-nazisti sau pro-Hitler; adevărul incontestabil era că, dacă Hitler nu ar fi devenit cancelar al Germaniei, ar fi existat puţine şanse ca cel de-al Doilea Război Mondial să izbucnească, războiul care le-ar fi dublat profiturile.[90]

Marea Enciclopedie Sovietică afirmă: „Casa bancară Schroder Bros. (care era bancherul lui Hitler) a fost înfiinţată în 1846; partenerii săi de astăzi sunt baronii von Schroeder, înrudiţi cu sucursalele din Statele Unite şi Anglia."[9192]

Redactorul financiar al ziarului „The Daily Herald" din Londra a scris la 30 septembrie 1933 despre „decizia domnului Norman de

---

89 Leonard Mosley, *Dulles*, Dial Publishing Co., New York 1978, p. 88.

90 Ezra Pound, într-o emisiune difuzată la Radio Roma pe 18 aprilie 1943, a declarat: „... iar oamenii din America, nemulţumiţi de acest război, ţintesc deja spre următorul. Acum este momentul să ne opunem."

91 *The Great Soviet Encyclopaedia*, Macmillan, Londra, 1973, vol. 2, p. 620.

92 *The New York Times* nota la 11 octombrie 1944: „Senatorul Claude Pepper l-a criticat pe John Foster Dulles, consilierul pentru relaţii externe al guvernatorului Dewey, pentru legăturile sale cu firma de avocatură Sullivan şi Cromwell şi pentru că l-a ajutat financiar pe Hitler în 1933. Pepper a descris întâlnirea din 4 ianuarie 1933 dintre Franz von Papen şi Hitler la reşedinţa baronului Schroder din Köln, şi de atunci naziştii au putut să-şi continue marşul spre putere."

a acorda naziştilor sprijinul Băncii (Angliei)". John Hargrave, în biografia sa despre Montagu Norman, spune:

„Este destul de sigur că Norman a făcut tot ce a putut pentru a ajuta hitlerismul să câştige şi să menţină puterea politică, acţionând pe plan financiar din bastionul său de pe Threadneedle Street." [adică Banca Angliei -- Ed.]

Baronul Wilhelm de Ropp, un jurnalist al cărui prieten cel mai apropiat era maiorul F.W. Winterbotham, şeful Serviciului de Informaţii Aeriene al Serviciului Secret Britanic, l-a adus pe filosoful nazist Alfred Rosenberg la Londra şi l-a prezentat lordului Hailsham, secretarul de război, lui Geoffrey Dawson, redactorul-şef al *ziarului „The Times*", şi lui Norman, guvernatorul Băncii Angliei.

După ce a discutat cu Norman, Rosenberg s-a întâlnit cu reprezentantul Băncii Schroder din Londra. Directorul general al Băncii Schroder, F.C. Tiarks, era şi director al Băncii Angliei. Hargrave spune (p. 217): „La începutul anului 1934, un grup select de finanţişti din City s-a adunat în biroul lui Norman, în spatele zidurilor fără ferestre ale clădirii d, printre care se aflau Sir Robert Kindersley, partener al Lazard Brothers, Charles Hambro, F.C.

Tiarks, Sir Josiah Stamp (de asemenea, director al Băncii Angliei). Guvernatorul Norman a vorbit despre situaţia politică din Europa. O nouă putere se impusese, o mare „forţă stabilizatoare", şi anume Germania nazistă. Norman le-a recomandat colegilor săi să-l includă pe Hitler în planurile lor de finanţare a Europei. Nu a existat nicio opoziţie.

În *Wall Street and the Rise of Hitler*, Antony C. Sutton scrie: „Baronul nazist Kurt von Schroeder a acţionat ca intermediar pentru banii I.T.T. canalizaţi către organizaţia SS a lui Heinrich Himmler în 1944, în timp ce al Doilea Război Mondial era în plină desfăşurare, iar Statele Unite se aflau în război cu Germania."[93] Kurt von Schroeder, născut în 1889, a fost partener la Bankhaus din Köln, J.H. Stein & Co., care fusese fondată în 1788. După ce naziştii au preluat puterea în 1933, Schroeder a fost numit reprezentantul Germaniei la Banca Reglementărilor Internaţionale. Comitetul Kilgore a declarat în 1940 că influenţa lui Schroeder asupra

93 Antony C. Sutton, *Wall Street And The Rise Of Hitler*, 76 Press, Seal Beach, California, 1976, p. 79.

administrației Hitler era atât de mare încât l-a numit pe Pierre Laval șef al guvernului francez în timpul ocupației naziste. Comitetul Kilgore a enumerat mai mult de o duzină de funcții importante deținute de Kurt von Schroeder în anii 1940, inclusiv președinte al Deutsche Reichsbahn, al Consiliului Economic al Reich-ului, lider superior al SS, al Consiliului Poștei Reich-ului, al Deutsche Reichsbank și al altor bănci și grupuri industriale de prim rang. Schroeder a făcut parte din consiliul de administrație al tuturor filialelor International Telephone and Telegraph din Germania.

În 1938, Schroder Bank din Londra a devenit agentul financiar german în Marea Britanie. Sucursala din New York a Schroder fuzionase în 1936 cu familia Rockefeller, sub denumirea de Schroder, Rockefeller, Inc., cu sediul la 48 Wall Street. Carlton P. Fuller de la Schroder era președintele acestei firme, iar Avery Rockefeller era vicepreședinte. El fusese partenerul din culise al lui J. Henry Schroder timp de ani de zile și înființase firma de construcții Bechtel Corporation, ai cărei angajați (aflați în concediu) joacă acum un rol de frunte în administrația Reagan, ca secretar al apărării și secretar de stat.

Ladislas Farago, în *The Game of the Foxes,*[94], a relatat că baronul William de Ropp, un agent dublu, a pătruns în cele mai înalte eșaloane în perioada dinaintea celui de-al Doilea Război Mondial, iar Hitler s-a bazat pe de Ropp ca pe consultantul său de încredere în ceea ce privește afacerile britanice. Hitler a urmat sfatul lui de Ropp atunci când a refuzat să invadeze Anglia.

Victor Perlo scrie, în The Empire of High Finance:

„Guvernul Hitler a desemnat banca londoneză Schroder ca agent financiar în Marea Britanie și America. Contul bancar personal al lui Hitler era la J.M. Stein Bankhaus, filiala germană a băncii Schroder. F.C. Tiarks, de la compania britanică J. Henry Schroder, era membru al Anglo-German Fellowship, alături de alți doi parteneri, precum și de o companie."[95]

Povestea merge mult mai departe decât bănuiește Perlo. J. Henry Schroder ERA Anglo-German Fellowship, echivalentul englez al

---

[94] Ladislas Farago, *Jocul vulpilor*, 1973

[95] Victor Perlo, *Imperiul finanțelor înalte*, International Publishers, 1957, p. 177.

mişcării America First, şi atrăgea, de asemenea, patrioţi care nu doreau să-şi vadă naţiunea implicată într-un război inutil cu Germania. În anii 1930, până la izbucnirea celui de-al Doilea Război Mondial, familia Schroder a investit sume uriaşe în Anglo-German Fellowship, ceea ce l-a convins pe Hitler că avea o a cincea coloană pro-germană numeroasă în Anglia, formată din mulţi politicieni şi finanţişti proeminenţi. Cele două grupuri politice divergente din anii 1930 din Anglia erau Partidul Războiului, condus de Winston Churchill, care cerea cu înverşunare ca Anglia să intre în război împotriva Germaniei, şi Partidul Conciliere, condus de Neville Chamberlain. După München, Hitler credea că grupul lui Chamberlain era partidul dominant în Anglia, iar Churchill un agitator minor. Deoarece propriii săi susţinători financiari, familia Schroder, sponsorizau Partidul Conciliere, Hitler credea că nu va fi război. El nu bănuia că susţinătorii Partidului Conciliere, acum că Chamberlain îşi îndeplinise scopul de a-l înşela pe Hitler, îl vor da la o parte pe Chamberlain şi îl vor numi pe Churchill prim-ministru. Nu numai Chamberlain, ci şi Hitler a plecat de la München crezând că va fi „Pace în timpul nostru".

Succesul familiei Schroder în a-l păcăli pe Hitler să creadă acest lucru explică câteva dintre cele mai enigmatice întrebări ale celui de-al Doilea Război Mondial. De ce a permis Hitler Armatei Britanice să se retragă din Dunkirk şi să se întoarcă acasă, când ar fi putut să o nimicească? Împotriva sfaturilor frenetice ale generalilor săi, care doreau să dea lovitura de graţie armatei engleze, Hitler s-a abţinut pentru că nu dorea să-şi alieneze presupusul său vast sprijin din Anglia. Din acelaşi motiv, a refuzat să invadeze Anglia într-o perioadă în care avea superioritate militară, crezând că nu ar fi necesar, deoarece grupul Anglo-German Fellowship era gata să facă pace cu el. Zborul lui Rudolf Hess în Anglia a fost o încercare de a confirma că grupul Schroder era gata să facă pace şi să formeze o alianţă comună împotriva sovieticilor. Rudolf Hess continuă să zace în închisoare şi astăzi, la mulţi ani după război, deoarece, dacă ar fi eliberat, ar depune mărturie că s-a dus în Anglia pentru a lua legătura cu membrii Anglo-German Fellowship, adică grupul Schroder, în legătură cu încheierea războiului.[96]

Dacă cineva presupune că toate acestea sunt istorie veche, fără nicio aplicabilitate în peisajul politic actual, vă prezentăm numele lui John Lowery Simpson din Sacramento, California. Deşi apare pentru prima dată în Who's Who in America din 1952, domnul Simpson afirmă că a servit sub comanda lui Herbert Hoover în Comisia pentru Ajutor în Belgia între 1915 şi 1917; Administraţia Alimentară a SUA, 1917-1918, Comisia Americană de Ajutor, 1919, şi alături de P.N. Gray la Compania d, Viena, 1919-1921. Gray era şeful Transporturilor Maritime pentru Administraţia Alimentară a SUA, ceea ce i-a permis să-şi înfiinţeze propria companie de transport maritim după război. La fel ca alţi filantropi ai lui Hoover, Simpson s-a alăturat şi el J. Henry Schroder Banking Company (bancherii personali ai lui Adolf Hitler) şi J. Henry Schroder Trust Company. De asemenea, a devenit partener al Schroder-Rockefeller Company atunci când acel fond de investiţii a susţinut o companie de construcţii care a devenit cea mai mare din lume, firma Bechtel Incorporated. Simpson a fost preşedintele comitetului financiar al Bechtel Company, Bechtel International şi Canadian Bechtel. Simpson afirmă că a fost consultant pentru interesele Bechtel-McCone în producţia de război în timpul celui de-al Doilea Război Mondial. A făcut parte din Comisia de Control

---

[96] Următoarele relatări sunt preluate din *The New York Times*: 21 octombrie 1945, „O emisiune difuzată de radioul din Luxemburg a anunţat în această seară că baronul Kurt von Schroder, fost bancher care a contribuit la finanţarea ascensiunii partidului nazist, a fost recunoscut într-un lagăr de prizonieri american şi arestat." 1 noiembrie 1945: „Cartierul general al armatei britanice: Baronul Kurt von Schroder, bancher în vârstă de 55 de ani şi prieten al lui Heinrich Himmler, este reţinut la Düsseldorf în aşteptarea unei decizii privind punerea sa sub acuzare ca criminal de război, a anunţat astăzi oficial guvernul militar." 29 februarie 1948: „Societatea pentru Prevenirea celui de-al Treilea Război Mondial a cerut ieri o anchetă imediată pentru a afla de ce bancherul nazist german, Kurt von Schroder, nu a fost judecat ca criminal de război de un tribunal militar aliat. Menţionând că von Schroder a fost condamnat în noiembrie anul trecut la trei luni de închisoare şi la o amendă de 1500 de mărci germane de către un tribunal german de denazificare din Bielefeld, în zona britanică, C. Monteith Gilpin, secretarul societăţii, a spus că ar trebui să ne întrebăm de ce i s-a permis lui von Schroder să scape de justiţia aliată şi de ce proprii noştri oficiali nu au cerut ca von Schroder să fie judecat de un tribunal militar aliat. „Von Schroder este la fel de vinovat ca Hitler sau Goering."

Aliată din Italia în perioada 1943-1944. S-a căsătorit cu Margaret Mandell, din familia de negustori după care a fost numit colonelul Edward Mandell House, şi a susţinut o personalitate din California, mai întâi pentru funcţia de guvernator, apoi pentru cea de preşedinte. Drept urmare, Simpson şi J. Henry Schroder Company îl au acum în funcţia de secretar al apărării pe fostul angajat al Bechtel, Caspar Weinberger. În calitate de secretar de stat, îi serveşte George Pratt Schultz, de asemenea angajat al Bechtel, care se întâmplă să fie moştenitor al Standard Oil, reafirmând legăturile dintre companiile Schroder şi Rockefeller. Astfel, administraţia „conservatoare" a lui Reagan are un secretar al apărării de la Schroder Company, un secretar de stat de la Schroder-Rockefeller şi un vicepreşedinte al cărui tată a fost partener senior al Brown Brothers Harriman.

Fundaţia Heritage a jucat, de asemenea, un rol important în elaborarea politicilor administraţiei Reagan. Acum aflăm că Fundaţia Heritage face parte din reţeaua Institutului Tavistock, condusă de serviciile secrete britanice. Deciziile financiare sunt încă luate la Banca Angliei, iar cine este şeful Băncii Angliei? Sir Gordon Richardson, preşedinte al J. Henry Schroder Co. din Londra şi New York între 1962 şi 1972, când a devenit guvernator al Băncii Angliei. „Conexiunea londoneză" nu a fost niciodată mai ferm la cârma Guvernului Statelor Unite.

La 3 iulie 1983, *The New York Times* a anunţat că Gordon Richardson, guvernator al Băncii Angliei în ultimii zece ani, a fost înlocuit de Robert Leigh-Pemberton, preşedintele National Westminster Bank. Lista directorilor Băncii Naţionale Westminster se citeşte ca un Who's Who al clasei conducătoare britanice. Printre aceştia se numără preşedintele, Lord Aldenham, care este şi preşedinte al Antony Gibbs & Son, o bancă de investiţii, una dintre cele şaptesprezece firme privilegiate autorizate de Banca Angliei; Sir Walter Barrie, preşedinte al British Broadcasting System; F.E. Harmer, guvernator al London School of Economics, şcoala de formare a bancherilor internaţionali, şi preşedinte al New Zealand Shipping Company; Sir E.C. Mieville, secretar particular al regelui Angliei între 1937 şi 1945; Marchizul de Salisbury, Lord Cecil, Lord al Sigiliului Privat (familia Cecil este considerată una dintre cele trei familii conducătoare ale Angliei încă din Evul Mediu); Lord Leathers, baron de Purfleet, ministru al Transporturilor de Război între 1941 şi 1945, preşedinte al grupului de companii William

Cory; Sir W.H. Coates şi W.J. Worboys de la Imperial Chemical Industries (DuPont-ul englez); Contele de Dudley, preşedinte al British Iron & Steel, Sir W. Benton Jones, preşedinte al United Steel şi al multor alte companii siderurgice; Sir G.E. Schuster, Bank of New Zealand; East India Coal Company; A. d'A. Willis, Ashanti Goldfields şi multe bănci, companii de ceai şi alte firme; V.W. Yorke, preşedinte al Mexican Railways Ltd.

Richardson, fost preşedinte al Schroders, cu o filială din New York care deţinea acţiuni la Federal Reserve Bank of New York, a fost înlocuit de preşedintele National Westminster, cu o filială în New York care deţinea acţiuni la Federal Reserve Bank of New York. Robert Leigh Pemberton, director al Equitable Life Assurance Society (J.P. Morgan), s-a căsătorit cu fiica marchizei de Exeter (familia Cecil Burghley). Astfel, controlul asupra London Connection rămâne constant în vigoare.

Lista actualilor directori ai J. Henry Schroder Bank and Trust arată influenţa internaţională continuă de la Primul Război Mondial. George A. Braga este, de asemenea, director al Czarnikow-Rionda Company, vicepreşedinte al Francisco Sugar Company, preşedinte al Manati Sugar Company şi vicepreşedinte al New Tuinicui Sugar Company. Ruda sa, Rionda B. Braga, este preşedinte al Francisco Sugar Company şi vicepreşedinte al Manati Sugar Company. Controlul Schroder asupra zahărului datează din perioada Administraţiei Alimentare a SUA sub Herbert Hoover şi Lewis L. Strauss de la Kuhn, Loeb, Company în timpul Primului Război Mondial. Avocaţii lui Schroder sunt firma Sullivan şi Cromwell. John Foster Dulles, de la această firmă, a fost prezent în timpul acordului istoric de finanţare a lui Hitler şi a fost mai târziu secretar de stat l, în administraţia Eisenhower. Alfred Jaretzki, Jr., de la Sullivan şi Cromwell, este, de asemenea, director al Manati Sugar Company şi al Francisco Sugar Company.

Un alt director al J. Henry Schroder este Norris Darrell, Jr., născut în Berlin, Germania, partener al firmei Sullivan and Cromwell şi director al Schroder Trust Company. Bayless Manning, partener al firmei de avocatură de pe Wall Street Paul, Weiss, Rifkind şi Wharton, este, de asemenea, director al J. Henry Schroder. A fost preşedinte al Consiliului pentru Relaţii Externe între 1971 şi 1977 şi este redactor-şef al Yale Law Review.

Paul H. Nitze, proeminentul „negociator în domeniul dezarmării" al guvernului Statelor Unite, este director al Schroder's Inc. S-a căsătorit cu Phyllis Pratt, moştenitoare a averii Standard Oil, al cărei tată a donat conacul familiei Pratt pentru a găzdui Consiliul pentru Relaţii Externe.

CAPITOLUL OPT

PRIMUL RĂZBOI MONDIAL

„Banii sunt cea mai rea formă de contrabandă.” – William Jennings Bryan

Este evident acum că s-ar fi putut să nu existe niciun război mondial fără Sistemul Rezervei Federale. A avut loc o stranie succesiune de evenimente, dintre care niciunul nu a fost întâmplător. Fără candidatura lui Theodore Roosevelt sub sigla „Bull Moose”, popularul președinte Taft ar fi fost reales, iar Woodrow Wilson ar fi revenit în anonimat.[97] Dacă Wilson nu ar fi fost ales, s-ar putea să nu fi avut Legea Rezervei Federale, iar Primul Război Mondial ar fi putut fi evitat. Națiunile europene fuseseră conduse să mențină armate permanente numeroase, conform politicii băncilor centrale care dictau deciziile guvernamentale. În aprilie 1887, Quarterly Journal of Economics subliniase:

„O analiză detaliată a datoriilor publice ale Europei arată că plățile de dobânzi și fonduri de amortizare se ridică la 5.343 de milioane de dolari anual (cinci miliarde și o treime). Concluzia domnului Neymarck este foarte asemănătoare cu cea a domnului Atkinson. Finanțele Europei sunt atât de complicate încât guvernele s-ar putea întreba dacă războiul, cu toate riscurile sale teribile, nu

[97] NOTĂ: P.34. „House mi-a dezvăluit într-un moment de confidențialitate: «Wilson a fost ales de Teddy Roosevelt.»” *Cea mai ciudată prietenie din istorie, Woodrow Wilson și col. House,* George Sylvester Viereck, Liveright, N.Y. 1932.

este preferabil menţinerii unei păci atât de precare şi costisitoare. Dacă pregătirile militare ale Europei nu se vor încheia cu un război, s-ar putea foarte bine să se încheie cu falimentul statelor. Sau, dacă astfel de nebunii nu duc nici la război, nici la ruină, atunci ele indică cu siguranţă o revoluţie industrială şi economică."

Între 1887 şi 1914, acest sistem precar al unor naţiuni europene puternic înarmate, dar falimentare, a rezistat, în timp ce Statele Unite au continuat să fie o ţară debitoare, împrumutând bani din străinătate, dar acordând puţine împrumuturi internaţionale, deoarece nu dispuneam de o bancă centrală sau de o „mobilizare a creditului". Sistemul de împrumuturi naţionale dezvoltat de familia Rothschild a servit la finanţarea conflictelor europene din secolul al XIX-lea, deoarece acestea erau distribuite între sucursalele Rothschild din mai multe ţări. Până în 1900, era evident că ţările europene nu îşi puteau permite un război de amploare. Aveau armate permanente numeroase, serviciu militar obligatoriu şi arme moderne, dar economiile lor nu puteau suporta cheltuielile enorme. Sistemul Rezervei Federale şi-a început activitatea în 1914, forţând poporul american să împrumute Aliaţilor douăzeci şi cinci de miliarde de dolari, sumă care nu a fost rambursată, deşi s-au plătit dobânzi considerabile bancherilor din New York. Poporul american a fost împins să intre în război cu poporul german, cu care nu aveam niciun conflict politic sau economic imaginabil. Mai mult, Statele Unite erau cea mai mare naţiune din lume compusă din germani; aproape jumătate dintre cetăţenii săi erau de origine germană, iar cu o marjă mică, limba germană fusese respinsă ca limbă naţională.[98] Ambasadorul german în Turcia, baronul Wangeheim, l-a întrebat pe ambasadorul american în Turcia, Henry Morgenthau, de ce Statele Unite intenţionau să intre în război cu Germania. „Noi, americanii", a răspuns Morgenthau, vorbind în numele grupului de operatori imobiliari din Harlem pe care îl conducea, „intrăm în război pentru un principiu moral". J.P. Morgan a primit veniturile din Primul Împrumut Liberty pentru a rambursa 400.000.000 de dolari pe care îi avansase Marii Britanii la începutul războiului. Pentru a acoperi acest împrumut, au fost emise bilete la ordin în valoare de 68.000.000 de dolari în temeiul prevederilor Legii Aldrich-Vreeland privind emiterea de bilete la ordin garantate cu titluri de valoare, singura dată când această prevedere a fost aplicată. Biletele la ordin

98 Convenţia Constituţională din 1787.

au fost retrase imediat ce băncile Rezervei Federale au început să funcţioneze şi au fost înlocuite cu bancnote ale Rezervei Federale.

În anii 1915 şi 1916, Wilson şi-a păstrat cuvântul faţă de bancherii care îi cumpăraseră Casa Albă, continuând să acorde împrumuturi Aliaţilor. Secretarul său de stat, William Jennings Bryan, a protestat constant, afirmând că „banii sunt cea mai rea dintre toate contrabandele". Până în 1917, Morgan şi Kuhn, Loeb Company acordaseră împrumuturi de un miliard şi jumătate de dolari Aliaţilor. Bancherii au finanţat, de asemenea, o serie de organizaţii de „pace" care au acţionat pentru a ne implica în Primul Război Mondial. Comisia pentru Ajutor în Belgia a inventat poveşti despre atrocităţi comise de germani, în timp ce o organizaţie Carnegie, Liga pentru Impunerea Păcii, a agitat spiritele la Washington pentru intrarea noastră în război. Aceasta a devenit mai târziu Fundaţia Carnegie pentru Pace Internaţională, care în anii 1940 a fost condusă de Alger Hiss. Un scriitor d[99], a afirmat că nu a văzut niciodată vreo „mişcare de pace" care să nu se fi încheiat cu un război.

Ambasadorul SUA în Marea Britanie, Walter Hines Page, s-a plâns că nu-şi putea permite această funcţie şi a primit 25.000 de dolari pe an ca bani de cheltuială de la Cleveland H. Dodge, preşedintele National City Bank. H.L. Mencken l-a acuzat deschis pe Page în 1916 că era agent britanic, ceea ce era nedrept. Page era doar un agent al bancherilor.

Pe 5 martie 1917, Page a trimis o scrisoare confidenţială lui Wilson. „Cred că presiunea acestei crize iminente a depăşit capacitatea Agenţiei Financiare Morgan pentru guvernele britanic şi francez... Cel mai mare ajutor pe care l-am putea oferi Aliaţilor ar fi un credit. Dacă nu intrăm în război cu Germania, guvernul nostru, desigur, nu poate acorda un astfel de credit direct."

Familia Rothschild era sceptică cu privire la capacitatea Germaniei de a continua războiul, în ciuda haosului financiar provocat de agenţii lor, familia Warburg, care îl finanţau pe Kaiser, şi de fratele lui Paul Warburg, Max, care, în calitate de şef al Serviciului Secret German, a autorizat trenul lui Lenin să treacă prin

---

[99] NOTĂ: Emmett Tyrell, Jr., *Richmond Times Dispatch*, 15 februarie 1983 „Fiecare mişcare pacifistă a acestui secol a fost urmată de război."

linii și să execute Revoluția Bolșevică în Rusia. Potrivit subsecretarului Marinei, Franklin D. Roosevelt, industria grea americană se pregătea de război de un an. Atât Departamentul Armatei, cât și cel al Marinei d ă achiziționau provizii de război în cantități mari încă de la începutul anului 1916. Cordell Hull remarcă în Memoriile sale:

„Conflictul a forțat dezvoltarea în continuare a principiului impozitului pe venit. Vizând, așa cum a făcut-o, singura mare sursă de venit neimpozitată, legea impozitului pe venit a fost promulgată la țanc pentru a satisface cerințele războiului. Iar conflictul a contribuit, de asemenea, la punerea în aplicare a Sistemului Rezervei Federale, tot la țanc."[100]

Ne putem întreba: la timp pentru cine? Cu siguranță nu pentru poporul american, care nu avea nevoie de „mobilizarea creditului" pentru un război european sau de adoptarea unui impozit pe venit pentru a finanța un război. Declarația lui Hull oferă o privire rară asupra mașinațiilor „funcționarilor noștri publici".

Notele din Journal of Political Economy, octombrie 1917, precizează:

„Efectul războiului asupra activității băncilor Rezervei Federale a necesitat o dezvoltare imensă a personalului acestor bănci, cu o creștere corespunzătoare a cheltuielilor. Fără a putea, desigur, anticipa o cerere atât de timpurie și extinsă pentru serviciile lor în acest sens, autorii Legii Rezervei Federale au prevăzut ca băncile Rezervei Federale să acționeze ca agenți fiscali ai Guvernului."

Bancherii așteptau încă din 1887 ca Statele Unite să adopte un plan de bancă centrală, astfel încât să poată finanța un război european între națiunile pe care le falimentaseră deja cu programe de înarmare și „apărare". Cea mai solicitantă funcție a mecanismului băncii centrale este finanțarea războiului.

La 13 octombrie 1917, Woodrow Wilson a ținut un discurs important, declarând:

„Este evident că este absolut necesară o mobilizare completă a rezervelor bancare ale Statelor Unite. Sarcina și privilegiul (împrumuturilor aliate) trebuie împărțite între toate instituțiile

[100] Cordell Hull, *Memoirs*, Macmillan, New York, 1948, vol. 1, pagina 76.

bancare din ţară. Consider că cooperarea din partea băncilor este o datorie patriotică în acest moment, iar apartenenţa la Sistemul Rezervei Federale constituie o dovadă clară şi semnificativă de patriotism."

E.W. Kemmerer scrie că „În calitate de agenţi fiscali ai Guvernului, băncile Rezervei Federale au adus naţiunii servicii de o valoare inestimabilă după intrarea noastră în război. Ele au contribuit în mare măsură la conservarea resurselor noastre de aur, la reglementarea schimburilor valutare şi la centralizarea energiilor noastre financiare. Te cutremuri când te gândeşti ce s-ar fi putut întâmpla dacă războiul ne-ar fi găsit cu vechiul nostru sistem bancar descentralizat şi învechit."

Fiorii domnului Kemmerer ignoră faptul că, dacă am fi păstrat „sistemul nostru bancar învechit", nu am fi putut finanţa Primul Război Mondial şi nici nu am fi putut intra noi înşine ca participanţi.

Nici chiar Woodrow Wilson nu credea în cruciada sa de a salva lumea pentru democraţie. El a scris mai târziu că „Războiul Mondial a fost o chestiune de rivalitate economică".

Fiind interogat de senatorul McCumber cu privire la circumstanţele intrării noastre în război, Wilson a fost întrebat: „Credeţi că, dacă Germania nu ar fi comis niciun act de război sau niciun act de nedreptate împotriva cetăţenilor noştri, am fi intrat în acest război?"

„Da, cred", a răspuns Wilson.

„Credeţi că am fi intrat oricum?", a insistat McCumber.

„Da", a spus Wilson.

În mesajul său de război din 1917, Wilson a inclus un incredibil omagiu adus comuniştilor din Rusia, care erau ocupaţi să masacreze clasa de mijloc din acea ţară nefericită.

„Speranţa noastră pentru pacea viitoare a lumii a fost întărită de evenimentele minunate şi încurajatoare care au avut loc în ultimele săptămâni în Rusia. Iată un partener potrivit pentru o Ligă a Onoarei."[101]

Oda lui Wilson adusă unui regim sângeros care, de atunci, a ucis șaizeci și șase de milioane dintre locuitorii săi în cel mai barbar și mai mod posibil, îi expune adevăratele simpatii și adevărații susținători, bancherii care au finanțat epurarea sângeroasă din Rusia. Când Revoluția Comunistă părea să fie în pericol, Wilson și-a trimis emisarul personal, Elihu Root, în Rusia cu o sută de milioane de dolari din Fondul său Special de Urgență de Război pentru a salva regimul bolșevic care se prăbușea.

Documentația privind implicarea companiei Kuhn, Loeb în instaurarea comunismului în Rusia este mult prea extinsă pentru a fi citată aici, dar includem o scurtă mențiune, tipică pentru literatura de specialitate pe această temă. În cartea sa, Czarism and the Revolution, generalul Arsene de Goulevitch scrie:

„Domnul Bakmetiev, fostul ambasador imperial rus în Statele Unite, ne spune că bolșevicii, după victorie, au transferat 600 de milioane de ruble în aur între anii 1918-1922 către Kuhn, Loeb Company."

După intrarea noastră în Primul Război Mondial, Woodrow Wilson a predat guvernul Statelor Unite unui triumvirat format din susținătorii săi din campanie, Paul Warburg, Bernard Baruch și Eugene Meyer. Baruch a fost numit șef al Consiliului Industriilor de Război, având puteri de viață și de moarte asupra fiecărei fabrici din Statele Unite. Eugene Meyer a fost numit șef al Corporației Financiare de Război, responsabil de programul de împrumuturi care a finanțat războiul. Paul Warburg deținea controlul asupra sistemului bancar al națiunii.[102]

Știind că sentimentul copleșitor al poporului american în anii 1915 și 1916 fusese anti-britanic și pro-german, aliații noștri britanici priveau cu o oarecare teamă rolul proeminent al lui Paul Warburg și al companiei Kuhn, Loeb în desfășurarea războiului. Ei erau neliniștiți în legătură cu poziția sa înaltă în administrație,

---

[101] Documentele oficiale ale lui Woodrow Wilson, Dodd & Baker, vol. 5, pp. 12-13.

[102] NOTĂ: *New York Times*, 10 august 1918; „Domnul (Paul) Warburg a fost autorul planului de organizare a War Finance Corporation."

deoarece fratele său, Max Warburg, ocupa la acea vreme funcţia de şef al Serviciului Secret German. La 12 decembrie 1918, raportul Serviciului Secret Naval al Statelor Unite privind domnul Warburg era următorul:

„WARBURG, PAUL: New York City. German, cetăţean naturalizat în 1911, decorat de Kaiser în 1912, a fost vicepreşedinte al Consiliului Rezervei Federale. A gestionat sume mari d, furnizate de Germania pentru Lenin şi Troţki. Are un frate care este liderul sistemului de spionaj al Germaniei."

Ciudat, acest raport, care trebuie să fi fost întocmit cu mult mai devreme, în timp ce eram în război cu Germania, nu este datat decât 12 decembrie 1918. DUPĂ semnarea Armistiţiului. De asemenea, nu conţine informaţia că Paul Warburg a demisionat din Consiliul Rezervei Federale în mai 1918, ceea ce indică faptul că a fost întocmit înainte de mai 1918, când Paul Warburg ar fi putut fi, teoretic, acuzat de trădare din cauza controlului exercitat de fratele său asupra Serviciului Secret german.

Fratele lui Paul Warburg, Felix, din New York, era director al Companiei Prusace de Asigurări de Viaţă din Berlin şi, probabil, nu ar fi dorit să vadă prea mulţi dintre asiguraţii săi ucişi în război. Pe 26 septembrie 1920, *The New York Times* a menţionat în necrologul lui Jacob Schiff, referindu-se la Kuhn, Loeb and Company: „În timpul războiului mondial, anumiţi membri ai acesteia au fost în contact permanent cu guvernul în calitate de consilieri. A participat la conferinţele care au avut loc cu privire la organizarea şi formarea Sistemului Rezervei Federale."

Necrologul lui Schiff din 1920 a dezvăluit pentru prima dată că Jacob Schiff, la fel ca familia Warburg, avea şi el doi fraţi în Germania în timpul Primului Război Mondial, Philip şi Ludwig Schiff, din Frankfurt pe Main, care erau, de asemenea, activi în calitate de bancheri ai guvernului german! Aceasta nu era o circumstanţă de luat în derâdere, întrucât, pe niciuna dintre malurile Atlanticului, bancherii menţionaţi nu erau persoane obscure, fără nicio influenţă asupra desfăşurării războiului. Dimpotrivă, partenerii de la Kuhn, Loeb deţineau cele mai înalte funcţii guvernamentale din Statele Unite în timpul Primului Război Mondial, în timp ce în Germania, Max şi Fritz Warburg, precum şi Philip şi Ludwig Schiff, făceau parte din cele mai înalte consilii guvernamentale. Din

Memoriile lui Max Warburg: „Kaiserul a lovit violent cu degetul în masă și a strigat: «Trebuie să ai mereu dreptate?», dar apoi a ascultat cu atenție punctul de vedere al lui Max cu privire la chestiunile financiare."[103]

În iunie 1918, Paul Warburg i-a scris o notă privată lui Woodrow Wilson: „Am doi frați în Germania care sunt bancheri. Ei, firește, își servesc acum țara cu toată capacitatea lor, așa cum eu o servesc pe a mea."[104]

Nici Wilson, nici Warburg nu au considerat situația ca fiind una îngrijorătoare, iar Paul Warburg și-a îndeplinit mandatul în Consiliul Guvernatorilor Rezervei Federale, în timp ce Primul Război Mondial continua să facă ravagii.

Contextul companiei Kuhn, Loeb & Company fusese dezvăluit în „Truth Magazine", editat de George Conroy:

„Domnul Schiff este șeful marii case bancare private Kuhn, Loeb & Co., care reprezintă interesele familiei Rothschild pe această parte a Atlanticului. El a fost descris ca un strateg financiar și a fost timp de ani de zile ministrul de finanțe al marii puteri impersonale cunoscută sub numele de Standard Oil.

Era mână în mână cu familiile Harriman, Gould și Rockefeller în toate întreprinderile lor feroviare și a devenit puterea dominantă în lumea feroviară și financiară din America.

Louis Brandeis, datorită marii sale abilități ca avocat și din alte motive care vor apărea mai târziu, a fost ales de Schiff ca instrument prin care Schiff spera să-și realizeze ambiția în New England. Sarcina lui era să ducă o campanie de agitație care să submineze încrederea publicului în sistemul New Haven și să provoace o scădere a prețului titlurilor sale, forțându-le astfel pe piață pentru ca speculanții să le cumpere."[105]

Menționăm aici avocatul lui Schiff, Brandeis, deoarece prima numire disponibilă la Curtea Supremă a Statelor Unite pe care

---

[103] Max Warburg, *Memoriile lui Max Warburg*, Berlin, 1936.

[104] David Farrar, *The Warburgs*, Michael Joseph, Ltd., Londra, 1974.

[105] „Truth Magazine", George Conroy, editor, Boston, numărul din 16 decembrie 1912.

Woodrow Wilson a avut dreptul să o ocupe a fost acordată avocatului de la Kuhn, Loeb, Brandeis.

Nu numai că Administrația Alimentară a SUA era condusă de directorul lui Hoover, Lewis Lichtenstein Strauss, care s-a înrudit cu firma Kuhn Loeb prin căsătoria cu Alice Hanauer, fiica partenerului Jerome Hanauer, dar în domeniul cel mai critic, cel al informațiilor militare, Sir William Wiseman, șeful Serviciului Secret Britanic, era partener al firmei Kuhn, Loeb & Company. El a lucrat îndeaproape cu alter ego-ul lui Wilson, colonelul House. „Între House și ul Wiseman nu au mai existat curând secrete politice, iar din înțelegerea lor reciprocă a rezultat în mare măsură strânsa noastră cooperare cu britanicii."[106]

Un exemplu al cooperării lui House cu Wiseman a fost un acord confidențial pe care House l-a negociat, prin care Statele Unite se angajau să intre în Primul Război Mondial de partea Aliaților. Cu zece luni înainte de alegerile care l-au readus pe Wilson la Casa Albă în 1916 „pentru că ne-a ținut departe de război", colonelul House a negociat un acord secret cu Anglia și Franța în numele lui Wilson, prin care Statele Unite se angajau să intervină în favoarea Aliaților. La 9 martie 1916, Wilson a aprobat oficial acest angajament.[107]

Nimic nu putea ilustra mai puternic duplicitatea naturii lui Woodrow Wilson decât campania sa națională sub sloganul „El ne-a ținut departe de război", când se angajase cu zece luni mai devreme să ne implice în război de partea Angliei și Franței. Acest lucru explică de ce era privit cu atâta dispreț de cei care aflaseră adevărul despre cariera sa. H.L. Mencken a scris că Wilson era „modelul perfect al ticălosului creștin" și că ar trebui „să-i dezgropăm oasele și să facem zaruri din ele".

Potrivit *The New York Times*, scrisoarea de demisie a lui Paul Warburg menționa că s-au ridicat unele obiecții deoarece avea un frate în Serviciul Secret Elvețian. *The New York Times* nu a corectat niciodată această minciună flagrantă, poate pentru că Kuhn, Loeb Company deținea o participație majoritară în acțiunile sale. Max

---

[106] Edward M. House, *Documentele intime ale colonelului House*, editate de Charles Seymour, vol. II, p. 399. Houghton, Mifflin Co.

[107] George Sylvester Viereck, *Cea mai ciudată prietenie din istorie, Woodrow Wilson și col. House*, p. 106.

Warburg nu era elvețian și, deși probabil intrase în contact cu Serviciul Secret Elvețian în timpul mandatului său de șef al Serviciului Secret German, niciun redactor responsabil de la *The New York Times* nu putea să nu știe că Max Warburg era german, că banca familiei sale se afla în Hamburg și că deținuse o serie de funcții înalte în guvernul german. El a reprezentat Germania la Conferința de pace de la Versailles și a rămas în siguranță în Germania până în 1939, într-o perioadă în care persoanele de religia sa erau persecutate. Pentru a evita vătămările d, în timpul războiului care se apropia, când bombele urmau să cadă asupra Germaniei, lui Max Warburg i s-a permis să plece cu vaporul la New York, cu fondurile sale intacte.

La începutul Primului Război Mondial, compania Kuhn, Loeb a jucat un rol important în transferul intereselor navale germane către alte entități. Sir Cecil Spring-Rice, ambasadorul britanic în Statele Unite, a scris într-o scrisoare adresată lordului Grey:

„O altă chestiune este cea a transferului pavilionului către navele Hamburg-Amerika. Compania este, practic, o afacere a guvernului german. Navele sunt utilizate în scopuri guvernamentale, împăratul însuși este un acționar majoritar, la fel ca și marea casă bancară Kuhn, Loeb Company. Un membru al acestei case (Warburg) a fost numit într-o funcție de mare responsabilitate la New York, deși abia naturalizat. El are legături de afaceri cu secretarul Trezoreriei, care este ginerele președintelui. El este cel care negociază în numele companiei de transport maritim Hamburg Amerika."[108]

Pe 13 noiembrie 1914, într-o scrisoare adresată lui Sir Valentine Chirol, Spring-Rice a scris (p. 241, v. 2)

„Mi s-a spus astăzi că *The New York Times* a fost practic achiziționat de Kuhn, Loeb și Schiff, protejați speciali ai împăratului (german). Warburg, rudă apropiată a lui Kuhn, Loeb și Schiff, este fratele binecunoscutului Warburg din Hamburg, asociatul lui Ballin (Hamburg Amerika Line), este membru al Consiliului Rezervei Federale sau, mai degrabă, membrul. El controlează practic politica financiară a Administrației, iar Paish & Blackett (Anglia) a trebuit să negocieze în principal cu el. Desigur, a fost exact ca și cum s-ar

[108] Letters and Friendships of Sir Cecil Spring-Rice, p. 219-220.

fi negociat cu Germania. Tot ce s-a spus era proprietatea Germaniei."

Colonelul Garrison a scris în Roosevelt, Wilson and the Federal Reserve Law că „Prin intermediul casei bancare Kuhn Loeb Company, o armă puternică ar fi fost pusă în mâinile împăratului german asupra destinului afacerilor americane și al cetățenilor americani."[109]

Garrison se referea la afacerea Hamburg Amerika.

Părea ciudat că Woodrow Wilson a considerat necesar să pună națiunea în mâinile a trei bărbați a căror istorie personală era una de speculații nemiloase și de căutare a câștigului personal, sau că, în timpul războiului cu Germania, a considerat persoane de încredere supremă un imigrant german naturalizat în 1911, fiul unui imigrant din Polonia și fiul unui imigrant din Franța. Bernard Baruch a atras pentru prima dată atenția pe Wall Street în 1890, în timp ce lucra pentru A.A. Housman & Co.

În 1896, el a fuzionat cele șase principale companii de tutun din Statele Unite în cadrul Consolidated Tobacco Company, forțându-i pe James Duke și American Tobacco Trust să intre în această combinație. Al doilea mare trust înființat de Baruch a adus industria cuprului în mâinile familiei Guggenheim, care o controlează de atunci. Baruch a lucrat cu Edward H. Harriman, care era omul de fațadă al lui Schiff în controlul sistemului feroviar american pentru familia Rothschild. Baruch și Harriman și-au combinat, de asemenea, talentele pentru a obține controlul asupra sistemului de transport din New York, care se află de atunci într-o situație financiară periculoasă.

În 1901, Baruch a înființat firma de bănci Baruch Brothers, împreună cu fratele său Herman, la New York. În 1917, când Baruch a fost numit președinte al Consiliului Industriilor de Război, numele a fost schimbat în Hentz Brothers.

Mărturisind în fața Comitetului Nye pe 13 septembrie 1937, Bernard Baruch a declarat că „Toate războaiele au o origine

---

[109] Col. Elisha Garrison, Roosevelt, *Wilson and the Federal Reserve Law*, Christopher Publishing House, Boston, 1931, p. 260.

economică". Cam atât cu dezacordurile religioase și politice, care fuseseră special promovate ca fiind cauza războaielor.[110]

Un profil publicat în revista „New Yorker" a relatat că Baruch a obținut un profit de șapte sute cincizeci de mii de dolari într-o singură zi în timpul Primului Război Mondial, după ce un zvon fals despre pace a fost lansat la Washington. În „Who's Who", Baruch menționează că a fost membru al Comisiei care s-a ocupat de toate achizițiile pentru Aliații din în timpul Primului Război Mondial. De fapt, Baruch ERA Comisia. El a cheltuit banii contribuabililor americani în valoare de zece miliarde de dolari pe an și a fost, de asemenea, membrul dominant al Comitetului de stabilire a prețurilor munițiilor. El a stabilit prețurile la care guvernul cumpăra materiale de război. Ar fi naiv să presupunem că comenzile nu au fost direcționate către firme în care el și asociații săi aveau mai mult decât un interes de formă, dictând producătorilor americani.[111]

La audierile Comitetului Nye din 1935, Baruch a mărturisit: „Președintele Wilson mi-a dat o scrisoare prin care mă autoriza să preiau orice industrie sau fabrică. Era judecătorul Gary, președintele United States Steel, cu care aveam probleme, și când i-am arătat acea scrisoare, el a spus: «Cred că va trebui să rezolvăm asta», și a rezolvat-o."

Unii membri ai Congresului erau curioși să afle care erau calificările lui Baruch pentru a exercita puteri de viață și de moarte asupra industriei americane în timp de război. El nu era producător și nu fusese niciodată într-o fabrică. Când a fost chemat în fața unei comisii a Congresului, Bernard Baruch a declarat că profesia sa era „speculant". Un parior de pe Wall Street fusese numit țar al industriei americane.

---

110 NOTĂ: Baruch a mai declarat în această mărturie: „Am realizat trei investiții majore pe durata războiului: Alaska Juneau Gold Mining Company (împreună cu partenerul meu Eugene Meyer), Texas Gulf Sulphur și Atolia Mining Company (tungsten)." Reprezentantul Mason, din Illinois, a declarat în Camera Reprezentanților, la 21 februarie 1921, că Baruch a câștigat peste 50 de milioane de dolari din cupru în timpul războiului.

111 Baruch l-a ales ca vicepreședinte al Consiliului Industriilor de Război pe un coleg speculant de pe Wall Street, Clarence Dillon (Lapowitz). A se vedea biografiile.

THE NEW YORK TIMES,
WEDNESDAY, SEPTEMBER 23, 1914.

BANKS' STOCK LIST FULL OF SURPRISES

Many Names Associated by Public with Big Stockholdings Not Found.

HETTY GREEN'S 30 SHARES

Frank Vanderlip Missing from Among Large Interests in National City.

Publication yesterday of lists of stockholders in some of New York City's largest banks aroused considerable interest in the financial district, as much because of the absences of expected names as of the amounts of the principal holdings. The date at which the lists were compiled was not made known, and important changes may have taken place since, although as a rule there is little activity in bank shares and the controlling interests in most institutions have been in the same hands for many years.

Among the surprises in the lists, as published by Dow, Jones & Co., was the discovery that Hetty Green, often spoken of as a very important factor in the conduct of the Chemical National, owns only 31 of the 30,000 shares of that institution. Frank Vanderlip, President of the National City Bank, is not down among the principal shareholders, while James Stillman, Chairman of the Board of Directors, holds 47,498 shares of the total of 250,000. Mr. Stillman is also a large holder in the Hanover and the Citizens' Central. J. P. Morgan & Co. have the biggest holdings of any firm.

The shareholders, capitalization, number of shares, dividends, and book value, follow:

National City Bank—Capital, $25,000; total stockholders, 1,018; book value, $280; par value, $100; annual dividend, 10 per cent. Stock also includes $10,000,000 capital of National City Company, which pays annual dividend of 6 per cent.

James Stillman	47,498	W. A. Rockefeller	16
J. P. Morgan & Co.	14,000	A. T. Russell	8,267
W. Rockefeller	10,000	*H. A. C. Taylor	7,699
M. T. Pyne	8,267	J. W. Sterling	6,067
Percy Pyne	8,267	U. S. Trust Co., New York	4,500
J. D. Rockefeller	1,750	J. P. Morgan, Jr.	1,000
J. S. Rockefeller	100		

*Trustee.

National Bank of Commerce—Capital, $25,000,000; total stockholders, 3,013; book value, $160; par value, $100; annual dividend, 8 per cent.

Equitable Life	24,700	A. D. Juilliard	2,000
Mutual Life	17,294	J. J. Gerdan	1,800
G. F. Baker	10,000	J. P. Goodhart & Co.	1,297
North. Finance Corporation	9,800	J. N. Jarvine	1,285
J. P. Morgan & Co.	7,800	F. A. V. Twombly	1,250
Mary W. Harriman	5,650	Kidder, Peabody & Co.	1,125
E. J. Berwind	5,650	J. P. Morgan, Jr.	1,100
T. F. Ryan	5,100	L. P. Morton	1,500
R. W. Winthrop Co., agents	4,900	H. B. Davison	1,100
S. J. Saltus	4,757	W. W. Astor	1,000
T. A. Reynolds	3,175	J. H. Schiff	1,000
*P. M. Warburg	3,000	V. P. Snyder	1,000
A. J. Hemphill	2,000	G. Whittell	1,000
		E. T. Nichols	1,000

*Since sold his holdings.

First National—Capital, $10,000,000; total stockholders, 626; book value, $529; par value, $100; annual dividend, 40 per cent. Of this 28 per cent. is paid on bank's stock and 12 per cent. on stock of First Security Company.

G. F. Baker	20,000	G. F. Baker, Jr.	5,000
J. P. Morgan & Co.	13,900	J. J. Hill	4,000
H. C. Fahnestock	10,000	North'n Fin. Co.	1,700
Garland, Dodson & Enmer, Tr. of est. of J. A. Garland	[illegible]	F. L. Hine	1,400
		H. B. Davison	1,010
		Mary C. Thompson	9,000

Chase National—Capital, $5,000,000; total shareholders, 309; book value, $292; par value, $100; annual dividend, 20 per cent.

G. F. Baker	13,408	H. W. Cannon	1,400
A. H. Wiggin	6,402	G. B. Schley	600
C. A. Edwards	3,000	S. Miller	500
A. B. Hepburn	2,872	J. J. Mitchell	500
J. J. Hill	1,500	Faith Moore	500
L. G. Thompson	1,500	W. H. Porter	500
E. Tuck	1,500	F. S. Thompson, U. S. T. Co., Tr.	1,000
Trustees Princeton Univ	1,000		

Hanover National—Capital, $3,000,000; total stockholders, 404; book value, $679; par value, $100; annual dividend, 18 per cent.

Wm. Woodward	6,600	Bessemer Invest. Co.	523
James Stillman	4,000	Wm. J. Clark	423
Wm. Rockefeller	1,540	Wm. J. Halls	410
Wm. Barbour	1,200	C. Wodsworth	750
Jas. M. Donald	1,023	Robt. M. Goelet	400

Facsimilul unui articol apărut în The New York Times la data de 23 septembrie 1914. Sunt enumerați principalii acționari ai celor cinci bănci din New York care au achiziționat 40% din cele 203.053 de acțiuni ale Băncii Rezervei Federale din New York atunci când Sistemul a fost organizat în 1914. Astfel, ei au obținut controlul asupra acelei Bănci a Rezervei Federale și l-au deținut de atunci.

La data de marți, 26 iulie 1983, cele mai importante cinci bănci din New York City care au supraviețuit și-au mărit participația la Banca Rezervei Federale din New York la 53% din acțiuni.

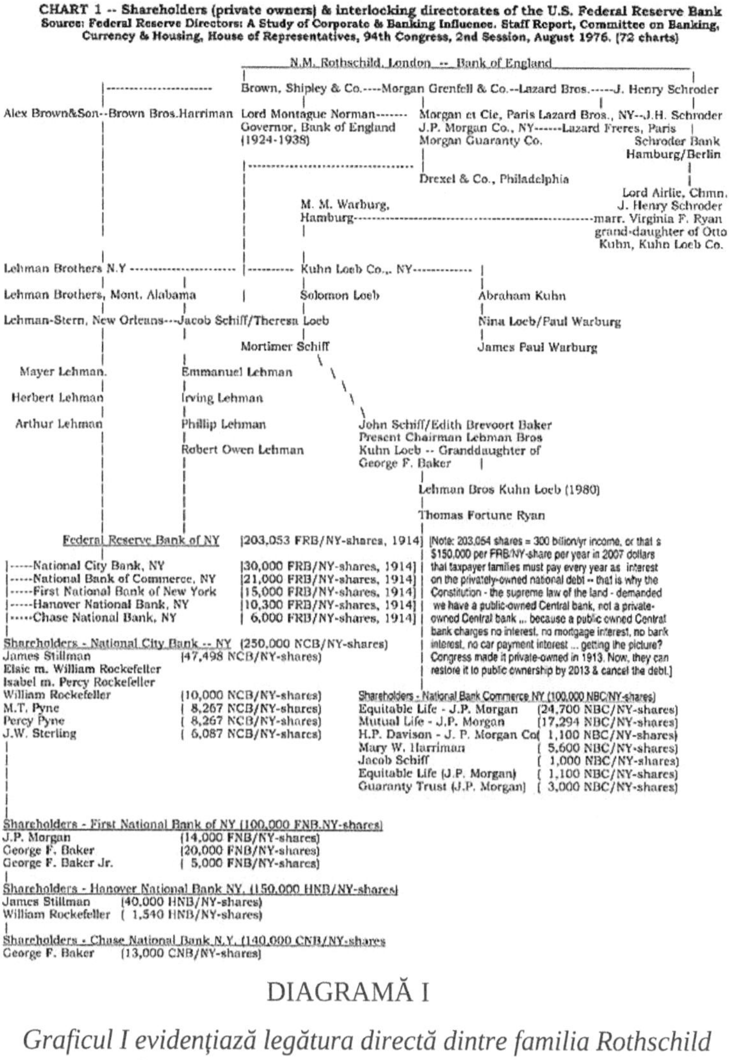

DIAGRAMĂ I

Graficul I evidenţiază legătura directă dintre familia Rothschild şi Banca Angliei, precum şi între casele bancare londoneze care controlează, în ultimă instanţă, băncile Rezervei Federale prin participaţiile lor la capitalul social al băncilor şi prin firmele lor subsidiare din New York. Cei doi reprezentanţi principali ai familiei Rothschild în New York, J.P. Morgan Co. şi Kuhn, Loeb & Co., au fost firmele care au organizat Conferinţa de la Jekyll Island, în cadrul căreia a fost redactată Legea Rezervei Federale, care au condus campania ulterioară de succes pentru ca planul să fie adoptat ca lege de către Congres și care au achiziționat cantități controlatoare de acțiuni în Banca Rezervei Federale din New York în 1914. În 1914, directorii principali ai acestor firme au fost numiți în Consiliul Guvernatorilor Rezervei Federale și în Consiliul Consultativ Federal.

În 1914, câteva familii (legate prin sânge sau afaceri) care dețineau acțiuni majoritare în băncile existente (cum ar fi cele din New York City) au determinat aceste bănci să achiziționeze acțiuni majoritare în băncile regionale ale Rezervei Federale.

Analiza graficelor și a textului din Raportul personalului Comitetului bancar al Camerei Reprezentanților din august 1976 și a listei actuale a acționarilor celor 12 bănci regionale ale Rezervei Federale arată același control al familiei.

Fostul partener al lui Baruch, Eugene Meyer (Alaska-Juneau Gold Mining Co.), a afirmat ulterior că Baruch era un prostănac și că Meyer, cu legăturile sale bancare de familie (Lazard Freres), îi ghidase cariera de investitor. Aceste afirmații au apărut în ediția aniversară de 50 de ani a ziarului The Washington Post, pe pagina editorială, la 4 iunie 1983, însoțite de o remarcă finală a redactorului lui Meyer, Al Friendly, care spunea că „Toți jurnaliștii din Washington, inclusiv Meyer, știau că Bernard M. Baruch era un impostor care se auto-glorifica".

Al treilea membru al Triumviratului, Eugene Meyer, era fiul partenerului din casa bancară internațională Lazard Freres, din Paris și New York. În My Own Story, Baruch explică cum a devenit Meyer șeful War Finance Corporation. „La începutul Primului Război Mondial", spune el, „l-am căutat pe Eugene Meyer, Jr... care era un om de cea mai înaltă integritate, cu o dorință acută de a servi publicul".[112]

Națiunea a suferit mult din cauza persoanelor care doreau să servească interesul public, deoarece dorințele lor depășeau adesea cu mult pasiunea lor pentru funcție. De fapt, Meyer și Baruch au condus o afacere în Alaska, Alaska-Juneau Gold Mining Company, în 1915, și au colaborat la alte scheme financiare. Casa familiei lui

[112] Bernard Baruch, *My Own Story*, Henry-Holt Company, New York, 1957, p. 194.

Meyer, Lazard Freres, era specializată în tranzacţii internaţionale cu aur.

Administrarea de către Eugene Meyer a War Finance Corporation constituie una dintre cele mai uimitoare operaţiuni financiare înregistrate vreodată parţial în această ţară. Spunem „parţial consemnată", deoarece anchetele ulterioare ale Congresului au revelat că, în fiecare noapte, registrele erau modificate înainte de a fi aduse pentru ancheta zilei următoare. Louis McFadden, preşedintele Comitetului pentru Bănci şi Monedă al Camerei Reprezentanţilor, a figurat în două anchete privindu-l pe Meyer, în 1925 şi din nou în 1930, când Meyer a fost propus ca guvernator al Consiliului Rezervei Federale. Comisia specială pentru investigarea distrugerii obligaţiunilor de stat a prezentat, la 2 martie 1925, „Pregătirea şi distrugerea obligaţiunilor de stat – al 68-lea Congres, a 2-a sesiune, Raportul nr. 1635: p. 2. „Obligaţiuni duplicate în număr de 2314 de perechi şi cupoane duplicate în număr de 4698 de perechi, cu valori nominale cuprinse între 50 şi 10.000 de dolari, au fost răscumpărate până la 1 iulie 1924. Unele dintre aceste duplicări au rezultat din erori, iar altele din fraudă."

Aceste investigaţii pot explica de ce, la sfârşitul Primului Război Mondial, Eugene Meyer a reuşit să cumpere controlul asupra Allied Chemical and Dye Corporation şi, mai târziu, asupra celui mai influent ziar al naţiunii, The Washington Post. Duplicarea obligaţiunilor, „una pentru guvern, una pentru mine", cu valori nominale de câte 10.000 de dolari fiecare, a dus la o sumă frumuşică.

p. 6 din aceste audieri. „Aceste tranzacţii ale Trezoreriei anterioare datei de 20 iunie 1920 (inclusiv decontările pentru achiziţii şi vânzări), executate de War Finance Corporation (Eugene Meyer, director general), au fost în mare parte dirijate de directorul general al War Finance Corporation, iar decontările cu Trezoreria au fost efectuate în principal de acesta cu secretarul adjunct al Trezoreriei, iar registrele arată că baza preţului plătit de Guvern pentru obligaţiuni în valoare de peste 1.894 de milioane de dolari (1.894.000.000,00 $), pe care Trezoreria le-a achiziţionat prin intermediul War Finance Corporation, nu a fost preţul de piaţă şi nu a fost costul obligaţiunii plus dobânda, iar elementele care au intrat în decontare nu sunt dezvăluite în corespondenţă. Directorul general al War Finance Corporation a declarat că el şi un secretar adjunct al Trezoreriei (Jerome J. Hanauer, partener al Kuhn, Loeb Co., a cărui fiică s-a căsătorit cu Lewis L. Strauss) au convenit asupra prețului, iar acesta a fost pur și simplu o cifră arbitrară stabilită de un secretar adjunct al Trezoreriei în ceea ce privește obligațiunile achiziționate astfel de War Finance Corporation.

În perioada acestor tranzacții și până destul de recent, directorul general al War Finance Corporation, Eugene Meyer, Jr., în calitate privată, a deținut un birou la nr. 14 Wall Street, New York City, și, prin intermediul War Finance Corporation, a vândut guvernului obligațiuni în valoare de aproximativ 70 de milioane de dolari, precum și a cumpărat, tot prin intermediul War Finance Corporation, obligațiuni în valoare de aproximativ 10 milioane de dolari, aprobând facturile pentru majoritatea, dacă nu chiar pentru toate aceste obligațiuni, în calitatea sa oficială de director general al War Finance Corporation.

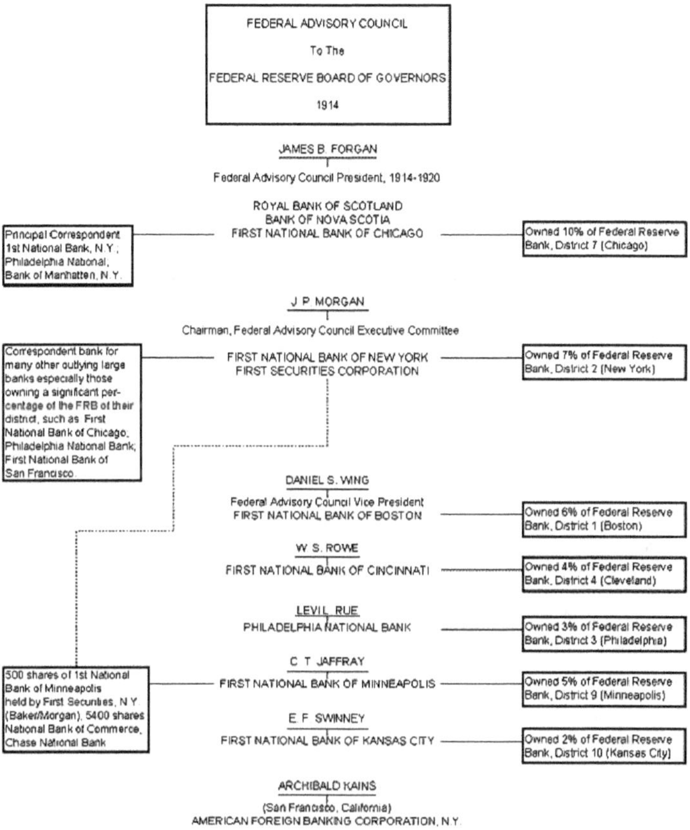

CHART II

Acest grafic arată legăturile dintre consiliile de administrație ale băncilor, care au fost dezvăluite de trecutul oficialilor selectați pentru a fi membrii inițiali ai Consiliului Consultativ Federal în 1914. Principalii responsabili erau aceiași bancheri care fuseseră prezenți sau reprezentați la Conferința de la Jekyll Island din 1910 și în timpul campaniei pentru ca Legea Rezervei Federale să fie adoptată de Congres în 1913. Acești oficiali reprezentau cele mai mari participații la băncile din New York care au cumpărat pachetul majoritar de acțiuni al Băncii Rezervei Federale din New York și erau, de asemenea, principalele bănci corespondente ale băncilor din alte districte ale Rezervei Federale care, la rândul lor, și-au selectat oficialii pentru a le reprezenta în Consiliul Consultativ Federal.

Atunci când tranzacțiile menționate mai sus au fost aduse la cunoștința comisiei în cadrul unei ședințe publice, directorul general s-a prezentat în fața comisiei și a declarat că s-au plătit comisioane pentru aceste tranzacții, acestea fiind la rândul lor plătite brokerilor, selectați de directorul general, care au executat ordinele emise de casa sa de brokeraj, iar imediat după această dezvăluire în fața comisiei, directorul general a angajat firma Ernst și Ernst, contabili publici autorizați, pentru a audita registrele War Finance Corporation, care, la finalizarea examinării acestor registre, au raportat comisiei că toate sumele de bani primite de casa de brokeraj a directorului general au fost contabilizate.

În timp ce, simultan cu examinarea efectuată de comisie, contabilii publici autorizați, menționați anterior, își desfășurau examinarea în fiecare noapte, comisia dumneavoastră a descoperit că se făceau modificări și schimbări în registrele contabile care acopereau aceste tranzacții, iar când acest lucru a fost adus la cunoștința trezorierului War Finance Corporation, acesta a recunoscut în fața comisiei că se făceau modificări. Comisia nu a putut determina în ce măsură aceste registre au fost modificate în timpul procesului. După iunie 1921, au fost distruse titluri de valoare în valoare de aproximativ 10 miliarde de dolari."

CHART 2

J. Henry Schroder

Baron Rudolph Von Schroder
Hamburg - 1858 - 1934

Baron Bruno Von Schroder
Hamburg - 1867 - 1940

F. C. Tiarks
1874-1952
marr. Emma Franziska
(Hamburg)
J. Henry Schroder, 1902
Dir. Bank of England
Dir. Anglo-Iranian Oil Co.

Helmut B. Schroder

J. Henry Schroder Banking Co. N.Y.

J. Henry Schroder Trust Co. N.Y.

Allen Dulles
Sullivan & Cromwell
Director -- CIA

John Foster Dulles
Sullivan & Cromwell
U.S. Secretary of State
Rockefeller Foundation

Prentiss Gray
Belgian Relief Comm.
Chief Marine Transportation
U.S. Food Administration WW I
Manati Sugar Co. American &
British Continental Corp.

Lord Airlie
Chairman; Virginia Fortune
Ping Coal Mines, Tientsin
Ryan daughter of Otto Kahn
of Kuhn, Loeb Co.

M. E. Rionda
Pres., Cuba Cane Sugar Co.
Manati Sugar Co. & many other
sugar companies.

G. A. Zabriskie
Chmn U.S. Sugar Equalization Board
Board 1917-18, Pres Empire
Biscuit Co., Columbia Baking
Co., Southern Baking Co.

Emile Francoui
Belgian Relief Comm. Kai
Ping Coal Mines, Tientsin
Railroad, Congo Copper,
Banque Nationale de Belgique

Suite 2000 42 Broadway, NY

Edgar Richard
Belgium Relief Comm
Amer Relief Comm
U.S. Food Admin
1918-24, Hazeltine Corp.

Julius H. Barnes
Belgium Relief Comm
Pres. Grain Corp.
U.S. Food Admin
1917-18, C.B Pitney
Bowes Corp, Manati
Sugar Corp.

Herbert Hoover
Chmn Belgium Relief
U.S. Food Admin
Sec of Commerce 24-28
Kaiping Coal Mines
Congo Copper
U.S. President, 1928-32

John Lowery Simpson
Sacramento, Calif Belgium Relief
Comm. U. S. Food Administration
Prentiss Gray Co. J. Henry Schroder
Trust, Schroder-Rockefeller, Chmn
Fin Comm, Bechtel International
Co. Bechtel Co. (Casper Weinberger
Sec of Defense; George P. Schultz
Sec of State (Reagan Admin)
SS Senior Group Leader

Baron Kurt Von Schroder
Schroder Banking Corp. J.H. Stein
Bankhaus (Hitler's personal bank
account) served on board of all
German subsidiaries of ITT
Bank for International Settlements

Himmler's Circle of Friends (Nazi Fund)
Schroder-Rockefeller & Co., NY
Deutsche Reichsbank, pres.
Avery Rockefeller, J. Henry Schroder
Banking Corp., Bechtel Co., Bechtel
International Co., Canadian Bechtel Co.

Sir Gordon Richardson
Governor, Bank of England
1973-PRESENT C.B. of J. Henry Schroder N.Y.
Schroder Banking Co., New York, Lloyds Bank
Rolls Royce

CHART 3

David Rockefeller, Chairman, Chase Manhattan Corp

Chase Manhattan Corp. Officer & Director Interlocks

Private Investment Co. for America
Firestone Tire & Rubber Co.
Orion Multinational Services Ltd
ASARCO. Inc
Southern Peru Copper Corp.
Industrial Minerva Mexico S.A.
Continental Corp.
Honeywell Inc.
Northwest Airlines, Inc.
Northwestern Bell Telephone Co.
Minnesota Mining & M'fg Co (3M)
American Express Co.
Hewlett Packard
FMC Corporation
Utah Intl' Inc.
Exxon Corporation
International Nickel/Canada
Federated Capital Corp.
Equitable Life Assurance Soc U.S.
Federated Dept Stores
General Electric
Scott Paper Co.
American Petroleum Institute
Richardson Merrl Inc.
May Department Stores Co.
Sperry Rand Corporation
San Salvador Development Co.

Allied Chemicals Corp.
General Motors
Rockefeller Family & Associates
Chrysler Corp.
Intl' Basic Economy Corp.
R.H. Macy & Co.
Selected Risk Investments S.A.
Omega Fund, Inc.
Squibb Corp.
Olin Foundation
Mutual Benefit Life Ins. Co. NJ
AT&T
Pacific Northwestern Bell Co.
BeachviLime Ltd.
Eveleth Expansion Co.
Fidelity Union Bancorporation
Cypress Woods Corp.
Intl' Minerals & Chemical Corp.
Burlington Industries
Wachovia Corporation
Jefferson Pilot Corp.
R. J. Reynolds Industries Inc.
United States Steel Corp.
Metropolitan Life Insurance Co.
Norton-Simon Inc.
Stone-Webster Inc.
Standard Oil of Indiana

Chart 4

Alan Pifer, President, Carnegie Corp. of NY

Carnegie Corp. Trustee Interlocks

Rockefeller Center, Inc
The Cabot Corp.
Fed. Reserve Bank of Boston
Owens Corning Fiberglas
New England Telephone Co.
Fisher Scientific Co.
Mellon National Corporation
Equitable Life Assurance Society
Twentieth Century Fox Corp.
J. Henry Schroder Banking Corp.

J. Henry Schroder Trust Co.
Paul Revere Investors, Inc.
Qualpeco, Inc.

Chart 5

Maurice F. Granville, Chairman, Texaco Incorporated

Texaco Officer & Director Interlocks---Liggett & Myers, Inc.

London Connection
Arabian American Oil Co.
Brown Brothers Harriman
Brown Harriman & Intl' Banks Ltd.
American Express
Amer. Express
Anaconda Copper
Rockefeller Foundation
Owens-Corning Fiberglas
Nat l City Bank (Cleveland)

I.M. Rothschild & Sons, Ltd.
Sun Life Assurance Co.
General Reinsurance
General Electric (NBC)

St John del Ray Mining Ltd.
National Steel Corp.
Massey-Ferguson Ltd.
Mutual Life Insurance Co.
Intl' Bank Mass Mutual Income Invest
United Services Life Ins. Co.
Fairchild Industries
Blount, Inc.
William Wrigley Jr. Co
Nat l Bvd. Bank of Chicago
Lykes Youngstown Corp.
Inmount Corp.

<>

errata

A lot of people during my presidency ...and, during both Presidents Bush, attack the Bush Dynasty ...because, *they* co-owned Hamburg Amerika shipping company. Horse-pucky. History says, the financial panic of 1897 forced Union Pacific Railroad into bankruptcy. So, in 1898, Edward H. Harriman and Robert Lovett bought that railroad for 110 million dollars, in a deal brokered by New York-based Kuhn Loeb

Diagrama J. Henry Schroder Banking Company cuprinde întreaga istorie a secolului al XX-lea, incluzând programul (Comisia Belgiană de Ajutor) care a aprovizionat Germania între 1915 și 1918 și a descurajat Germania să caute pacea în 1916; finanțarea lui Hitler în 1933 pentru a face posibil al Doilea Război Mondial; susținerea campaniei prezidențiale a lui Herbert Hoover; și chiar și în prezent, doi dintre principalii directori ai firmei sale subsidiare d, Bechtel Corporation, ocupând funcţiile de secretar al apărării şi secretar de stat în administraţia Reagan.

Şeful Băncii Angliei din 1973, Sir Gordon Richardson, guvernator al Băncii Angliei (controlată de Casa Rothschild), a fost preşedinte al J. Henry Schroder, New York, şi al Schroder Banking Corporation, New York, precum şi al Lloyd's Bank din Londra şi al Rolls Royce. El deţine o reşedinţă în Sutton Place, în New York City, şi, în calitate de şef al „The London Connection", poate fi considerat cel mai influent bancher din lume.

Ziarul Washington Post al lui Eugene Meyer (sub conducerea fiicei sale, Katherine Graham) a fost cel care, mai târziu, l-a alungat pe un preşedinte al Statelor Unite de la Casa Albă, pe motiv că avea cunoştinţă de un jaf. Ce să credem despre dezvăluirile privind duplicarea unor obligaţiuni în valoare de sute de milioane de dolari în timpul mandatului lui Meyer la conducerea War Finance Corporation, modificarea registrelor contabile în timpul unei anchete a Congresului şi faptul că Meyer a ieşit din această situaţie cu multe milioane de dolari, cu care a procedat la cumpărarea Allied Chemical Corporation, *a ziarului Washington Post* şi a altor proprietăţi? Întâmplător, Lazard Brothers, casa bancară a familiei Meyer, gestionează personal averile multor personalităţi politice ale noastre, inclusiv averea familiei Kennedy.

Pe lângă aceşti oameni, Warburg, Baruch şi Meyer, o mulţime de parteneri, angajaţi şi sateliţi ai J.P. Morgan Co. şi Kuhn, Loeb Co. au venit la Washington după 1917 pentru a administra soarta poporului american.

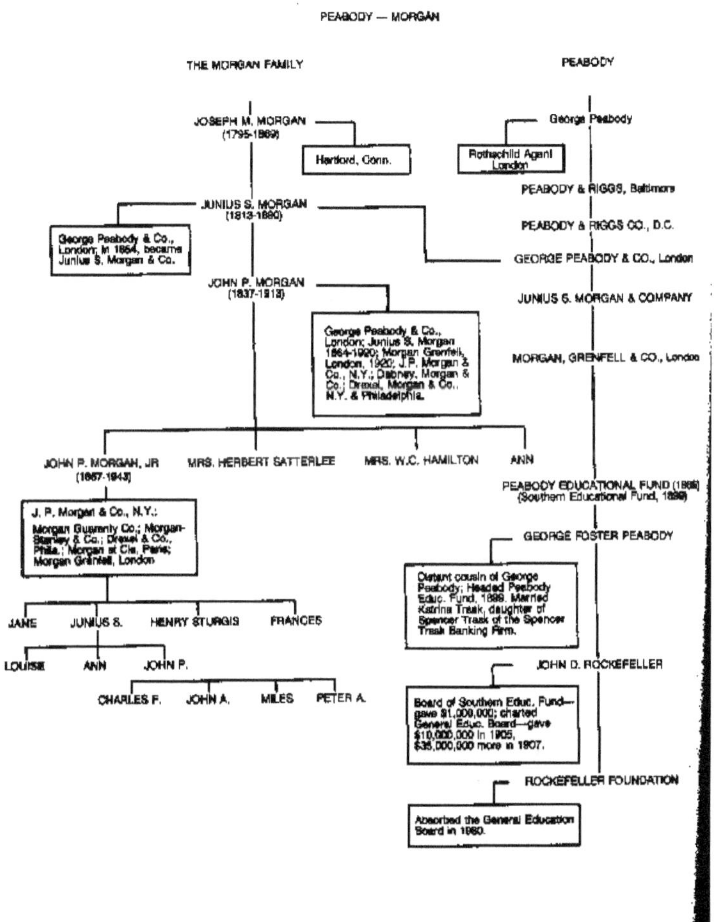

CHART IV

Diagrama Peabody-Morgan arată legătura cu Londra a acestor firme bancare proeminente, care au avut sediul central la Londra încă de la înființare. Averea Peabody a înființat un Fond Educațional în 1865, care a fost ulterior absorbit de John D. Rockefeller în cadrul General Educational Board în 1905, care, la rândul său, a fost absorbit de Fundația Rockefeller în 1960.

Împrumuturile Liberty, care vindeau obligațiuni cetățenilor noștri, se aflau nominal sub jurisdicția Trezoreriei Statelor Unite, sub conducerea secretarului Trezoreriei lui Wilson, William G. McAdoo, pe care Kuhn, Loeb Co. îl numise la conducerea Hudson-Manhattan Railway Co. în 1902. Paul Warburg avea cu el la Washington, în timpul războiului, cea mai mare parte a firmei Kuhn Loeb Co. Jerome Hanauer, partener la Kuhn, Loeb Co., a fost secretar adjunct al Trezoreriei, responsabil de Liberty Loans. Cei doi subsecretari ai Trezoreriei în timpul războiului au fost S. Parker Gilbert și Roscoe C. Leffingwell. Atât Gilbert, cât și Leffingwell au venit la Trezorerie de la firma de avocatură Cravath și Henderson și s-au întors la acea firmă după ce și-au îndeplinit misiunea pentru Kuhn, Loeb Co. în cadrul Trezoreriei. Cravath și Henderson erau avocații Kuhn Loeb Co. Gilbert și Leffingwell au devenit ulterior parteneri în J.P. Morgan Co. Kuhn, Loeb Company, cel mai mare proprietar de căi ferate din această țară și din Mexic, și-a protejat interesele în timpul Primului Război Mondial prin înființarea de către Woodrow Wilson a Administrației Căilor Ferate din Statele Unite. Directorul general era William McAdoo, controlorul monedei. Warburg a înlocuit această structură în 1918 cu o organizație mai strictă, pe care a numit-o Consiliul Federal al Transporturilor. Scopul ambelor organizații era de a preveni grevele împotriva Kuhn, Loeb Company în timpul războiului, în cazul în care muncitorii feroviari ar fi încercat să obțină ca salarii o parte din milioanele de dolari din profiturile de război pe care Kuhn, Loeb le-a primit de la Guvernul Statelor Unite.

Printre bancherii importanți prezenți la Washington în timpul războiului se număra Herbert Lehman, de la firma Lehman Brothers, Bankers, New York, care se afla în plină ascensiune. Lehman a fost numit imediat în Statul Major General al Armatei și i s-a acordat gradul de colonel.

Familia Lehman avea experiență anterioară în „a scoate profit din război", o expresie cu dublu sens și una dintre frazele preferate ale lui Baruch. În *Men Who Rule America,* Arthur D. Howden Smith scrie despre familia Lehman în timpul Războiului Civil: „Ei erau adesea agenți, intermediari pentru ambele părți, mediatori pentru comunicări confidențiale și gestionari ai numeroaselor tranzacții ilicite cu bumbac și medicamente pentru Confederație, furnizori de informații pentru Nord. Familia Lehman, cu Mayer în Montgomery, prima capitală a Confederației, cu Henry d, în New Orleans, și cu

Emanuel în New York, se afla într-o poziție ideală pentru a profita de fiecare oportunitate de profit care apărea. Se pare că au ratat puține șanse.”[113]

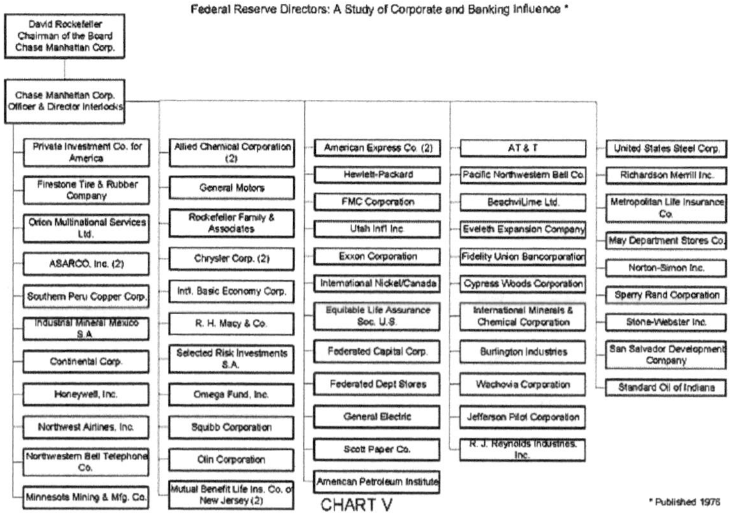

Diagrama lui David Rockefeller arată legătura dintre Banca Rezervei Federale din New York, Standard Oil din Indiana, General Motors și Allied Chemical Corporation (familia Eugene Meyer) și Equitable Life (J.P. Morgan).

Alte numiri din timpul Primului Război Mondial au fost următoarele:

J.W. McIntosh, director al trustului de ambalare a cărnii Armour, care a fost numit șef al Serviciului de Aprovizionare al Armatei Statelor Unite în 1918. Ulterior, a devenit controlor al monedei în timpul administrației Coolidge și membru de drept al Consiliului Rezervei Federale.

În timpul administrației Harding, acesta și-a adus contribuția în calitate de director financiar al Consiliului de Transport Maritim al Statelor Unite, atunci când Consiliul a vândut nave companiei

---

113 Arthur D. Howden Smith, *Men Who Rule America*, Bobbs Merrill, N.Y. 1935, p. 112.

Dollar Lines la o sutime din prețul lor de achiziție și a permis apoi companiei Dollar Lines să nu-și onoreze plățile. După ce a părăsit funcția publică, J.W. McIntosh, cunoscut sub numele de, a devenit asociat al firmei J.W. Wollman Co., brokeri la Bursa din New York.

W.P.G. Harding, guvernator al Consiliului Rezervei Federale, a fost, de asemenea, director general al Corporației de Finanțare a Războiului sub conducerea lui Eugene Meyer.

George R. James, membru al Consiliului Rezervei Federale în 1923-1924, fusese șef al Secției de bumbac din cadrul Consiliului Industriilor de Război.

Henry P. Davison, partener senior la J.P. Morgan Co., a fost numit șef al Crucii Roșii Americane în 1917 pentru a prelua controlul asupra celor trei sute șaptezeci de milioane de dolari în numerar care fuseseră strânși din donațiile poporului american.

Ronald Ransom, bancher din Atlanta și guvernator al Consiliului Rezervei Federale sub Roosevelt în 1938-1939, fusese directorul responsabil cu personalul pentru serviciile externe ale Crucii Roșii Americane în 1918.

John Skelton Williams, controlor al monedei, a fost numit trezorier național al Crucii Roșii Americane.

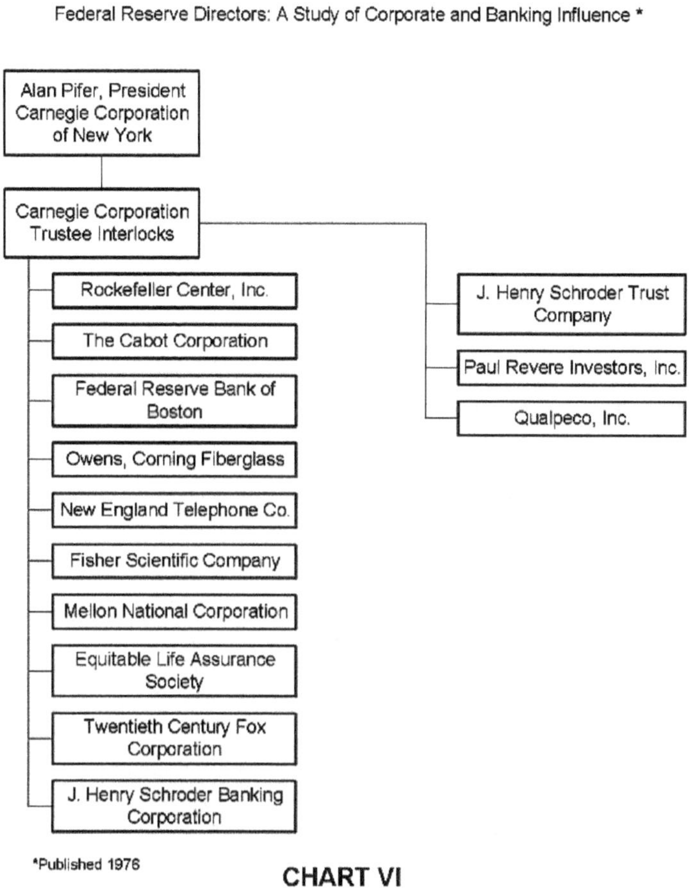

CHART VI

Acest grafic arată legăturile dintre Banca Rezervei Federale din New York, J. Henry Schroder Banking Corp., J. Henry Schroder Trust Co., Rockefeller Center, Inc., Equitable Life Assurance Society (J.P. Morgan) și Banca Rezervei Federale din Boston.

Președintele Woodrow Wilson, marele liberal care a semnat Legea Rezervei Federale și a declarat război Germaniei, a avut o carieră ciudată pentru un om care este acum consacrat ca apărător al oamenilor de rând. Principalul său susținător în ambele campanii pentru președinție d, a fost Cleveland H. Dodge, de la Kuhn Loeb, care controla National City Bank of New York. Dodge era, de asemenea, președinte al Winchester Arms Company și al Remington Arms Company. El a fost foarte apropiat de președintele Wilson pe tot parcursul carierei politice a marelui democrat. Wilson a ridicat embargoul asupra transportului de arme către Mexic pe 12 februarie 1914, astfel încât Dodge să poată expedia arme și muniție în valoare de un milion de dolari către Carranza și să promoveze Revoluția Mexicană. Kuhn, Loeb Co., care deținea Sistemul Feroviar Național Mexican, devenise nemulțumită de administrația lui Huerta și l-a dat afară.

Când nava auxiliară britanică Lusitania a fost scufundată în 1915, aceasta era încărcată cu muniție provenită din fabricile lui Dodge. Dodge a devenit președintele „Fondului Supraviețuitorilor Victimelor Lusitaniei", care a contribuit semnificativ la incitarea opiniei publice împotriva Germaniei. Dodge era, de asemenea, cunoscut pentru folosirea gangsterilor profesioniști împotriva greviștilor din fabricile sale, însă liberalul Wilson nu pare să fi fost vreodată deranjat de acest lucru.

Un alt indiciu al tipului particular de liberalism al lui Wilson se găsește în cartea lui Chaplin, Wobbly, care relatează cum Wilson a scris cuvântul „RESPINS" peste cererea de clemență trimisă de bătrânul și bolnavul Eugene Debs, care fusese trimis la închisoarea din Atlanta pentru „discursuri și scrieri împotriva războiului". Acuzația pentru care Debs a fost condamnat a fost „denunțarea războiului în cuvinte și în scris". Aceasta a fost trădare față de dictatura lui Wilson, iar Debs a fost închis. În calitate de șef al Partidului Socialist, Debs a candidat la președinție din închisoarea din Atlanta, singurul om care a făcut vreodată acest lucru, și a obținut peste un milion de voturi. Era ironic că conducerea Partidului Socialist de către Debs, care la acea vreme reprezenta dorințele multor americani pentru un guvern onest, urma să cadă în mâinile bolnave ale lui Norman Thomas, un fost student și admirator al lui Woodrow Wilson la Universitatea Princeton. Sub conducerea lui Thomas, Partidul Socialist nu mai reprezenta nimic și a suferit un declin constant al influenței și prestigiului.

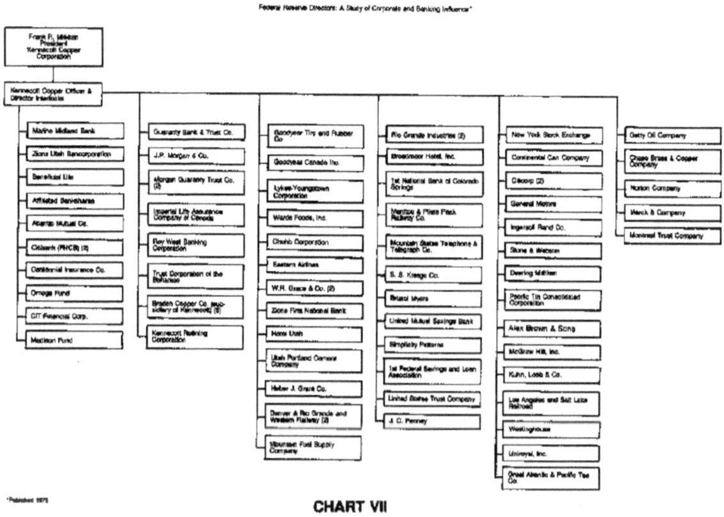

CHART VII

Acest grafic arată legăturile dintre Banca Rezervei Federale din New York și Citibank, Guaranty Bank and Trust Co. (J.P. Morgan), J.P. Morgan Co., Morgan Guaranty Trust Co., Alex Brown & Sons (Brown Brothers Harriman), Kuhn Loeb & Co., Los Angeles și Salt Lake RR (controlate de Kuhn Loeb Co.) și Westinghouse (controlată de Kuhn Loeb Co.).

Wilson a continuat să fie profund implicat în Revoluția bolșevică, la fel ca House și Wiseman. Vol. 3, p. 421 din House Intimate Papers consemnează un telegramă trimisă de Sir William Wiseman către House din Londra, la 1 mai 1918, sugerând intervenția aliaților la invitația bolșevicilor pentru a ajuta la organizarea forțelor bolșevice.

Locotenent-colonelul Norman Thwaites, în memoriile sale, Velvet and Vinegar, spune: „Adesea, în anii 1917-1920, când trebuiau luate decizii delicate, m-am consultat cu domnul (Otto) Kahn, a cărui judecată calmă și previziune aproape stranie în ceea ce privește tendințele politice și economice s-au dovedit a fi de mare ajutor. Un alt om remarcabil cu care am fost strâns asociat este Sir William Wiseman, care a fost consilier pe probleme americane al delegației britanice la Conferința de Pace și ofițer de legătură între guvernele american și britanic d, în timpul războiului. El era mai degrabă colonelul House al acestei țări în relațiile sale cu Downing Street."[114]

În vara anului 1917, Woodrow Wilson l-a numit pe colonelul House să conducă Misiunea de Război Americană la Conferința Interaliată de Război, prima misiune americană la un consiliu european din istorie. House a fost criticat pentru că l-a numit pe ginerele său, Gordon Auchincloss, ca asistent al său în această misiune. Paul Cravath, avocatul companiei Kuhn, Loeb, era al treilea la conducerea Misiunii de Război Americane. Sir William Wiseman a ghidat Misiunea de Război Americană în cadrul conferințelor sale. În The Strangest Friendship in History, Viereck scrie:

„După ce America a intrat în război, Wiseman, potrivit lui Northcliffe, a fost singurul om care a avut acces în orice moment la colonel și la Casa Albă. Wiseman a închiriat un apartament în casa în care locuia colonelul. David Lawrence s-a referit la casa de pe strada 53 (New York City) glumind că ar fi „Downing Street nr. 10 americană"....

[114] Lt. Col. Norman Thwaites, Velvet and Vinegar, Grayson Co., Londra, 1932.

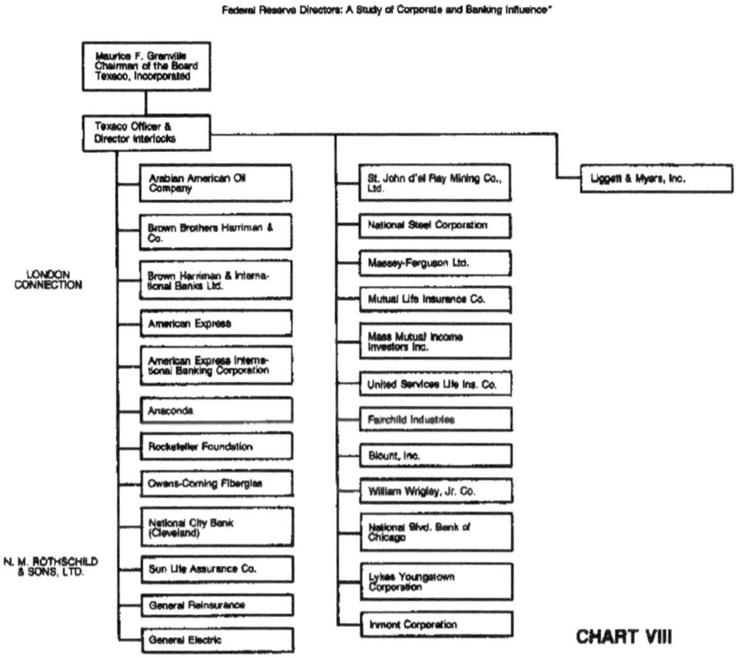

Acest grafic arată legătura dintre Banca Rezervei Federale din New York, Brown Brothers Harriman, Sun Life Assurance Co. (N.M. Rothschild and Sons) și Fundația Rockefeller.

Colonelul House avea un cod special folosit doar cu Sir William Wiseman. Colonelul House era Bush, familia Morgan era Haslam, iar Troțki era Keble."[115]

Astfel, acești doi consilieri „neoficiali" ai guvernelor britanic și american foloseau un cod destinat exclusiv comunicării între ei, pe care nimeni altcineva nu-l putea înțelege. Și mai ciudat era faptul că aparatul internațional de spionaj comunist a folosit timp de mulți ani cartea colonelului House, *Philip Dru, Administrator*, ca manual oficial de coduri. François Coty scrie:

---

[115] George Sylvester Viereck, The Strangest Friendship in History, Woodrow Wilson and Col. House, Liveright, N.Y. 1932, p. 172.

„Se presupune că Gorodin, agentul lui Lenin în China, avea la el un exemplar al cărții publicate de colonelul House, Philip Dru, Administrator, iar un expert în coduri care locuia în China i-a spus autorului acestui articol că scopul pentru care Gorodin avea acces constant la această carte era acela de a o folosi pentru codificarea și decodificarea mesajelor."[116]

După armistițiu, Woodrow Wilson a reunit delegația americană la Conferința de pace și a plecat spre Paris. Era, în ansamblu, un grup foarte armonios, format din bancherii care îi ghidaseră întotdeauna politicile lui Wilson. El era însoțit de Bernard Baruch, Thomas W. Lamont de la J.P. Morgan Co., Albert Strauss de la banca J & W Seligman, care fusese ales de Wilson pentru a-l înlocui pe Paul Warburg în Consiliul Guvernatorilor Rezervei Federale, J.P. Morgan și avocații lui Morgan, Frank Polk și John W. Davis. Îi însoțeau Walter Lippmann, Felix Frankfurter, judecătorul Brandeis și alte părți interesate. Biografia lui Brandeis scrisă de Mason menționează că „În iunie 1919, la Paris, Brandeis s-a întâlnit cu prieteni precum Paul Warburg, colonelul House, lordul Balfour, Louis Marshall și baronul Edmond de Rothschild."

Într-adevăr, baronul Edmond de Rothschild a fost gazda ospitalieră a membrilor de frunte ai delegației americane și chiar le-a pus la dispoziție conacul său din Paris, deși membrii de rang inferior au trebuit să se descurce la elegantul Hotel Crillon, alături de colonelul House și personalul său de 201 de servitori.

[116] Francois Coty, Tearing Away the Veil, Paris, 1940.

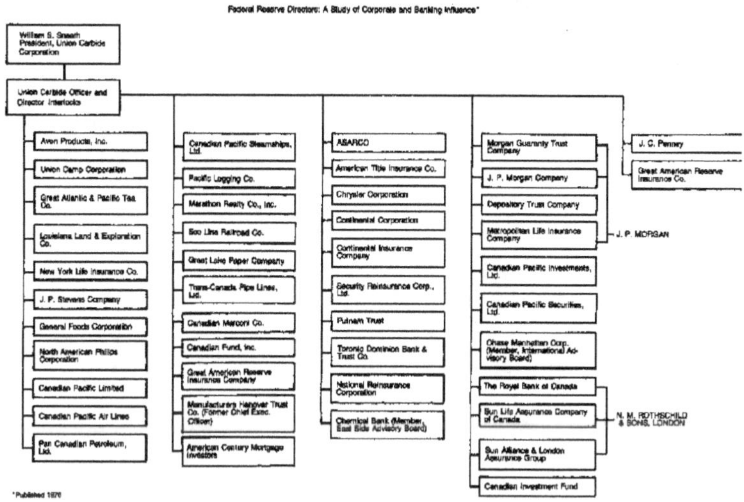

CHART IX

Acest grafic arată legăturile dintre Banca Rezervei Federale din New York şi J.P. Morgan Co., Morgan Guaranty Trust Co. şi filialele Rothschild ale Royal Bank of Canada, Sun Life Assurance Co. of Canada, Sun Alliance şi London Assurance Group.

Baruch a mărturisit ulterior în faţa Comitetului Graham al Comisiei pentru Relaţii Externe a Senatului: „Am fost consilier economic în cadrul misiunii de pace.

GRAHAM: L-aţi sfătuit frecvent pe preşedinte cât timp aţi fost acolo?

BARUCH: Ori de câte ori îmi cerea sfatul, i-l dădeam. Am avut de-a face cu clauzele privind reparaţiile. Eram comisarul american responsabil de ceea ce se numea Secţia Economică. Eram membru al Consiliului Economic Suprem responsabil de metale brute.

GRAHAM: Aţi participat la şedinţele consiliului alături de domnii care negociau tratatul?

BARUCH: Da, domnule, uneori.

GRAHAM: Cu excepţia şedinţelor la care participau Cei Cinci? (Cei Cinci fiind liderii celor cinci naţiuni aliate).

BARUCH: Și, de multe ori, și la acelea.

Paul Warburg l-a însoțit pe Wilson în Comisia Americană pentru Negocierea Păcii în calitate de consilier financiar șef. A fost plăcut surprins să-l găsească în fruntea delegației germane pe fratele său, Max Warburg, care l-a adus pe Carl Melchior, tot de la M.M. Warburg Company, pe William Georg von Strauss, pe Franz Urbig și pe Mathias Erzberger.

Thomas W. Lamont afirmă în memoriile sale tipărite în ediție privată, Across World Frontiers: „Delegația germană includea doi bancheri germani de la firma Warburg pe care îi cunoșteam puțin și cu care m-am bucurat să discut informal, pentru că păreau să se străduiască sincer să ofere o soluție de reparații care ar putea fi acceptabilă pentru Aliați."[117] Lamont a fost, de asemenea, încântat să-l vadă pe Sir William Wiseman, consilierul șef al delegației britanice.

Bancherii prezenți la conferință l-au convins pe Wilson că aveau nevoie de un guvern internațional pentru a-și facilita operațiunile monetare internaționale. Vol. IV, p. 52, Intimate Papers of Col. House citează un mesaj al lui Sir William Wiseman către Lord Reading, din 16 august 1918: „Președintele are în vedere două principii principale: trebuie să existe o Ligă a Națiunilor și aceasta trebuie să fie puternică."

Wilson, care pare să fi trăit într-o lume a fanteziei, a fost șocat când cetățenii americani l-au huiduit în timpul campaniei sale de a-i convinge să cedeze independența lor câștigată cu greu către ceea ce părea multora a fi o dictatură internațională. El a intrat imediat într-o depresie și s-a retras în dormitorul său. Soția sa a închis imediat ușile Casei Albe în fața colonelului House și, între 25 septembrie 1919 și 13 aprilie 1920, a condus Statele Unite cu ajutorul unui prieten apropiat, „ajutorul său militar", colonelul Rixey Smith. Deoarece nimeni nu avea acces la deliberările lor, nimeni nu a știut vreodată care dintre cei doi îndeplinea funcția de președinte și care era vicepreședintele.

Admiratorii lui Woodrow Wilson au fost conduși timp de decenii de Bernard Baruch, care a declarat că Woodrow Wilson era cel mai mare om pe care l-a cunoscut vreodată. Numirile lui Wilson în

---

117 Thomas W. Lamont, Across World Frontiers, (Tipărit privat) 1950, p. 138.

Consiliul Rezervei Federale d, precum și responsabilitatea acestui organism pentru finanțarea Primului Război Mondial, alături de predarea Statelor Unite către triumviratul imigranților în timpul războiului, l-au făcut să pară cel mai important factor de ruină din istoria americană.

Nu este de mirare că, după călătoria sa eșuată în Europa, unde a fost huiduit și batjocorit pe străzi de poporul francez și râs în sălile de la Versailles de către Orlando și Clemenceau, Woodrow Wilson s-a întors acasă și s-a culcat la pat. Priveliștea distrugerii și a morții din Europa, pentru care era direct responsabil, a fost probabil un șoc mai mare decât putea suporta. Ministrul italian Pentaleoni a exprimat sentimentele popoarelor europene când a scris că:

„Woodrow Wilson este un fel de Pecksniff care a dispărut acum în mijlocul execrării universale."

Este ghinionul Americii că presa și sistemul nostru educațional subvenționate s-au dedicat consacrării unui om care a fost complice la provocarea atâtor morți și suferințe în întreaga lume.

Cartelul financiar a suferit doar câteva eșecuri minore în acei ani cruciali. La 12 februarie 1917, *ziarul „The New York Times*" a relatat că „Cei cinci membri ai Consiliului Rezervei Federale au fost puși sub acuzare în plenul Camerei Reprezentanților de către deputatul Charles A. Lindbergh, membru republican al Comisiei pentru bancă și monedă a Camerei Reprezentanților. Potrivit domnului Lindbergh, «conspirația a început» în 1906, când regretatul J.P. Morgan, Paul M. Warburg, membru actual al Consiliului Rezervei Federale, National City Bank și alte firme bancare «au conspirat» pentru a obține legislație monetară în interesul marilor afaceri și numirea unui consiliu special care să administreze o astfel de lege, cu scopul de a crea sclavi industriali din rândul maselor, conspiratorii menționați mai sus au conspirat și conspiră în prezent pentru ca Consiliul Rezervei Federale să fie administrat astfel încât să le permită conspiratorilor să coordoneze toate tipurile de marile afaceri și să se mențină la conducerea marilor afaceri, cu scopul de a fuziona toate trusturile într-un singur mare trust care să restricționeze și să controleze comerțul și schimburile comerciale." Rezoluția de punere sub acuzare nu a fost pusă în aplicare de către Camera Reprezentanților.

New York Times a relatat la 10 august 1918: „Mandatul domnului Warburg expirând, acesta s-a retras voluntar din Consiliul Rezervei Federale.” Astfel, sugestia anterioară că domnul Warburg a părăsit Consiliul Rezervei Federale deoarece avea un frate în cadrul Serviciului Secret al unei ţări străine, şi anume Germania, cu care eram în război, nu a fost cauza retragerii sale. În orice caz, el nu a părăsit Administraţia Rezervei Federale, întrucât a preluat imediat locul lui J.P. Morgan în Consiliul Consultativ Federal, post din care a continuat să administreze Sistemul Rezervei Federale în următorii zece ani.

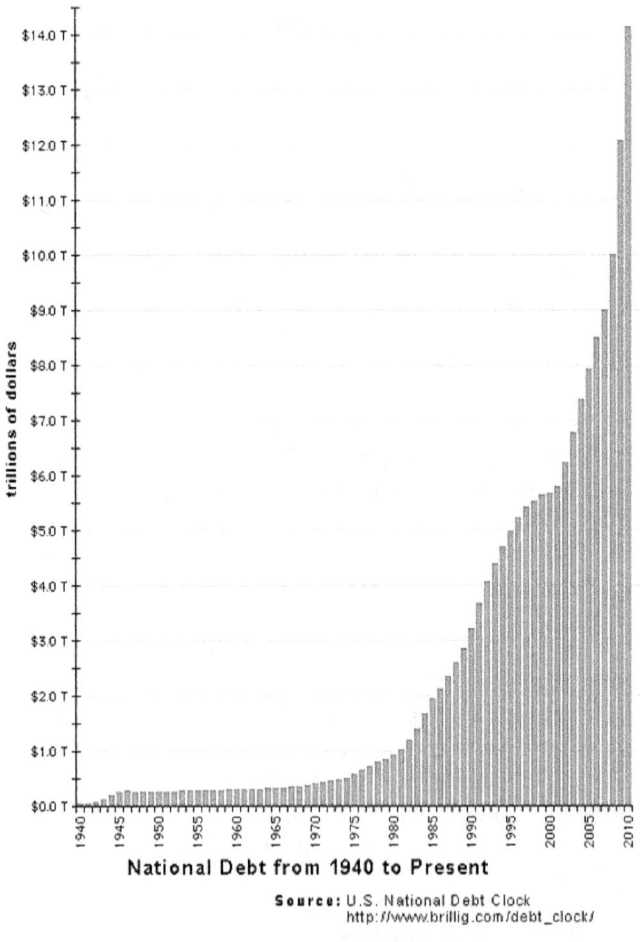

CAPITOLUL IX

DEPRESIUNEA AGRICOLĂ

Când Paul Warburg a demisionat din Consiliul Guvernatorilor Rezervei Federale în 1918, locul său a fost preluat de Albert Strauss, partener în casa bancară internațională J & W Seligman. Această casă bancară avea interese importante în Cuba și America de Sud și a jucat un rol proeminent în finanțarea numeroaselor revoluții din aceste țări. Cea mai notorie publicitate a sa a venit în timpul anchetei Comisiei de Finanțe a Senatului din 1933, când s-a scos la iveală că J & W Seligman îi dăduse o mită de 415.000 de dolari lui Juan Leguia, fiul președintelui Peru, pentru a determina acea națiune să accepte un împrumut.

O listă parțială a funcțiilor de director deținute de Albert Strauss, conform „Who's Who", arată că acesta a fost: președinte al consiliului de administrație al Cuba Cane Sugar Corporation; director al Brooklyn Manhattan Transit Co., Coney Island Brooklyn RR, New York Rapid Transit, Pierce-Arrow, Cuba Tobacco Corporation și Eastern Cuba Sugar Corporation.

Guvernatorul Delano a demisionat în august 1918, pentru a fi numit colonel în armată. Războiul s-a încheiat la 11 noiembrie 1918.

William McAdoo a fost înlocuit în 1918 de Carter Glass în funcția de secretar al Trezoreriei. Atât Strauss, cât și Glass au fost prezenți la ședința secretă a Consiliului Rezervei Federale din 18 mai 1920, când a fost posibilă Depresiunea Agricolă din 1920-1921.

Una dintre principalele minciuni despre Legea Rezervei Federale, atunci când a fost promovată cu mare fast în 1913, a fost promisiunea de a avea grijă de fermieri. De fapt, nu a avut grijă de nimeni altcineva decât de câțiva mari bancheri. Prof. O.M.W. Sprague, economist la Harvard, scriind în Quarterly Journal of Economics din februarie 1914, a spus:

„Scopul principal al Legii Rezervei Federale este de a se asigura că în această țară va exista întotdeauna o ofertă disponibilă de bani și credit pentru a satisface cerințele bancare neobișnuite."

Nu există nimic în această formulare care să ajute fermierul.

Primul Război Mondial a adus în această țară o prosperitate generală, după cum o arată acțiunile industriei grele la Bursa din New York în 1917-1918, creșterea cantității de bani în circulație și compensările bancare enorme pe tot parcursul anului 1918. Era datoria atribuită Sistemului Rezervei Federale să recupereze vasta sumă de bani și credit care le-a scăpat de sub control în această perioadă de prosperitate. Acest lucru s-a realizat prin criza agricolă din 1920-1921.

Operațiunile Comitetului de piață deschisă al Rezervei Federale din 1917-1918, pe când Paul Warburg era încă președinte, arată o creștere extraordinară a achizițiilor de accepturi bancare și comerciale. A existat, de asemenea, o creștere semnificativă a achizițiilor de titluri de stat ale Statelor Unite, sub conducerea abilului Eugene Meyer, Jr. O mare parte din speculațiile bursiere din 1919, la sfârșitul războiului, când piața era foarte instabilă, a fost finanțată cu fonduri împrumutate de la băncile Rezervei Federale, cu titluri de stat ca garanție. Astfel, Sistemul Rezervei Federale a creat Depresiunea, mai întâi provocând inflație, apoi majorând rata de scont și scumpind banii.

În 1914, ratele Băncii Rezervei Federale scăzuseră de la șase la patru la sută, ajungând la un minim de trei la sută în 1916 și rămânând la acest nivel până în 1920. Motivul ratei scăzute a dobânzii a fost necesitatea de a lansa împrumuturile Liberty de un miliard de dolari. La începutul fiecărei campanii de emisiune a Liberty Loans, Consiliul Rezervei Federale a injectat o sută de milioane de dolari pe piața monetară din New York prin operațiunile sale de piață deschisă, pentru a oferi un impuls de lichiditate campaniei. Cel mai important rol al Liberty Bonds a fost acela de a absorbi creșterea circulației mijlocului de schimb (unitate de cont) provocată de cantitatea mare de monedă și credit eliberate în timpul războiului. Muncitorii primeau salarii mari, iar fermierii primeau cele mai mari prețuri pentru produsele lor pe care le-au cunoscut vreodată. Aceste două grupuri au acumulat milioane de dolari în numerar pe care nu i-au investit în Liberty Bonds. Acei bani erau efectiv în afara controlului grupului de pe Wall Street d, care controla banii și creditul Statelor Unite. Ei îi voiau înapoi, și de aceea am avut Depresiunea Agricolă din 1920-1921.

O mare parte din bani a fost depusă în mici bănci rurale din Midwest și Vest, care refuzaseră să facă parte din Sistemul Rezervei Federale, fermierii și crescătorii de vite din acele regiuni nevăzând niciun motiv întemeiat pentru care ar trebui să le dea unui grup de finanțiști internaționali controlul asupra banilor lor. Principala sarcină a Sistemului Rezervei Federale era să distrugă aceste mici bănci rurale și să recupereze banii care fuseseră plătiți fermierilor în timpul războiului, practic să le ruineze, și așa a procedat.

În primul rând, a fost înființat un Consiliu Federal pentru Împrumuturi Agricole, care i-a încurajat pe fermieri să-și investească banii acumulați în terenuri, prin împrumuturi pe termen lung, lucru pe care fermierii erau dornici să-l facă. Apoi, în 1919 și 1920, s-a permis inflației să-și urmeze cursul în această țară și în Europa. Scopul inflației în Europa era de a anula o mare parte din datoriile de război pe care Aliații le aveau față de poporul american, iar scopul ei în această țară era de a atrage banii în exces care fuseseră distribuiți oamenilor muncii sub formă de salarii mai mari și prime de producție. Pe măsură ce prețurile creșteau tot mai mult, banii pe care muncitorii îi acumulaseră deveneau tot mai puțin valoroși, provocându-le o pierdere nedreaptă, în timp ce clasele proprietare s-au îmbogățit datorită inflației, din cauza creșterii enorme a valorii terenurilor și a bunurilor manufacturate. Muncitorii au fost astfel efectiv sărăciți, dar fermierii, care erau o clasă mai econoamă și mai autosuficientă, au trebuit să fie tratați mai aspru.

G.W. Norris, în „Collier's Magazine" din 20 martie 1920, a afirmat: „Se zvonește că doi membri ai Consiliului Rezervei Federale au purtat o discuție deschisă cu unii bancheri și finanțiști din New York în decembrie 1919. Imediat după aceea, s-a înregistrat o scădere notabilă a tranzacțiilor pe piața bursieră și o încetare a promovărilor companiilor. Se înțelege că au fost deja luate măsuri în aceeași direcție generală și în alte părți ale țării, pe măsură ce au apărut dovezi ale abuzului Sistemului Rezervei Federale pentru a promova speculațiile cu terenuri și mărfuri."

Senatorul Robert L. Owen, președintele Comisiei pentru bancă și monedă a Senatului, a declarat la audierile Senatului privind argintul din 1939 că:

„La începutul anului 1920, fermierii erau extrem de prosperi. Își achitau ipotecile și cumpărau o mulțime de terenuri noi, la îndemnul Guvernului – împrumutaseră bani pentru a face acest lucru – și apoi au fost falimentați de o contracție bruscă a creditului și a monedei care a avut loc în 1920. Ceea ce s-a întâmplat în 1920 a fost exact opusul a ceea ce ar fi trebuit să se întâmple. În loc să lichideze excesul de credite creat de război pe parcursul mai multor ani, Consiliul Rezervei Federale s-a reunit într-o ședință care nu a fost făcută publică. S-au întâlnit pe 18 mai 1920, iar aceasta a fost o ședință secretă. Au petrecut toată ziua discutând; procesul-verbal a avut șaizeci de pagini tipărite și apare în Documentul Senatului 310 din 19 februarie 1923. Directorii de clasa A, Consiliul Consultativ al Rezervei Federale, au fost prezenți, dar directorii de clasa B, care reprezentau afacerile, comerțul și agricultura, nu au fost prezenți. Directorii de clasa C, care reprezentau poporul Statelor Unite, nu au fost prezenți și nu au fost invitați să participe.

Au fost prezenți doar marii bancheri, iar munca lor din acea zi a dus la o contracție a creditului care a avut ca efect, în anul următor, reducerea venitului național cu cincisprezece miliarde de dolari, lăsând milioane de oameni fără loc de muncă și reducând valoarea terenurilor și a fermelor cu douăzeci de miliarde de dolari."

Carter Glass, membru al Consiliului în 1920 în calitate de secretar al Trezoreriei, a scris în autobiografia sa, Adventure in Constructive Finance, publicată în 1928: „Reporterii nu erau prezenți, desigur, așa cum nu ar fi trebuit să fie și așa cum nu sunt niciodată la nicio ședință a consiliului de administrație al unei bănci din lume."[118]

Carter Glass a fost cel care s-a plâns că, dacă ar fi fost adoptat un amendament propus de senatorul LaFollette la Legea Rezervei Federale din 1913, în sensul că niciun membru al Consiliului Rezervei Federale nu ar trebui să fie funcționar, director sau acționar al vreunei bănci, societăți fiduciare sau companii de asigurări, am fi ajuns să avem mecanici și muncitori agricoli în Consiliu. Cu

118 Carter Glass, Adventure in Constructive Finance, Doubleday, N.Y. 1928.

siguranță, mecanicii și muncitorii agricoli d, nu ar fi putut cauza mai mult rău țării decât au făcut-o Glass, Strauss și Warburg la ședința secretă a Consiliului Rezervei Federale.

Senatorul Brookhart din Iowa a mărturisit că, la acea întâlnire secretă, Paul Warburg, de asemenea președinte al Consiliului Consultativ Federal, a obținut adoptarea unei rezoluții prin care se trimitea o comisie de cinci persoane la Comisia Interstatală de Comerț pentru a solicita o majorare a tarifelor feroviare. În calitate de șef al Kuhn, Loeb Co., care deținea cea mai mare parte a rețelei feroviare din Statele Unite, el deja ducea lipsă de profiturile uriașe pe care Guvernul Statelor Unite le plătise în timpul războiului și dorea să impună noi majorări de prețuri poporului american.

Senatorul Brookhart a mai declarat că:

„Am intrat în biroul lui Myron T. Herrick din Paris și i-am spus că venisem acolo pentru a studia sistemul bancar cooperativ. El mi-a spus: «Pe măsură ce veți călători prin țările Europei, veți descoperi că Statele Unite sunt singura țară civilizată din lume care, prin lege, interzice poporului său să organizeze un sistem cooperativ». M-am dus la New York și am vorbit cu aproximativ două sute de oameni. După ce am discutat despre cooperare și am așteptat trenul – nu am menționat în mod specific sistemul bancar cooperativ, ci cooperarea în general – un bărbat m-a chemat deoparte și mi-a spus: «Cred că Paul Warburg este cel mai mare finanțist pe care l-am avut vreodată. El crede mult mai mult în ideile tale cooperative decât crezi tu, și dacă vrei să consulți pe cineva despre afacerea cooperării, el este omul pe care trebuie să-l consulți, pentru că el crede în tine și te poți baza pe el." Câteva minute mai târziu am fost condus chiar la domnul Warburg, iar el mi-a spus: „Ai absolută dreptate în privința acestei idei cooperative. Vreau să știi că marii bancheri sunt de partea ta. Vreau să știi asta acum, ca să nu inițiezi nimic legat de sistemul bancar cooperatist și să-i întorci împotriva ta." I-am răspuns: „Domnule Warburg, am pregătit deja și mâine voi propune un amendament la Proiectul de Lege Lant care autorizează înființarea băncilor naționale cooperative." Aceasta era legea privind creditul intermediar, care era atunci în curs de adoptare pentru a autoriza înființarea băncilor naționale cooperative. Aceasta a fost întreaga mea conversație cu domnul Warburg, și nu am mai avut niciuna de atunci."

Domnul Wingo a mărturisit că, în aprilie, mai, iunie și iulie 1920, producătorilor și comercianților li s-a permis o creștere foarte mare a creditelor. Acest lucru a fost făcut pentru a-i ajuta să treacă peste contracția creditului care era menită să-i ruineze pe fermierii americani, cărora, în această perioadă, li s-a refuzat orice credit.

La audierile din Senat din 1923, Eugene Meyer, Jr. a pus degetul pe motivul principal al acțiunii Consiliului Rezervei Federale de a crește rata dobânzii la 7% pentru titlurile agricole și zootehnice:

„Cred", a spus el, „că s-ar fi evitat o mare parte din probleme dacă un număr mai mare de bănci eligibile care nu erau membre ar fi fost membre ale Sistemului Rezervei Federale".

Meyer a avut dreptate să sublinieze acest lucru. Scopul acțiunii Consiliului a fost de a distruge acele bănci de stat și bănci comune de terenuri care refuzaseră cu fermitate să-și cedeze libertatea dictaturii bancherilor instituită de Sistem. Kemmerer, în ABC-ul Sistemului Rezervei Federale, scria în 1919 că:

„Tendința va fi spre unificare și simplificare, care vor fi determinate de instituțiile de stat, din ce în ce mai numeroase, care vor deveni acționari și deponenți ai băncilor de rezervă."

Cu toate acestea, băncile de stat nu au răspuns.

Audierea din Senat din 1923, menită să investigheze cauzele crizei agricole din 1920-1921, fusese solicitată de poporul american. Procesul-verbal complet al ședinței secrete a Consiliului Rezervei Federale din 18 mai 1920 fusese publicat în revista „Manufacturers' Record" din Baltimore, Maryland, o publicație dedicată intereselor micilor producători din sud.

Benjamin Strong, guvernatorul Băncii Rezervei Federale din New York și prieten apropiat al lui Montagu Norman, guvernatorul Băncii Angliei, a afirmat în cadrul acestor audieri:

„Sistemul Rezervei Federale a făcut mai mult pentru fermieri decât aceștia au început să realizeze."

Emmanuel Goldenweiser, director de cercetare al Consiliului Guvernatorilor, a susținut că rata de scont a fost majorată exclusiv ca măsură antiinflaționistă, dar nu a reușit să explice de ce această majorare viza exclusiv fermierii și muncitorii, în timp ce, în același timp, Sistemul Rezervei Federale îi proteja pe producători și comercianți, asigurându-le credite mai mari.

Declarația finală privind rolul Consiliului Rezervei Federale în provocarea crizei agricole din 1920-1921 a fost făcută de William Jennings Bryan. În „Hearst's Magazine" din noiembrie 1923, el a scris:

„Banca Rezervei Federale, care ar fi trebuit să fie cea mai mare protecție a fermierului, a devenit cel mai mare dușman al său. Deflarea fermierului a fost o crimă comisă în mod deliberat."

CAPITOLUL ZECE

CREATORII DE BANI

Pagina editorială a *ziarului The New York Times* din 18 ianuarie 1920 a publicat un comentariu interesant despre Sistemul Rezervei Federale. Autorul necunoscut, probabil Paul Warburg, a afirmat: „Rezerva Federală este o sursă de credit, nu de capital." Aceasta este una dintre cele mai revelatoare afirmații făcute vreodată despre Sistemul Rezervei Federale. Ea spune că Sistemul Rezervei Federale nu va adăuga niciodată nimic la structura noastră de capital sau la formarea de capital, deoarece este organizat pentru a produce credit, pentru a crea bani pentru credit și speculații, în loc să furnizeze fonduri de capital pentru îmbunătățirea comerțului și industriei. Simplu spus, capitalizarea ar însemna furnizarea de bancnote garantate cu un metal prețios sau altă marfă. Bancnotele de rezervă sunt hârtii fără acoperire, împrumutate cu dobândă.

La 25 iulie 1921, senatorul Owen a declarat pe pagina editorială a *ziarului The New York Times*: „Consiliul Rezervei Federale este cea mai gigantică putere financiară din întreaga lume. În loc să folosească această mare putere așa cum intenționa Legea Rezervei Federale, consiliul... a delegat această putere băncilor, și-a aruncat greutatea influenței sale în sprijinul politicii de inflație germană." Senatorul al cărui nume figura pe lege a constatat că aceasta nu funcționa așa cum se promisese.

După Depresiunea Agricolă din 1920-1921, Consiliul Guvernatorilor Rezervei Federale s-a angajat într-o perioadă de opt ani de expansiune rapidă a creditului acordat bancherilor din New York, o politică care a culminat cu Marea Depresiune din 1929-1931 și a contribuit la paralizarea structurii economice a lumii. Paul Warburg demisionase în mai 1918, după ce sistemul monetar al Statelor Unite fusese schimbat de la o monedă garantată cu obligațiuni la o monedă bazată pe efecte comerciale și acțiuni ale băncilor Rezervei Federale. Warburg s-a întors la slujba sa de 500.000 de dolari pe an d, la Kuhn, Loeb Company, dar a continuat să determine politica Sistemului Rezervei Federale, în calitate de președinte al Consiliului Consultativ Federal și de președinte al Comitetului Executiv al Consiliului American de Acceptare.

Între 1921 și 1929, Paul Warburg a organizat trei dintre cele mai mari trusturi din Statele Unite: International Acceptance Bank, cea mai mare bancă de acceptare din lume, Agfa Ansco Film Corporation, cu sediul în Belgia, și I.G. Farben Corporation, a cărei filială americană a fost înființată de Warburg sub numele de I.G. Chemical Corporation. Westinghouse Corporation este, de asemenea, una dintre creațiile sale.

La începutul anilor 1920, Sistemul Rezervei Federale a jucat un rol decisiv în reintegrarea Rusiei în structura financiară internațională. Winthrop și Stimson au continuat să fie corespondenții dintre bancherii ruși și americani, iar Henry L. Stimson s-a ocupat de negocierile care au dus la recunoașterea noastră a Uniunii Sovietice după alegerea lui Roosevelt în 1932. Aceasta a fost o anticlimax, deoarece reluasem cu mult timp înainte relațiile de schimb cu finanțiștii ruși.

Sistemul Rezervei Federale a început să cumpere aur rusesc în 1920, iar moneda rusă a fost acceptată la bursă. Potrivit colonelului Ely Garrison, în autobiografia sa, și potrivit Raportului Serviciului Secret Naval al Statelor Unite privind pe Paul Warburg, Revoluția Rusă fusese finanțată de familiile Rothschild și Warburg, un membru al familiei Warburg transportând fondurile efective folosite de Lenin și Troțki la Stockholm în 1918.

Un articol din revista lunară engleză „Fortnightly", din iulie 1922, spune:

„În cursul anului trecut, practic fiecare instituție capitalistă a fost restabilită. Acest lucru este valabil pentru Banca de Stat, băncile private, Bursa de Valori, dreptul de a deține sume nelimitate de bani, dreptul de moștenire, sistemul de cambii și alte instituții și practici implicate în desfășurarea industriei și comerțului privat. O mare parte din fostele industrii naționalizate se regăsesc acum în trusturi semi-independente."

Organizarea unor trusturi puternice în Rusia sub masca comunismului a făcut posibilă primirea unor sume mari de ajutor financiar şi tehnic din partea Statelor Unite. Aristocraţia rusă a fost eliminată deoarece era prea ineficientă pentru a gestiona un stat industrial modern. Finanţatorii internaţionali au furnizat fonduri pentru Lenin şi Troţki pentru a răsturna regimul ţarist şi a menţine Rusia în Primul Război Mondial. Peter Drucker, purtătorul de cuvânt al oligarhiei din America, a declarat într-un articol din Saturday Evening Post din 1948 că:

„RUSIA ESTE IDEALUL ECONOMIEI CONTROLATE SPRE CARE NE ÎNDREPTĂM."

În Rusia, emiterea unei monede suficiente pentru a face faţă nevoilor economiei a avut loc abia după ce a fost instalat la putere un guvern care deţinea controlul absolut asupra poporului. În anii 1920, Rusia a emis cantităţi mari de aşa-numită „monedă inflaţionistă", o monedă controlată. Acelaşi articol din „Fortnightly" (din iulie 1922) observa că:

„Aşa cum presiunea economică a dat naştere «sistemului monetar cu dimensiuni astronomice», ea nu-l poate distruge niciodată. Privit în sine, sistemul este autonom, perfect din punct de vedere logic, ba chiar inteligent. Şi nu poate pieri decât odată cu prăbuşirea sau distrugerea edificiului politic pe care îl înfrumuseţează."

„Fortnightly" remarca, de asemenea, în 1929, că:

„Din 1921, viaţa de zi cu zi a cetăţeanului sovietic nu se deosebeşte de cea a cetăţeanului american, iar sistemul sovietic de guvernare este mai economic."

Amiralul Kolchak, liderul armatelor ruse albe, a fost susţinut de bancherii internaţionali, care au trimis trupe britanice şi americane în Siberia pentru a avea un pretext pentru tipărirea rublelor Kolchak. La un moment dat, în 1920, bancherii manipulau la Bursa din Londra vechile ruble ţariste, rublele lui Kerenski şi rublele lui Kolchak, valorile tuturor celor trei fluctuând în funcţie de mişcările trupelor aliate care îl ajutau pe Kolchak. Kolchak se afla, de asemenea, în posesia unor cantităţi considerabile de aur care fuseseră confiscate de armatele sale. După înfrângerea sa, un tren încărcat cu acest aur a dispărut în Siberia. La audierile din Senat din

1921 privind Sistemul Rezervei Federale, s-a scos la iveală faptul că Sistemul primise acest aur. Congresmanul Dunbar l-a interogat pe guvernatorul W.P.G. Harding al Consiliului Rezervei Federale după cum urmează:

> DUNBAR: „Cu alte cuvinte, Rusia trimite o cantitate mare de aur țărilor europene, care, la rândul lor, ni-l trimit nouă?"
>
> HARDING: „Acest lucru se face pentru a plăti bunurile cumpărate în această țară și pentru a crea schimb valutar în dolari."
>
> DUNBAR: „În același timp, acel aur a venit din Rusia prin Europa?"
>
> HARDING: „Se crede că o parte din el este aurul lui Kolchak, provenind din Siberia, dar acest lucru nu este treaba băncilor Rezervei Federale. Secretarul Trezoreriei a emis instrucțiuni către biroul de analiză să nu accepte niciun aur care nu poartă marca monetăriei unei națiuni prietene."

Nu este clar ce a vrut să spună guvernatorul Harding prin „o națiune prietenoasă". În 1921, nu eram în război cu nicio țară, dar Congresul începuse deja să pună la îndoială tranzacțiile internaționale cu aur ale Sistemului Rezervei Federale. Guvernatorul Harding ar fi putut foarte bine să ridice din umeri și să spună că nu era treaba băncilor Rezervei Federale de unde provenea aurul. Aurul nu cunoaște naționalitate sau rasă. Statele Unite, prin lege, încetaseră să mai fie interesate de proveniența aurului lor încă din 1906, când secretarul Trezoreriei, Shaw, a încheiat acorduri cu mai multe dintre marile bănci din New York (cele în care avea interese) pentru a cumpăra aur cu avansuri în numerar de la Trezoreria Statelor Unite, care urma să cumpere apoi aurul de la aceste bănci. Trezoreria putea pretinde că nu știa de unde provenea aurul său, deoarece biroul său înregistra doar banca de la care făcea achiziția. Din 1906, Trezoreria nu a mai știut de la care dintre comercianții internaționali de aur își cumpăra aurul.193

Tranzacțiile internaționale cu aur ale Sistemului Rezervei Federale și sprijinul său activ în a ajuta Liga Națiunilor să forțeze toate națiunile din Europa și America de Sud să revină la etalonul aur în beneficiul comercianților internaționali de aur precum Eugene

Meyer, Jr. şi Albert Strauss sunt cel mai bine demonstrate de un incident clasic, creditul în lire sterline din 1925.

J.E. Darling a scris, în revista engleză „Spectator", la 10 ianuarie 1925, că:

„Evident, este de o importanţă capitală pentru Statele Unite să convingă Anglia să reia standardul aurului cât mai curând posibil. Un standard aur controlat de americani, d, care va avea ca rezultat inevitabil transformarea Statelor Unite în cea mai mare putere financiară a lumii, face din Anglia un tributar şi un satelit, iar din New York centrul financiar al lumii."

Domnul Darling omite să sublinieze că poporul american are la fel de puţin de-a face cu acest lucru ca şi poporul britanic şi că reluarea standardului aurului de către Marea Britanie ar beneficia doar acel mic grup de comercianţi internaţionali de aur care deţin aurul lumii. Nu este de mirare că „Banker's Magazine" remarca cu bucurie în iulie 1925 că:

„Evenimentul remarcabil al ultimului semestru în lumea bancară a fost restabilirea etalonului aur."

Primul Război Mondial a schimbat statutul Statelor Unite de la cel de naţiune debitoare la cel de cea mai mare naţiune creditoare din lume, un titlu deţinut anterior de Anglia. Deoarece datoria este bani, potrivit guvernatorului Marriner Eccles al Consiliului Rezervei Federale, acest lucru ne-a făcut, de asemenea, cea mai bogată naţiune din lume. Războiul a determinat, de asemenea, mutarea sediului pieţei mondiale de acceptare de la Londra la New York, iar Paul Warburg a devenit cel mai puternic bancher de acceptare comercială din lume. Totuşi, pilonul principal al finanţiştilor internaţionali a rămas acelaşi. Etalonul aur era încă baza schimbului valutar, iar micul grup de internaţionali care deţineau aurul controla sistemul monetar al naţiunilor occidentale.

Profesorul Gustav Cassel a scris în 1928:

„Dolarul american, nu etalonul aur, este etalonul monetar mondial. Consiliul Rezervei Federale Americane are puterea de a determina puterea de cumpărare a dolarului prin modificarea ratei de scont şi, astfel, controlează etalonul monetar mondial."

Dacă acest lucru ar fi adevărat, membrii Consiliului Rezervei Federale ar fi cei mai puternici finanțiști din lume. Ocazional, printre membrii lor se numără oameni influenți precum Paul Warburg sau Eugene Meyer, Jr., dar de obicei ei sunt un comitet care aprobă fără discuții deciziile Consiliului Consultativ Federal și ale bancherilor londonezi.

În mai 1925, Parlamentul britanic a adoptat Legea privind etalonul aur, readucând Marea Britanie la etalonul aur. Rolul major al Sistemului Rezervei Federale în acest eveniment a ieșit la iveală pe 16 martie 1926, în publicația, când George Seay, guvernatorul Băncii Rezervei Federale din Richmond, a declarat în fața Comisiei pentru bancă și monedă a Camerei Reprezentanților că:

„O înțelegere verbală confirmată prin corespondență a acordat Marii Britanii un împrumut sau un credit în aur în valoare de două sute de milioane de dolari. Toate negocierile au fost purtate între Benjamin Strong, guvernatorul Băncii Rezervei Federale din New York, și domnul Montagu Norman, guvernatorul Băncii Angliei. Scopul acestui împrumut era de a ajuta Anglia să revină la etalonul aur, iar împrumutul urma să fie acoperit prin investiții ale fondurilor Rezervei Federale în cambii și titluri de valoare străine."

Buletinul Rezervei Federale din iunie 1925 preciza că:

„În temeiul acordului său cu Banca Angliei, Banca Rezervei Federale din New York se angajează să vândă aur pe credit Băncii Angliei din când în când în următorii doi ani, dar fără a depăși 200.000.000 de dolari în circulație în orice moment."

Un credit în aur de două sute de milioane de dolari fusese aranjat printr-o înțelegere verbală între bancherii internaționali Benjamin Strong și Montagu Norman. Era evident la acel moment că Sistemul Rezervei Federale avea alte interese decât nevoile financiare ale afacerilor și industriei americane. Revenirea Marii Britanii la etalonul aur a fost facilitată și mai mult de un împrumut suplimentar în aur de o sută de milioane de dolari de la J.P. Morgan Company. Winston Churchill, ministrul britanic de finanțe, s-a plâns mai târziu că costul acestui împrumut pentru guvernul britanic a fost de 1.125.000 de dolari în primul an, această sumă reprezentând profitul companiei J.P. Morgan în acea perioadă.

Chestiunea modificării ratei de scont, de exemplu, nu a fost niciodată explicată în mod satisfăcător. O anchetă la Consiliul Rezervei Federale din Washington a primit răspunsul că „starea pieței monetare este principala considerație din spatele modificărilor ratei". Deoarece piața monetară se află în New York, nu este nevoie de imaginație pentru a deduce că bancherii din New York ar putea fi interesați de modificările ratei și încearcă adesea să o influențeze.

Norman Lombard, în revista „World's Work", scrie că:

„În examinarea și adoptarea modificărilor propuse ale politicii, Consiliul Rezervei Federale ar trebui să urmeze procedura și etica d ă respectate de instanțele noastre de judecată. Sugestiile privind modificarea ratei sau privind cumpărarea sau vânzarea de titluri de către băncile de rezervă pot veni de la oricine, fără formalități sau argumente scrise. Sugestia poate fi făcută unui guvernator sau director al Sistemului Rezervei Federale la telefon sau la clubul său, la masa de prânz, sau poate fi făcută în cursul unei vizite informale la un membru al Consiliului Rezervei Federale. Interesele celui care propune schimbarea nu trebuie dezvăluite, iar numele său și orice sugestie pe care o face sunt de obicei păstrate secrete. Dacă este vorba despre operațiuni de piață deschisă, publicul nu are nicio idee despre decizie până când nu apare raportul săptămânal obișnuit, care arată modificările în deținerile băncilor Rezervei Federale. Între timp, nu există nicio discuție publică, nu există nicio declarație privind motivele deciziei sau numele celor care se opun sau o susțin."

Șansele ca un cetățean obișnuit să întâlnească un guvernator al Sistemului Rezervei Federale la clubul său sunt, de asemenea, slabe.

Audierea din Camera Reprezentanților privind stabilizarea puterii de cumpărare a dolarului din 1928 a dovedit în mod concludent că Consiliul Rezervei Federale a lucrat în strânsă cooperare cu șefii băncilor centrale europene și că Marea Depresiune din 1929-1931 a fost planificată la un prânz secret al Consiliului Rezervei Federale și al acelor șefi ai băncilor centrale europene în 1927. Consiliul nu a fost niciodată tras la răspundere în fața publicului pentru deciziile sau acțiunile sale. Mecanismele constituționale de control și echilibru par să nu funcționeze în domeniul financiar.

Loialitatea adevărată a membrilor Consiliului Rezervei Federale a fost întotdeauna față de bancherii centrali. Cele trei caracteristici ale băncii centrale – faptul că este deținută de acționari privați care primesc rente și profituri pentru utilizarea creditului național, controlul absolut asupra resurselor financiare ale națiunii și mobilizarea creditului național pentru a finanța străinii – au fost toate demonstrate de Sistemul Rezervei Federale în primii cincisprezece ani de funcționare.

O demonstrație suplimentară a scopurilor internaționale ale Legii Rezervei Federale din 1913 este oferită de „Amendamentul Edge" din 24 decembrie 1919, care autorizează organizarea de corporații în mod expres pentru „desfășurarea de operațiuni bancare internaționale și alte operațiuni financiare internaționale sau străine, inclusiv tranzacționarea cu aur sau lingouri, precum și deținerea de acțiuni în corporații străine d ". Comentând acest amendament, E.W. Kemmerer, economist la Universitatea Princeton, a remarcat că:

„Sistemul Rezervei Federale se dovedește a avea o mare influență asupra internaționalizării comerțului și finanțelor americane".

Faptul că această internaționalizare a comerțului și a finanțelor americane a fost o cauză directă a implicării noastre în două războaie mondiale nu îl deranjează pe domnul Kemmerer. Există numeroase dovezi care arată cum Paul Warburg a folosit Sistemul Rezervei Federale ca instrument pentru adoptarea pe scară largă a acceptului comercial de către oamenii de afaceri americani.

Utilizarea acceptanțelor comerciale (care constituie moneda comerțului internațional) de către bancheri și corporații din Statele Unite înainte de 1915 era practic necunoscută. Ascensiunea Sistemului Rezervei Federale este exact paralelă cu creșterea utilizării acceptanțelor în această țară, iar acest lucru nu este o coincidență. Oamenii care doreau Sistemul Rezervei Federale erau aceiași care au înființat bănci de acceptanțe și au profitat de utilizarea acceptanțelor.

Încă din 1910, Comisia Monetară Națională a început să emită broșuri și alte materiale de propagandă prin care îi îndemna pe bancheri și oamenii de afaceri din această țară să adopte acceptările comerciale în tranzacțiile lor. Timp de trei ani, Comisia a dus această campanie, iar Planul Aldrich a inclus o dispoziție amplă care autoriza introducerea și utilizarea acceptărilor bancare în sistemul american de efecte comerciale.

Legea privind Rezerva Federală din 1913, astfel cum a fost adoptată de Congres, nu autoriza în mod specific utilizarea accepturilor, însă Consiliul Rezervei Federale a definit în 1915 și 1916 noțiunea de „accept comercial", definită ulterior prin Regulamentul A din 1920 și completată prin seria de reglementări din 1924. Una dintre primele măsuri oficiale luate de Consiliul Guvernatorilor în 1914 a fost acordarea unei rate preferențiale scăzute de scont la băncile Rezervei Federale pentru acceptări. Deoarece acceptările nu erau utilizate în această țară la acea vreme, nu s-a putut invoca nicio explicație legată de necesitățile economice pentru această măsură. Era evident că cineva cu putere de decizie în cadrul Consiliului Guvernatorilor dorea adoptarea acceptărilor.

Legea Băncilor Naționale din 1864, care a fost autoritatea financiară determinantă a Statelor Unite până în noiembrie 1914, nu permitea băncilor să-și împrumute creditul. În consecință, puterea băncilor de a crea bani era foarte limitată. Nu aveam o bancă de emisiune, adică o bancă centrală, care să poată crea bani. Pentru a obține o bancă centrală, bancherii au provocat panică monetară după panică monetară în rândul oamenilor de afaceri din Statele Unite, transportând aurul în afara țării, creând o penurie de bani, și apoi importându-l înapoi. După ce am obținut banca noastră centrală, Sistemul Rezervei Federale, nu mai era nevoie de panică monetară, deoarece băncile puteau crea bani. Cu toate acestea, panica, ca instrument de putere asupra comunității de afaceri și financiare, a fost folosită din nou în două ocazii importante: în 1920, provocând Depresiunea Agricolă, deoarece băncile de stat și companiile de trusturi refuzaseră să se alăture Sistemului Rezervei Federale, și în 1929, provocând Marea Depresiune, care a centralizat aproape toată puterea din această țară în mâinile câtorva mari trusturi.

O acceptare comercială este o cambie emisă de vânzătorul de bunuri către cumpărător și acceptată de cumpărător, cu o dată de expirare ștampilată pe ea. Utilizarea acceptărilor comerciale pe piața en-gros oferă credit garantat pe termen scurt pentru transportul mărfurilor în proces de producție, depozitare, tranzit și comercializare. Aceasta facilitează comerțul intern și extern. Aparent, așadar, bancherii care doreau să înlocuiască sistemul de conturi deschise cu sistemul de acceptări comerciale erau oameni progresisti care doreau să ajute comerţul american de import-export. S-a făcut multă propagandă în acest sens, dar aceasta nu era de fapt adevărul.

Sistemul de conturi deschise, folosit până atunci exclusiv de oamenii de afaceri americani, permitea o reducere pentru plata în numerar. Sistemul de acceptare descurajează utilizarea numerarului, permiţând o reducere pentru credit. Sistemul de conturi deschise permitea, de asemenea, condiţii de plată mult mai uşoare, cu prelungiri generoase ale datoriei. Acceptarea nu permite acest lucru, deoarece este un credit pe termen scurt cu data de expirare ştampilată pe el. Acesta nu mai este în mâinile vânzătorului, ci în mâinile unei bănci, de obicei o bancă de acceptare, care nu permite nicio prelungire a termenului. Astfel, adoptarea acceptărilor de către oamenii de afaceri americani în anii 1920 a facilitat în mare măsură dominarea şi înghiţirea micilor întreprinderi de către trusturi uriaşe, ceea ce a accelerat criza din 1929.

Acceptările comerciale fuseseră utilizate într-o oarecare măsură în Statele Unite înainte de Războiul Civil. În timpul acelui război, exigenţele comerţului distruseseră acceptarea ca mijloc de credit, iar aceasta nu revenise în favoare în această ţară, poporul nostru preferând simplitatea şi generozitatea sistemului de conturi deschise. Conturile deschise sunt hârtii comerciale cu un singur nume, purtând doar numele debitorului. Acceptările sunt titluri cu două nume, purtând numele debitorului şi al creditorului. Astfel, ele au devenit mărfuri care pot fi cumpărate şi vândute de bănci. Pentru creditor, în sistemul de conturi deschise, datoria este o pasivă. Pentru banca de acceptare care deţine o acceptare, datoria este un activ. Oamenii care au înfiinţat bănci de acceptare în această ţară, sub conducerea lui Paul Warburg, şi-au asigurat controlul asupra miliardelor de dolari de credit existente sub formă de conturi deschise în registrele oamenilor de afaceri americani.

Guvernatorul Marriner Eccles al Consiliului Rezervei Federale a declarat în faţa Comitetului pentru Bănci şi Monedă al Camerei Reprezentanţilor că: „Datoria este baza creării banilor".

Marii deţinători de acceptări comerciale au obţinut utilizarea a miliarde de dolari sub formă de bani de credit, pe lângă rata dobânzii percepută asupra acceptării în sine. Este evident de ce Paul Warburg ar fi trebuit să dedice atât de mult timp, bani și energie pentru a face ca acceptările să fie adoptate de sistemul bancar al acestei țări.

La 4 septembrie 1914, National City Bank a acceptat prima cambie la termen trasă pe o bancă națională în conformitate cu prevederile Legii Rezervei Federale din 1913. Acesta a fost începutul sfârșitului sistemului de conturi deschise ca factor important în comerțul cu ridicata. Beverly Harris, vicepreședinte al National City Bank din New York, a publicat o broșură în 1915 în care afirma că:

„Comercianții care utilizează sistemul de conturi deschise uzurpă funcțiile bancherilor."

În *The New York Times* din 14 iunie 1920, Paul Warburg, președintele American Acceptance Council, a declarat:

„Dacă Consiliul Rezervei Federale nu se va dedica trup și suflet dezvoltării neîngrădite a accepturilor ca investiție principală pentru băncile din cadrul Rezervei Federale, dezvoltarea viitoare sigură și sănătoasă a sistemului va fi pusă în pericol."

Aceasta a fost o declarație a scopului lui Warburg și al grupului său, care doreau o „reformă monetară" în această țară. Ei urmăreau să obțină controlul asupra întregului credit din Statele Unite și l-au obținut, prin intermediul Sistemului Rezervei Federale, al sistemului de acceptări și al lipsei de preocupare din partea cetățenilor.

Primul Război Mondial a fost un avantaj pentru introducerea acceptanțelor comerciale, iar volumul a sărit la patru sute de milioane de dolari în 1917, crescând pe parcursul anilor 1920 la peste un miliard de dolari pe an, ceea ce a culminat cu un vârf maxim chiar înainte de Marea Depresiune din 1929-1931. Graficele Băncii Rezervei Federale din New York arată că utilizarea acceptanțelor a atins un vârf în noiembrie 1929, luna prăbușirii bursiere, și a scăzut brusc după aceea. Cei care se ocupau de acceptanțe obținuseră deja ceea ce doreau, și anume controlul asupra afacerilor și industriei americane. Revista „Fortune" din februarie 1950 a subliniat că:

„Volumul acceptanțelor a scăzut de la 1.732 de milioane de dolari în 1929 la 209 milioane de dolari în 1940, din cauza concentrării activității bancare de acceptare în mâinile câtorva și a politicii de dobânzi scăzute a Trezoreriei, care a făcut ca împrumuturile directe să fie mai ieftine decât acceptanțele. A existat o ușoară creștere după război, dar este adesea mai ieftin pentru marile companii să finanțeze importurile din propriile resurse."

Cu alte cuvinte, „marile companii" – mai precis, marile trusturi – dețin acum controlul asupra creditului și nu au mai avut nevoie de acceptări. Pe lângă avalanșa de propagandă emisă de însăși Sistemul Rezervei Federale, Asociația Națională a Crediturilor, Asociația Băncilor Americane și alte organizații fraterne ale bancherilor din New York au dedicat mult timp și bani distribuției propagandei privind acceptarea. Chiar și avalanșa lor de prelegeri și broșuri s-a dovedit insuficientă, iar în 1919 Paul Warburg a organizat Consiliul American de Acceptare, care s-a dedicat în întregime propagandei privind acceptarea.

Prima convenție organizată de această asociație la Detroit, Michigan, pe 9 iunie 1919, a coincis cu convenția anuală a Asociației Naționale a Agenților de Credit, care se desfășura acolo la aceeași dată, astfel încât „observatorii interesați să poată participa cu ușurință la prelegerile și reuniunile ambelor grupuri", conform unei broșuri publicate de Consiliul American de Acceptare.

Paul Warburg a fost ales președinte al acestei organizații și, ulterior, a devenit președinte al Comitetului Executiv al American Acceptance Council, funcție pe care a deținut-o până la moartea sa, în 1932. Consiliul a publicat liste cu societățile care utilizau acceptări comerciale de tip, toate fiind întreprinderi controlate de Kuhn, Loeb Co. sau de filialele sale. Conferințele susținute în fața Consiliului sau de către membrii acestuia erau tipărite în volume atractive și distribuite gratuit de către National City Bank of New York oamenilor de afaceri din țară.

Louis T. McFadden, președintele Comitetului pentru bancă și monedă al Camerei Reprezentanților, a acuzat în 1922 că American Acceptance Council exercita o influență nejustificată asupra Consiliului Rezervei Federale și a solicitat o anchetă a Congresului, dar Congresul nu a fost interesat.

La cea de-a doua convenție anuală a American Acceptance Council, desfășurată la New York pe 2 decembrie 1920, președintele Paul Warburg a declarat:

„Este o mare satisfacţie să raportez că, în cursul anului analizat, American Acceptance Council a reuşit să-şi dezvolte şi să-şi consolideze relaţiile cu Consiliul Rezervei Federale."

În anii 1920, Paul Warburg, care demisionase din Consiliul Rezervei Federale după ce ocupase funcţia de guvernator timp de un an în timpul războiului, a continuat să exercite o influenţă personală directă asupra Consiliului Rezervei Federale, întâlnindu-se cu membrii acestuia în calitate de preşedinte al Consiliului Consultativ Federal şi al Consiliului American de Acceptare. De la înfiinţarea sa în 1920 şi până la moartea sa în 1932, a fost preşedintele Consiliului de administraţie al International Acceptance Bank of New York, cea mai mare bancă de accept din lume. Fratele său, Felix M. Warburg, de asemenea partener la Kuhn, Loeb Co., era director al International Acceptance Bank, iar fiul lui Paul, James Paul Warburg, era vicepreşedinte. Paul Warburg a fost, de asemenea, director al altor bănci de acceptare importante din această ţară, precum Westinghouse Acceptance Bank, care au fost înfiinţate în Statele Unite imediat după Primul Război Mondial, când sediul pieţei internaţionale de acceptare a fost mutat de la Londra la New York, iar Paul Warburg a devenit cel mai puternic bancher de acceptare din lume.

Paul Warburg a devenit o figură şi mai legendară prin comemorarea sa ca „Daddy Warbucks" în banda desenată „Little Orphan Annie". Banda celebra o orfană fără adăpost şi câinele ei, care sunt adoptaţi de „cel mai bogat om din lume", Daddy Warbucks, o parodie la adresa lui „Warburg", care are puteri aproape magice şi poate realiza orice prin puterea averii sale nelimitate. Cei avizaţi au râs pe sub mustaţă când „Annie", versiunea de comedie muzicală a acestei poveşti, a avut o serie de succes de câţiva ani pe Broadway, deoarece marea majoritate a publicului nu avea habar că aceasta era doar o altă operaţiune a lui Warburg.

Transferul pieţei de acceptare din Anglia în această ţară a dat naştere discursului entuziast al lui Thomas Lamont în faţa Academiei de Ştiinţe Politice în 1917, în care acesta afirma:

„Dolarul, nu lira, este acum baza schimbului internaţional."

Americanii erau mândri să audă asta, dar nu şi-au dat seama la ce preţ.

O dovadă vizibilă a influenței nejustificate a Consiliului American de Acceptare asupra Consiliului Rezervei Federale, despre care s-a plâns congresmanul McFadden, este graficul care arată evoluția ratei Băncii Rezervei Federale din New York în anii 1920. Rata oficială de scont a băncii urmează exact timp de nouă ani rata de acceptare bancară la 90 de zile, iar Banca Rezervei Federale din New York stabilește rata de scont pentru restul băncilor de rezervă.

Pe tot parcursul anilor 1920, Consiliul Guvernatorilor a păstrat doi dintre primii săi membri, C.S. Hamlin și Adolph C. Miller. Acești oameni și-au construit cariere ca arbitri ai politicii monetare a națiunii. Hamlin a făcut parte din Consiliu din 1914 până în 1936, când a fost numit consilier special al Consiliului, în timp ce Miller a servit din 1914 până în 1931.

Acestor doi bărbați li s-a permis să rămână în Consiliu atâția ani deoarece erau amândoi oameni extrem de respectabili, care conferiseră Consiliului un anumit prestigiu în ochii publicului. În acești ani, unul după altul, bancheri importanți au intrat în Consiliu, au activat o vreme și au trecut la lucruri mai bune. Nici Miller, nici Hamlin nu s-au opus vreodată la nimic din ceea ce doreau bancherii din New York. Ei au modificat rata de scont și au efectuat operațiuni de piață deschisă cu titluri de stat ori de câte ori Wall Street le-a cerut acest lucru. În spatele lor se afla figura lui Paul Warburg, care a exercitat o influență continuă și dominantă în calitate de președinte al Consiliului Consultativ Federal, în cadrul căruia se aflau oameni d, cu interese comune cu ale sale, precum Winthrop Aldrich și J.P. Morgan. Warburg nu a fost niciodată prea ocupat cu îndatoririle sale de organizare a marilor trusturi internaționale pentru a supraveghea structurile financiare ale națiunii. Influența sa din 1902, când a sosit în această țară ca imigrant din Germania, până în 1932, anul morții sale, a depins de alianța sa europeană cu cartelul bancar. Fiul lui Warburg, James Paul Warburg, a continuat să exercite o astfel de influență, fiind numit director al bugetului de către Franklin D. Roosevelt când acest mare om a preluat funcția în 1933 și înființând Biroul de Informații de Război, agenția noastră oficială de propagandă din timpul celui de-al Doilea Război Mondial.

În The Fight for Financial Supremacy, Paul Einzig, editorialist la London Economist, a scris că:

„Aproape imediat după Primul Război Mondial s-a stabilit o strânsă cooperare între Banca Angliei și autoritățile Rezervei Federale, și mai ales cu Banca Rezervei Federale din New York.[119] Această cooperare s-a datorat în mare parte relațiilor cordiale existente între domnul Montagu Norman de la Banca Angliei și domnul Benjamin Strong, guvernator al Băncii Rezervei Federale din New York până în 1928. În mai multe rânduri, politica ratei de scont a Băncii Rezervei Federale din New York a fost ghidată de dorința de a ajuta Banca Angliei.

„A existat o strânsă cooperare între Londra și New York în stabilirea ratelor de actualizare."[120]

[119] William Boyce Thompson (operator pe Wall Street) i-a spus lui Clarence Barron, pe 27 noiembrie 1920: „De ce ar trebui ca Banca Rezervei Federale să aibă linii private în toată țara și să comunice zilnic prin telegraf cu Banca Angliei?" p. 327 „They Told Barron".

[120] Paul Einzig, The Fight For Financial Supremacy, Macmillan, 1931.

CAPITOLUL UNSPREZECE

LORD MONTAGU NORMAN

Colaborarea dintre Benjamin Strong și Lord Montagu Norman este unul dintre cele mai mari secrete ale secolului al XX-lea. Benjamin Strong s-a căsătorit cu fiica președintelui Bankers Trust din New York și, ulterior, a preluat președinția acestei instituții. Carroll Quigley, în Tragedy and Hope, spune: „Strong a devenit guvernator al Băncii Rezervei Federale din New York ca candidat comun al lui Morgan și al companiei Kuhn, Loeb în 1914."[121]

Lord Montagu Norman este singurul om din istorie al cărui bunic matern și bunic patern au fost amândoi guvernatori ai Băncii Angliei. Tatăl său lucra la Brown, Shipley Company, filiala londoneză a Brown Brothers (acum Brown Brothers Harriman). Montagu Norman (1871-1950) a venit la New York pentru a lucra la Brown Brothers în 1894, unde s-a împrietenit cu familia Delano și cu James Markoe, de la Brown Brothers. S-a întors în Anglia și, în 1907, a fost numit la Curtea Băncii Angliei. În 1912, a suferit o cădere nervoasă și a plecat în Elveția pentru a fi tratat de Jung, așa cum era la modă în rândul grupului puternic pe care îl reprezenta.[122]

Lordul Montagu Norman a fost guvernator al Băncii Angliei între 1916 și 1944. În această perioadă, a participat la conferințele băncilor centrale care au dus la Criza din 1929 și la o depresiune

121 Carroll Quigley, *Tragedy and Hope*, Macmillan, New York, p. 326.

122 Când oamenii din această clasă sunt cuprinși de sentimente de vinovăție în timp ce complotează războaie mondiale și crize economice care vor aduce mizerie, suferință și moarte pentru milioane de locuitori ai lumii, ei au uneori remușcări. Aceste remușcări sunt batjocorite de colegii lor ca fiind „o slăbiciune de caracter". După o ședință cu psihiatrii lor, se întorc la muncă cu un entuziasm reînnoit, fără alte abateri de milă pentru „oamenii mărunți" care urmează să fie victimele lor.

economică mondială. În cartea The Politics of Money, Brian Johnson scrie: „Strong și Norman, prieteni apropiați, își petreceau vacanțele împreună la Bar Harbor și în sudul Franței." Johnson afirmă: „Norman a devenit astfel alter ego-ul lui Strong.... Politicile monetare relaxate ale lui Strong pe piața monetară din New York din perioada 1925-1928 au reprezentat îndeplinirea acordului său cu Norman de a menține ratele dobânzilor din New York sub cele din Londra. Din motive de cooperare internațională, Strong a reținut mâna stabilizatoare a ratelor ridicate ale dobânzilor din New York până când a fost prea târziu. Politica monetară relaxată din New York a încurajat boom-ul american de la sfârșitul anilor 1920, cu înălțimile sale fantastice de speculație."[123]

Benjamin Strong a murit subit în 1928. Necrologul din *The New York Times*, din 17 octombrie 1928, descrie conferința dintre directorii celor trei mari bănci centrale din Europa din iulie 1927: „Domnul Norman, de la Banca Angliei, Strong, de la Banca Rezervei Federale din New York, și dr. Hjalmar Schacht, de la Reichsbank, întâlnirea lor fiind numită la acea vreme o întâlnire a «celui mai exclusivist club din lume». Nu s-au făcut niciodată rapoarte publice despre conferințele străine, care erau în întregime informale, dar care acopereau multe chestiuni importante privind mișcările aurului, stabilitatea comerțului mondial și economia mondială."

Întâlnirile la care se decide viitorul economiei mondiale sunt întotdeauna prezentate ca fiind „în întregime informale", neoficiale, fără rapoarte făcute publicului, iar în rare ocazii când congresmenii indignați îi convoacă pe acești oameni misterioși să depună mărturie despre activitățile lor, aceștia se limitează la a schița măsurile luate și nu oferă informații despre ce s-a spus sau s-a decis cu adevărat.

La audierile din Senat privind Sistemul Rezervei Federale din 1931, H. Parker Willis, unul dintre autori și primul secretar al Consiliului Rezervei Federale din 1914 până în 1920, l-a întrebat în mod direct pe guvernatorul George Harrison, succesorul lui Strong în funcția de guvernator al Băncii Rezervei Federale din New York:

---

[123] Brian Johnson, *The Politics of Money*, McGraw Hill, New York, 1970, p. 63.

„Care este relația dintre Banca Rezervei Federale din New York și comitetul monetar al Bursei de Valori?"

„Nu există nicio relație", a răspuns guvernatorul Harrison.

„Nu există niciun fel de asistență sau cooperare în stabilirea ratei?", a întrebat Willis.

„Nu", a spus guvernatorul Harrison, „deși, în diverse ocazii, ei ne informează cu privire la starea situației monetare și la ceea ce consideră că ar trebui să fie rata". Aceasta era o contradicție absolută cu afirmația sa că „nu există nicio legătură". Banca Rezervei Federale din New York, care stabilește rata de scont pentru celelalte bănci ale Rezervei, menținea de fapt o legătură strânsă cu comitetul monetar al Bursei de Valori.

Audierea Camerei privind stabilizarea din 1928 a dovedit în mod concludent că guvernatorii Sistemului Rezervei Federale au ținut conferințe cu șefii marilor bănci centrale europene. Chiar dacă membrii Congresului ar fi cunoscut detaliile complotului care urma să culmineze cu Marea Depresiune din 1929-1931, nu ar fi putut face nimic pentru a-l opri. Bancherii internaționali care controlau mișcările de aur puteau să-și impună voința asupra oricărei țări, iar Statele Unite erau la fel de neputincioase ca oricare alta.

Urmează notele din aceste audieri ale Camerei Reprezentanților:

DL BEEDY: „Observ în graficul dumneavoastră că liniile care prezintă cele mai violente fluctuații se regăsesc la rubrica «Ratele monetare din New York». Pe măsură ce ratele monetare cresc și scad în marile orașe, împrumuturile acordate pentru investiții par să profite de acestea, înregistrând în prezent o schimbare destul de bruscă, în timp ce industria în general nu pare să profite de aceste schimbări violente, iar linia respectivă este destul de uniformă, fără creșteri sau scăderi semnificative.

GUVERNATORUL ADOLPH MILLER: Toate acestea au fost, mai mult sau mai puțin, în interesul situației internaționale. Au vândut credite în aur la New York pentru solduri în lire sterline la Londra.

REPREZENTANTUL STRONG: (Fără nicio legătură cu Benjamin): Are Consiliul Rezervei Federale puterea de a atrage aur în această țară?

E.A. GOLDENWEISER, director de cercetare al Consiliului: Consiliul Rezervei Federale ar putea atrage aur în această ţară prin majorarea ratelor dobânzilor.

GUVERNATORUL ADOLPH MILLER: Cred că suntem foarte aproape de momentul în care orice preocupare suplimentară din partea noastră pentru problemele monetare ale Europei poate fi modificată. Consiliul Rezervei Federale a adoptat vara trecută, în 1927, o politică de achiziţii pe piaţa liberă, urmată de o reducere a ratei de scont la băncile de rezervă, pentru a uşura situaţia creditului şi a reduce costul banilor. Motivele oficiale ale acestei schimbări în politica de credit au fost că aceasta ar contribui la stabilizarea cursului de schimb internaţional şi la stimularea exportului de aur.

PREŞEDINTELE MCFADDEN: Ne puteţi spune pe scurt cum a fost adusă această chestiune în faţa Consiliului Rezervei Federale şi care au fost influenţele care au contribuit la decizia finală?

GUVERNATORUL ADOLPH MILLER: Îmi puneţi o întrebare la care nu pot răspunde.

PREŞEDINTELE MCFADDEN: Poate pot clarifica eu – de unde a venit sugestia care a determinat această decizie de modificare a ratelor din vara trecută?

GUVERNATORUL ADOLPH MILLER: Cele trei mari bănci centrale din Europa au trimis reprezentanţi în această ţară. Erau vorba de guvernatorul Băncii Angliei, domnul Hjalmar Schacht, şi de profesorul Rist, viceguvernatorul Băncii Franţei. Aceşti domni au avut o întâlnire cu oficialii Băncii Rezervei Federale din New York. După o săptămână sau două, au venit la Washington pentru o bună parte a zilei. Au sosit într-o seară şi au fost oaspeţii guvernatorilor Consiliului Rezervei Federale a doua zi, plecând în acea după-amiază spre New York.

PREŞEDINTELE MCFADDEN: Au fost prezenţi membrii Consiliului la acest prânz?

GUVERNATORUL ADOLPH MILLER: Oh, da, a fost organizat de guvernatorii Consiliului cu scopul de a ne reuni pe toţi.

PREŞEDINTELE MCFADDEN: A fost o întâlnire socială sau s-au discutat chestiuni importante?

GUVERNATORUL MILLER: Aş spune că a fost în principal un eveniment social. Personal, am avut o lungă conversaţie d, doar eu şi dr. Schacht, înainte de prânz, şi, de asemenea, una destul de lungă cu profesorul Rist. După prânz, am început o conversaţie cu dl Norman, la care s-a alăturat guvernatorul Strong din New York.

PREŞEDINTELE MCFADDEN: A fost o şedinţă oficială a Consiliului?

GUVERNATORUL ADOLPH MILLER: Nu.

PREŞEDINTELE MCFADDEN: A fost doar o discuţie informală despre problemele pe care le-au discutat la New York?

GUVERNATORUL MILLER: Presupun că da. A fost în principal o ocazie socială. Ceea ce am spus eu a fost în principal de natură generală. Şefii acestor bănci centrale au vorbit, de asemenea, în termeni generali.

DL KING: Ce doreau?

GUVERNATORUL MILLER: Au fost foarte sinceri în răspunsurile la întrebări. Am vrut să discut cu domnul Norman, aşa că am rămas amândoi după prânz, iar la noi s-au alăturat şi ceilalţi reprezentanţi străini şi oficialii Băncii de Rezervă din New York. Toţi aceşti domni erau destul de îngrijoraţi de modul în care funcţiona etalonul aur. Prin urmare, doreau să vadă o piaţă monetară relaxată în New York şi rate mai mici, ceea ce ar fi descurajat transferul aurului din Europa în această ţară. Acest lucru ar fi fost în interesul situaţiei monetare internaţionale existente la acea vreme.

DL BEEDY: S-a ajuns la o înţelegere între reprezentanţii acestor bănci străine şi Consiliul Rezervei Federale sau Banca Rezervei Federale din New York?

GUVERNATORUL MILLER: Da.

DL BEEDY: Nu a fost raportat în mod oficial?

GUVERNATORUL MILLER: Nu. Ulterior, a avut loc o reuniune a Comitetului de politică monetară, comitetul de politică de investiții al Sistemului Rezervei Federale, în cadrul căreia au fost formulate anumite recomandări. Din câte îmi amintesc, în luna august au fost achiziționate titluri de valoare în valoare de aproximativ optzeci de milioane de dolari, în conformitate cu acest plan.

PREȘEDINTELE MCFADDEN: A avut loc vreo întâlnire între membrii Comitetului de politică monetară și bancherii străini?

GUVERNATORUL MILLER: Este posibil să se fi întâlnit cu ei în calitate de persoane fizice, dar nu în calitate de comitet.

DL KING: De unde își ia ideile Comitetul de Politică Monetară?

GUVERNATORUL MILLER: Se adună și discută despre asta. Nu știu a cui a fost ideea. Era în mod clar o perioadă în care domnea un spirit de cooperare.

PREȘEDINTELE MCFADDEN: Ați descris aici negocieri de o importanță foarte mare.

GUVERNATORUL MILLER: Aș spune mai degrabă conversații.

PREȘEDINTELE MCFADDEN: A avut loc ceva foarte concret?

GUVERNATORUL MILLER: Da.

PREȘEDINTELE MCFADDEN: O schimbare de politică din partea întregului nostru sistem financiar, care a dus la una dintre cele mai neobișnuite situații cu care s-a confruntat vreodată această țară din punct de vedere financiar (boom-ul speculațiilor bursiere din 1927-1929). Mi se pare că o chestiune de o asemenea importanță ar fi trebuit consemnată la Washington.

GUVERNATORUL MILLER: Sunt de acord cu dumneavoastră.

REPREZENTANTUL STRONG: Nu ar fi fost un lucru bun dacă ar fi existat o directivă conform căreia puterile acordate Sistemului Rezervei Federale ar fi trebuit utilizate pentru stabilizarea continuă a puterii de cumpărare a dolarului american, în loc să fie influențate de interesele Europei?

GUVERNATORUL MILLER: Nu sunt de acord cu termenul „influență". În plus, nu există stabilizarea dolarului american fără stabilizarea tuturor celorlalte monede aurifere. Acestea sunt legate între ele prin etalonul aur. Alți oameni eminenți care vin aici sunt foarte abili în a ști cum să abordeze persoanele care alcătuiesc personalul Consiliului Rezervei Federale.

DL STEAGALL: Vizita acestor bancheri străini a dus la ieftinirea banilor în New York?

GUVERNATORUL MILLER: Da, exact.

PREȘEDINTELE MCFADDEN: Aș dori să consemnez în procesul-verbal toate persoanele care au participat la acel prânz la Washington.

GUVERNATORUL MILLER: Pe lângă numele pe care vi le-am dat, a fost prezent și unul dintre tinerii de la Banca Franței. Cred că toți membrii Consiliului Rezervei Federale erau acolo. Subsecretarul Trezoreriei, Ogden Mills, era acolo, precum și secretarul adjunct al Trezoreriei, domnul Schuneman, doi sau trei oameni de la Departamentul de Stat și domnul Warren de la Departamentul de Externe al Băncii Rezervei Federale din New York. Da, guvernatorul Strong era prezent.

PREȘEDINTELE MCFADDEN: Această conferință, desigur, cu toți acești bancheri străini, nu a avut loc pur și simplu. La sugestia cui au venit aici bancherii proeminenți din Germania, Franța și Anglia?

GUVERNATORUL MILLER: Se crease o situație care era clar jenantă pentru Londra, din cauza retragerii iminente a unei anumite cantități de aur care fusese recuperată de Franța și care fusese inițial transportată și depusă la Banca Angliei de către guvernul francez ca credit de război. În Europa începea să se instaureze o anumită tensiune, deoarece Franța începea să-și pună ordine în propria ogradă pentru a reveni la etalonul aur. Această situație necesita o influență moderatoare.

DL KING: Cine a fost spiritul motor care i-a reunit pe acești oameni?

GUVERNATORUL MILLER: Acesta este un detaliu cu care nu sunt familiarizat.

DOMNUL STRONG: Nu ar fi corect să spunem că cei care voiau aurul au fost cei care au organizat întâlnirea?

GUVERNATORUL MILLER: Ei au venit aici.

REPREZENTANTUL STRONG: Faptul este că au venit aici, au avut o întâlnire, au organizat un banchet, au discutat, au convins Consiliul Rezervei Federale să scadă rata de scont și să efectueze achiziții pe piața liberă, și au obținut aurul.

DL STEAGALL: Este adevărat că această acțiune a stabilizat monedele europene și a destabilizat-o pe a noastră?

GUVERNATORUL MILLER: Da, asta era intenția.

PREȘEDINTELE MCFADDEN: Permiteți-mi să vă atrag atenția asupra recentei conferințe de la Paris, la care domnul Goldenweiser, director de cercetare al Consiliului Rezervei Federale, și dr. Burgess, agent adjunct al Rezervei Federale la Banca Rezervei Federale din New York, s-au consultat cu reprezentanții celorlalte bănci centrale. Cine a convocat conferința?

GUVERNATORUL MILLER: Din câte îmi amintesc, a fost convocată de Banca Franței.

GUVERNATORUL YOUNG: Nu, Liga Națiunilor a fost cea care i-a convocat.

Întâlnirea secretă dintre guvernatorii Consiliului Rezervei Federale și șefii băncilor centrale europene nu a fost convocată pentru a stabiliza ceva. A fost organizată pentru a discuta cea mai bună modalitate de a readuce în Europa aurul deținut în Statele Unite de către Sistem, pentru a forța națiunile de pe acel continent să revină la etalonul aur. Liga Națiunilor nu reușise încă să facă acest lucru, obiectivul pentru care fusese înființată inițial, deoarece Senatul Statelor Unite refuzase să-l lase pe Woodrow Wilson să ne trădeze în fața unei autorități monetare internaționale. A fost nevoie de cel de-al Doilea Război Mondial și de Franklin D. Roosevelt pentru a realiza acest lucru. Între timp, Europa trebuia să aibă aurul nostru, iar Sistemul Rezervei Federale i l-a dat, în valoare de cinci sute de milioane de dolari. Scoaterea acelui aur din Statele Unite a provocat deflația boom-ului bursier, sfârșitul prosperității economice din anii 1920 și Marea Depresiune din 1929-1931, cea mai gravă calamitate care a lovit vreodată această națiune. Este absolut logic să spunem că poporul american a suferit acea depresiune ca pedeapsă pentru că nu s-a alăturat Ligii Națiunilor. Bancherii știau ce se va întâmpla când acei cinci sute de milioane de dolari în aur vor fi trimişi în Europa d. Ei au dorit Marea Depresiune, deoarece aceasta a pus afacerile şi finanţele Statelor Unite în mâinile lor.

Audierea continuă:

DL BEEDY: „Domnul Ebersole de la Departamentul Trezoreriei şi-a încheiat discursul la cina la care am participat aseară spunând că Sistemul Rezervei Federale nu dorea stabilizarea şi că nici oamenii de afaceri americani nu o doreau. Ei doresc aceste fluctuaţii de preţuri, nu numai la titlurile de valoare, ci şi la mărfuri, în comerţ în general, deoarece cei care deţin acum controlul îşi obţin profiturile tocmai din această instabilitate. Dacă controlul asupra acestor oameni nu se realizează într-un mod legitim, ar putea exista o încercare de a-l produce prin tulburări generale, precum cele care au caracterizat societatea în vremurile trecute. Revoluţiile au fost promovate de nemulţumirea faţă de condiţiile existente, controlul fiind în mâinile celor puţini, iar mulţimea plătind facturile.

PREŞEDINTELE MCFADDEN: Am aici o scrisoare de la un membru al Consiliului Rezervei Federale care a fost chemat să se prezinte aici. Aş dori să fie consemnată în procesul-verbal. Este de la guvernatorul Cunningham:

Stimate domnule preşedinte:

În ultimele câteva săptămâni am fost obligat să rămân acasă din cauza unei boli şi mă pregătesc acum să petrec câteva săptămâni departe de Washington, cu scopul de a-mi grăbi convalescenţa.

Edward H. Cunningham

Aceasta este răspunsul la invitaţia care i-a fost adresată de a se prezenta în faţa comisiei noastre. Am, de asemenea, o scrisoare de la George Harrison, viceguvernator al Băncii Rezervei Federale din New York.

Stimate domnule congresman:

Guvernatorul Strong a plecat în Europa săptămâna trecută. Nu s-a simţit deloc bine de la începutul anului şi, deşi a comparut în faţa comisiei dumneavoastră în martie, la scurt timp după aceea a suferit un atac foarte sever de zona zoster, care i-a afectat grav nervii.

George L. Harrison, 19 mai 1928

Doresc, de asemenea, să consemnez în procesul-verbal o declarație din New York Journal of Commerce, datată 22 mai 1928, din Washington:

„În cercurile bine informate de aici se afirmă că principalul subiect abordat de guvernatorul Strong al Băncii Rezervei Federale din New York în cadrul vizitei sale actuale la Paris este aranjamentul privind creditele de stabilizare pentru Franța, România și Iugoslavia. O a doua chestiune vitală pe care domnul Strong o va aborda este cantitatea de aur pe care Franța urmează să o retragă din această țară."

Întrebările suplimentare adresate de președintele McFadden cu privire la ciudata boală a lui Benjamin Strong au dus la următoarea mărturie a guvernatorului Charles S. Hamlin de la Consiliul Rezervei Federale, din 23 mai 1928:

„Tot ce știu este că guvernatorul Strong a fost foarte bolnav și a plecat în Europa în primul rând,

din câte am înțeles, din motive de sănătate. Desigur, el cunoaște bine diversele sedii ale băncilor centrale europene și, fără îndoială, le va vizita."

Guvernatorul Benjamin Strong a murit la câteva săptămâni după întoarcerea sa din Europa, fără a se prezenta în fața Comitetului.

Scopul acestor audieri în fața Comitetului Camerei pentru Bănci și Monedă din 1928 a fost de a investiga necesitatea adoptării proiectului de lege Strong, prezentat de reprezentantul Strong (fără nicio legătură cu Benjamin, bancherul internațional), care ar fi prevăzut ca Sistemul Rezervei Federale să fie împuternicit să acționeze pentru stabilizarea puterii de cumpărare a dolarului. Aceasta fusese una dintre promisiunile făcute de Carter Glass și Woodrow Wilson când au prezentat Legea Rezervei Federale în fața Congresului în 1912, iar o astfel de prevedere fusese de fapt introdusă în lege de senatorul Robert L. Owen, dar Comisia Camerei Reprezentanților pentru Bănci și Monedă a lui Carter Glass o eliminase. Comercianții și speculatorii nu doreau ca dolarul să devină stabil, deoarece nu ar mai fi putut obține profit. Cetățenii acestei țări fuseseră îndemnați să parieze pe piața bursieră în anii

1920, deoarece comercianții creaseră o stare de instabilitate la nivel național.

Proiectul de lege Strong din 1928 a fost respins în Congres.

Situația financiară din Statele Unite în anii 1920 a fost caracterizată doar de o inflație a valorilor speculative. A fost o situație creată de comercianți. Prețurile mărfurilor au rămas scăzute, în ciuda supraevaluării titlurilor de valoare la bursă.

Cumpărătorii nu se așteptau ca titlurile lor să aducă dividende. Ideea era să le păstreze o vreme și să le vândă cu profit. Trebuia să se oprească undeva, așa cum a remarcat Paul Warburg în martie 1929. Wall Street nu a lăsat-o să se oprească până când oamenii nu și-au investit economiile în aceste titluri supraevaluate. Am asistat la spectacolul în care președintele Statelor Unite, Calvin Coolidge, a acționat ca un complice al operatorilor de pe piața bursieră atunci când a recomandat poporului american să continue să cumpere de pe piață, în 1927. Existau neliniști cu privire la starea de inflație a pieței, iar bancherii și-au demonstrat puterea determinându-i pe președintele Statelor Unite, secretarul Trezoreriei și președintele Consiliului Guvernatorilor Sistemului Rezervei Federale să emită declarații conform cărora împrumuturile brokerilor nu erau prea mari și că starea pieței bursiere era solidă.

Irving Fisher ne-a avertizat în 1927 că sarcina stabilizării prețurilor la nivel mondial va cădea în curând asupra Statelor Unite. Unul dintre rezultatele celui de-al Doilea Război Mondial a fost înființarea Fondului Monetar Internațional tocmai în acest scop. Profesorul Gustav Cassel a remarcat în același an că:

„Scăderea prețurilor nu a fost un rezultat spontan al unor forțe care nu pot fi controlate. Este rezultatul unei politici elaborate în mod deliberat pentru a reduce prețurile și a conferi o valoare mai mare unității monetare."

După ce a adoptat Legea privind Rezerva Federală și ne-a condus în Primul Război Mondial, Partidul Democrat a preluat rolul de partid de opoziție în anii 1920. Se aflau la marginea scenei politice și, potrivit biografiei sale, au fost susținuți în acei ani grei de ajutoarele generoase ale lui Bernard Baruch. Cât de departe se aflau de scena politică și cât de puține șanse aveau în 1928 este demonstrat de un punct din programul oficial al Partidului Democrat adoptat la Houston pe 28 iunie 1928:

„Administrarea Sistemului Rezervei Federale în avantajul speculatorilor de pe piața bursieră trebuie să înceteze. Acesta trebuie administrat în mod e, în beneficiul fermierilor, salariaților, comercianților, producătorilor și al celorlalți angajați în activități constructive."

Acest idealism a asigurat înfrângerea protagonistului său, Al Smith, care a fost nominalizat de Franklin D. Roosevelt. Campania împotriva lui Al Smith a fost marcată și de apeluri la intoleranță religioasă, deoarece acesta era catolic. Bancherii au stârnit sentimente anticatholice în toată țara pentru a obține alegerea protejatului lor din Primul Război Mondial, Herbert Hoover.

În loc să fie utilizată pentru a promova stabilitatea financiară a țării, așa cum promisese Woodrow Wilson la momentul adoptării legii, instabilitatea financiară a fost promovată în mod constant de Consiliul Rezervei Federale. Un memorandum oficial emis de Consiliu la 13 martie 1939 afirma că:

„Consiliul Guvernatorilor Sistemului Rezervei Federale se opune oricărui proiect de lege care propune un nivel stabil al prețurilor."

Din punct de vedere politic, Consiliul Rezervei Federale a fost folosit pentru a promova alegerea candidaților bancherilor în anii 1920. „Literary Digest" din 4 august 1928 a scris, cu ocazia majorării ratei dobânzii la 5% de către Consiliul Rezervei Federale într-un an prezidențial:

„Aceasta inversează politica monetară ieftină din 1927, de dorit din punct de vedere politic, și creează condiții favorabile pe piața bursieră. Ea a fost atacată de Peoples' Lobby din Washington, D.C., care a afirmat că această creștere, într-un moment în care fermierii aveau nevoie de bani ieftini pentru a-și finanța recoltarea culturilor, a fost o lovitură directă pentru fermieri, care începuseră să-și revină după Depresiunea Agricolă din 1920-1921.

„The New York World" a declarat cu acea ocazie:

„Criticile aduse politicii Consiliului Rezervei Federale de către mulți investitori nu se bazează pe încercarea acestuia de a defla piața bursieră, ci pe acuzația că Consiliul însuși, prin politica de anul trecut, este pe deplin responsabil pentru inflația bursieră existentă."

O analiză critică a primilor cincisprezece ani ai Sistemului Rezervei Federale apare în „North American Review" din mai 1929, semnată de H. Parker Willis, economist profesionist care a fost unul dintre autorii Legii și primul secretar al Consiliului din 1914 până în 1920. El își exprimă deziluzia totală.

„Prima mea discuție cu președintele ales Wilson a avut loc în 1912. Conversația noastră s-a referit în întregime la reforma bancară. L-am întrebat dacă era încrezător că vom putea asigura administrarea unei legi adecvate și cum ar trebui să o aplicăm și să o punem în vigoare. El a răspuns: «Trebuie să ne bazăm pe idealismul afacerilor americane.» El căuta ceva în care să poată avea încredere că va oferi o oportunitate idealismului american. Aceasta a servit la finanțarea Primului Război Mondial și la revizuirea practicilor bancare americane. Elementul de idealism pe care președintele l-a prescris și în care a crezut că îl vom obține pe baza principiului noblesse oblige de la bancherii și oamenii de afaceri americani nu a existat.

De la intrarea în vigoare a Legii Rezervei Federale, am suferit una dintre cele mai grave crize financiare și revoluții din istoria noastră, cea din 1920-1921. Am văzut agricultura noastră trecând printr-o lungă perioadă de suferință și chiar de revoluție, în timpul căreia un milion de fermieri și-au părăsit fermele, din cauza dificultăților legate de prețul terenurilor și de condițiile ciudate de creditare. Am suferit cea mai extinsă perioadă de falimente bancare cunoscută vreodată în această țară. 4.500 de bănci și-au închis porțile de când a început să funcționeze Sistemul Rezervei. În unele orașe din vest au existat momente în care toate băncile din acea comunitate au dat faliment, iar anumite bănci au dat faliment de mai multe ori. A existat o diferență mică în ceea ce privește vulnerabilitatea la faliment între membrii și non-membrii Sistemului Rezervei Federale.

„Alegerea făcută de Wilson pentru primii membri ai Consiliului Rezervei Federale nu a fost una deosebit de fericită.

Aceștia reprezentau un grup eterogen, ales cu scopul expres de a mulțumi un interes sau altul. Nu era de mirare că persoanele numite își foloseau funcțiile pentru a-și plăti datoriile. Când Consiliul lua în considerare o rezoluție prin care viitorii membri ai Sistemului Rezervei să fie numiți exclusiv pe baza meritelor, din cauza incompetenței demonstrate de unii dintre ei.

Controlorul John Skelton Williams a propus eliminarea cuvântului „exclusiv", iar în acest demers a fost susținut de Consiliu. Includerea anumitor elemente (Warburg, Strauss etc.) în Consiliu a oferit o oportunitate de a satisface interese speciale, ceea ce urma să se dovedească dezastruos mai târziu.

„Președintele Wilson a greșit, așa cum se întâmpla adesea, crezând că ocuparea unei funcții importante ar transforma persoana respectivă și că un post d -ar reînvia patriotismul. Consiliul Rezervei a atins punctul cel mai de jos al perioadei Wilson odată cu numirea unui membru ales pentru capacitatea sa de a mobiliza delegați în favoarea unui candidat democrat la președinție. Cu toate acestea, acest nivel nu a fost cel mai jos atins sub președintele Harding. Acesta a numit un vechi prieten, D.R. Crissinger, în funcția de guvernator al Consiliului, și a numit mai mulți alți politicieni extrem de utili în alte funcții. Înainte de moartea sa, el a făcut tot posibilul pentru a corupe întreaga întreprindere. De atunci, sistemul a mers în continuă declin.

„Băncile de rezervă abia își luaseră forma inițială când a devenit evident că bancherii locali încercaseră să le folosească ca mijloc de a avea grijă de «fiii preferați», adică persoane care, prin consens general, deveniseră o povară pentru comunitatea bancară sau erau ineficienți de diverse feluri. Când trebuiau aleși directorii băncilor de rezervă, bancherii de la țară refuzau adesea să voteze sau, când votau, își exprimau votul conform instrucțiunilor corespondenților din oraș. În aceste circumstanțe, controlul popular sau democratic al băncilor de rezervă era exclus. S-ar fi putut asigura o eficiență rezonabilă dacă oameni cinstiți, conștienți de datoria lor publică, ar fi preluat puterea. Dacă au existat astfel de oameni, ei nu au ajuns în Consiliul Rezervei Federale. Într-o bancă de rezervă de astăzi, conducerea principală se află în mâinile unui om care nu a lucrat niciodată într-o bancă în viața sa, în timp ce într-o altă instituție de rezervă atât guvernatorul, cât și președintele sunt foști șefi ai unor bănci acum desființate. Ei au, în mod firesc, un istoric ridicat de eșecuri în districtul lor. În majoritatea districtelor, standardul de performanță, judecat după standardele bancare bune, este rușinos de scăzut în rândul oficialilor executivi ai rezervei. Politica Băncii

Rezervei Federale din Philadelphia este cunoscută în sistem ca „băncile prietenilor și rudelor".

„În timp ce se realizau profituri de război în sume considerabile, cineva a conceput ideea de a folosi profiturile pentru a-și asigura clădiri extrem de costisitoare. Astăzi, băncile de rezervă trebuie să mențină constant în circulație un miliard de dolari din banii lor doar pentru a-și plăti propriile cheltuieli în perioade normale.

„Cea mai bună ilustrare a ceea ce a făcut și nu a făcut Sistemul este oferită de experiența pe care țara a avut-o cu speculațiile, în mai 1929. Cu trei ani înainte de aceasta, actuala piață bull d ului abia începea. În toamna anului 1926, un grup de bancheri, printre care se afla unul cu un nume de renume mondial, stăteau la o masă într-un hotel din Washington. Unul dintre ei a ridicat problema dacă ratele de discount scăzute ale Sistemului nu ar fi susceptibile să încurajeze speculația.

„Da", a răspuns faimosul bancher, „vor încuraja, dar nu se poate face nimic în privința asta. Este prețul pe care trebuie să-l plătim pentru a ajuta Europa."

„Se poate pune întrebarea dacă încurajarea speculației de către Consiliu a fost prețul plătit pentru a ajuta Europa sau dacă este prețul plătit pentru a induce o anumită clasă de finanțiști să ajute Europa, dar, în orice caz, condițiile europene nu ar fi trebuit să aibă nimic de-a face cu politica de discount a Consiliului. Adevărul este că băncile Rezervei Federale nu intră în contact cu comunitatea.

„Omul de rând", de la Maine până în Texas, a fost treptat îndemnat să-și investească economiile pe piața bursieră, având ca rezultat faptul că valul crescând al speculațiilor, desfășurat la o viteză din ce în ce mai mare, a măturat afacerile legitime ale țării.

„În martie 1928, Roy A. Young, guvernatorul Consiliului, a fost chemat în fața unei comisii a Senatului.

„Credeți că împrumuturile brokerilor sunt prea mari?", a fost întrebat.

„Nu sunt pregătit să spun dacă împrumuturile brokerilor sunt prea mari sau prea mici", a răspuns el, „dar sunt sigur că sunt acordate în mod sigur și conservator".

Secretarul Trezoreriei, Mellon, a asigurat țara într-o declarație oficială că acestea nu erau prea mari, iar Coolidge, folosind materialul furnizat de Consiliul Rezervei Federale, a declarat clar țării că acestea nu erau prea mari. Consiliul Rezervei Federale, însărcinat cu protejarea intereselor omului de rând, a făcut astfel tot posibilul pentru a-l asigura pe omul de rând că nu trebuie să se teamă pentru economiile sale. Cu toate acestea, Consiliul Rezervei Federale a emis, la 2 februarie 1929, o scrisoare adresată directorilor băncilor de rezervă, avertizându-i cu privire la pericolul grav al speculațiilor viitoare.

„Ce se putea aștepta de la un grup de oameni precum cei care alcătuiau Consiliul, un grup de oameni interesați exclusiv să se ascundă în spatele lui ori de câte ori exista vreun pericol de conflict, manifestând o poftă bestială de recunoaștere și laude, în timp ce nu doreau decât să se „pună bine" cu „oamenii mari" pe care îi considerau stăpânii finanțelor și sistemului bancar american?"

H. Parker Willis a omis orice referire la Lord Montague Norman și la mașinațiunile Băncii Angliei, care urmau să ducă la Criza din 1929 și la Marea Depresiune.

CAPITOLUL DOISPREZECE

MAREA DEPRESIUNE

R.G. Hawtrey, economistul englez, a declarat, în American Economic Review din martie 1926:

„Când investițiile externe depășesc oferta de economii generale, piața investițiilor trebuie să acopere excedentul cu bani împrumutați de la bănci. O soluție este controlul creditului prin creșterea ratei bancare."

Consiliul Rezervei Federale a aplicat acest control al creditului, dar nu în 1926 și nici ca măsură corectivă. Acesta nu a fost aplicat decât în 1929, iar rata a fost majorată ca măsură punitivă, pentru a-i exclude pe toți, cu excepția marilor trusturi.

Profesorul Cassel, în Quarterly Journal of Economics, august 1928, a scris că: „Faptul că o bancă centrală nu reușește să-și majoreze rata bancară în conformitate cu situația reală a pieței de capital sporește foarte mult intensitatea mișcării ciclice a comerțului, cu toate efectele sale pernicioase asupra economiei sociale. O reglementare rațională a ratei bancare se află în mâinile noastre și poate fi realizată numai dacă îi percepem importanța și decidem să adoptăm o astfel de politică.

Cu o rată bancară reglementată în acest sens, condițiile pentru dezvoltarea ciclurilor comerciale ar fi modificate radical și, într-adevăr, ciclurile comerciale cu care suntem obișnuiți ar fi de domeniul trecutului."

Aceasta este cea mai autoritară premisă formulată până în prezent, care susține că depresiunile noastre economice sunt precipitate artificial. Apariția Panicii din 1907, a Depresiunii Agricole din 1920 și a Marii Depresiuni din 1929, toate trei în ani cu recolte bune și în perioade de prosperitate națională, sugerează că această premisă nu este o simplă presupunere. Lord Maynard Keynes a subliniat că majoritatea teoriilor privind ciclul economic nu au reuşit să coreleze în mod adecvat analiza lor cu mecanismul monetar. Orice anchetă sau studiu privind o criză economică care nu a inclus factori precum mişcările aurului şi presiunile asupra cursului de schimb ar fi inutil, însă economiştii americani au evitat întotdeauna această problemă.

Liga Naţiunilor îşi atinsese obiectivul de a readuce naţiunile Europei la etalonul aur până în 1928, dar trei sferturi din aurul mondial se afla în Franţa şi în Statele Unite. Problema era cum să se aducă acel aur în ţările care aveau nevoie de el ca bază pentru monedă şi credit. Răspunsul a fost acţiunea Sistemului Rezervei Federale.

În urma întâlnirii secrete dintre Consiliul Rezervei Federale şi şefii băncilor centrale străine din 1927, băncile Rezervei Federale şi-au dublat în câteva luni deţinerile de titluri de stat şi acceptanţe, ceea ce a dus la exportul a cinci sute de milioane de dolari în aur în acel an. Activităţile de piaţă ale Sistemului au forţat scăderea ratelor dobânzilor la bursa de valori şi au forţat ieşirea aurului din ţară. Străinii au profitat, de asemenea, de această ocazie pentru a cumpăra în cantităţi mari titluri de stat, datorită ratei scăzute a dobânzii.

„Acordul dintre Banca Angliei şi autorităţile Rezervei Federale de la Washington, încheiat cu multe luni în urmă, prevedea că vom forţa exportul a 725 de milioane de aur prin reducerea ratelor bancare de aici, contribuind astfel la stabilizarea Franţei şi a Europei şi punând Franţa pe o bază auriferă."[124] (20 aprilie 1928)

Pe 6 februarie 1929, domnul Montagu Norman, guvernatorul Băncii Angliei, a venit la Washington şi a avut o întâlnire cu Andrew Mellon, secretarul Trezoreriei. Imediat după acea vizită misterioasă, Consiliul Rezervei Federale şi-a schimbat brusc politica şi a adoptat o politică a ratei de scont ridicate, abandonând politica banilor ieftini pe care o inaugurase în 1927 după o altă vizită a domnului Norman. Prăbuşirea pieţei bursiere şi deflaţia structurii financiare a poporului american erau programate să aibă loc în martie. Pentru a pune lucrurile în mişcare, Paul Warburg a dat avertismentul oficial traderilor să iasă de pe piaţă. În raportul său anual către acţionarii

---

[124] Clarence W. Barron, *They Told Barron*, Harpers, New York, 1930, p. 353.

International Acceptance Bank, în martie 1929, domnul Warburg a spus:

„Dacă se permite răspândirea orgiilor speculațiilor neîngrădite, prăbușirea finală va afecta cu siguranță nu numai speculatorii înșiși, ci va provoca o depresiune generală care va implica întreaga țară."

În cei trei ani de „speculații neîngrădite", domnul Warburg nu a considerat oportun să facă vreo remarcă cu privire la starea Bursei de Valori. Un organ de presă prietenos, *The New York Times*, nu numai că a dedicat raportului două coloane pe pagina sa editorială, dar a comentat în editorial înțelepciunea și profunzimea observațiilor domnului Warburg. Îngrijorarea domnului Warburg era sinceră, deoarece bula bursieră mersese mult mai departe decât se intenționase, iar bancherii se temeau de consecințe în cazul în care oamenii ar fi realizat ce se întâmplă. Când acest raport din *The New York Times* a declanșat o undă bruscă de vânzări la bursă, bancherii au intrat în panică și s-a decis să se calmeze puțin piața. În consecință, National City Bank a lui Warburg a injectat douăzeci și cinci de milioane de dolari în numerar pe piața monetară și a amânat ziua prăbușirii.

Dezvăluirea deciziei finale a Consiliului Rezervei Federale de a declanșa Criza din 1929 apare, în mod surprinzător, în *ziarul The New York Times*. Pe 20 aprilie 1929, *The Times* titra: „Reuniune misterioasă a Consiliului Consultativ Federal la Washington. Rezoluțiile au fost adoptate de consiliu și transmise consiliului de administrație, dar scopul lor a fost păstrat cu strictețe. O atmosferă de mister profund a învăluit lucrările atât ale consiliului de administrație, cât și ale consiliului. S-au depus toate eforturile pentru a păstra secretul lucrărilor acestei sesiuni extraordinare. Corespondenților ziarelor li s-au dat răspunsuri evazive."

Doar cercul restrâns al „The London Connection" știa că la această „ședință misterioasă" se decisese să se pună capăt celui mai mare boom speculativ din istoria Americii. Cei care erau la curent au început să-și vândă toate acțiunile speculative și să-și investească banii în obligațiuni de stat. Cei care nu erau la curent cu această informație secretă, printre care se aflau și unii dintre cei mai bogați oameni din America, au continuat să-și păstreze acțiunile speculative și au pierdut tot ce aveau.

În cartea „FDR, My Exploited Father-in-Law", colonelul Curtis B. Dall, care era broker pe Wall Street la acea vreme, scrie despre Crasul: „De fapt, a fost o «tunsură» calculată a publicului de către puterile monetare mondiale, declanşată de o penurie bruscă şi planificată a ofertei de bani la vedere ( ) pe piaţa monetară din New York."[125] Peste noapte, Sistemul Rezervei Federale a majorat rata dobânzii la douăzeci la sută. Incapabili să facă faţă acestei rate, singura alternativă a speculatorilor a fost să sară pe fereastră.

Rata Băncii Rezervei Federale din New York, care dicta rata naţională a dobânzii, a ajuns la şase la sută la 1 noiembrie 1929. După ce investitorii au dat faliment, aceasta a scăzut la unu şi jumătate la sută pe 8 mai 1931. Congresmanul Wright Patman, în „A Primer On Money", spune că masa monetară a scăzut cu opt miliarde de dolari între 1929 şi 1933, determinând 11.630 de bănci din totalul de 26.401 din Statele Unite să dea faliment şi să-şi închidă porţile.

Consiliul Rezervei Federale îi avertizase deja pe acţionarii băncilor Rezervei Federale să iasă de pe piaţă, pe 6 februarie 1929, dar nu s-a deranjat să spună nimic restului populaţiei. Nimeni nu ştia ce se întâmplă, cu excepţia bancherilor de pe Wall Street care conduceau spectacolul. Mişcările aurului erau complet nesigure. Revista „Quarterly Journal of Economics" a remarcat că:

„S-a ridicat întrebarea, nu numai în această ţară, ci şi în mai multe ţări europene, dacă statisticile vamale înregistrează cu acurateţe mişcările metalelor preţioase şi, atunci când s-au efectuat investigaţii, încrederea în astfel de cifre a fost mai degrabă slăbită decât întărită. Orice mişcare între Franţa şi Anglia, de exemplu, ar trebui înregistrată în fiecare ţară, dar o astfel de comparaţie arată o discrepanţă medie anuală de cincizeci de milioane de franci pentru Franţa şi optzeci şi cinci de milioane de franci pentru Anglia. Aceste discrepanţe enorme nu sunt justificate."

Onorabilul Reginald McKenna a declarat că:

„Studiul relaţiilor dintre schimbările stocului de aur şi evoluţia nivelurilor preţurilor arată ceea ce ar trebui să fie foarte evident, dar nu este deloc recunoscut, şi anume că etalonul aur nu funcţionează

---

125 Col. Curtis B. Dall, *F.D.R., My Exploited Father-in-Law*, Liberty Lobby, Washington, D.C., 1970.

în niciun fel automat. Etalonul aur poate fi și este gestionat și controlat în mod util în beneficiul unui grup restrâns de comercianți internaționali."

În august 1929, Consiliul Rezervei Federale a majorat rata la șase la sută. Banca Angliei a majorat rata în luna următoare de la cinci la jumătate la șase la jumătate la sută. Dr. Friday, în numărul din septembrie 1929 al revistei Review of Reviews, nu a găsit niciun motiv pentru acțiunea Consiliului:

„Declarația Rezervei Federale din 7 august 1929 arată că nu există semne de insuficiență pentru cerințele de toamnă. Resursele de aur sunt considerabil mai mari decât în anul precedent, iar aurul continuă să sosească, spre rușinea financiară a Germaniei și Angliei. Motivele acțiunii Consiliului trebuie căutate în altă parte. Publicului i s-a dat doar indiciul că «Această problemă a prezentat dificultăți din cauza anumitor condiții speciale». Toate motivele invocate de guvernatorul Young pentru scăderea ratei bancare anul trecut există și acum. Creșterea ratei înseamnă nu numai că există pericolul atragerii aurului din străinătate, ci și că importurile de metal galben sunt în curs de desfășurare de patru luni. A face orice pentru a accentua acest lucru înseamnă a-și asuma responsabilitatea pentru provocarea unei deflații a creditului la nivel mondial."

Astfel, constatăm că nu numai că Sistemul Rezervei Federale a fost responsabil pentru Primul Război Mondial, pe care l-a făcut posibil prin faptul că a permis Statelor Unite să finanțeze Aliații, dar politicile sale au provocat și criza economică mondială din 1929-1931. Guvernatorul Adolph C. Miller a declarat în cadrul anchetei Senatului privind Consiliul Rezervei Federale din 1931 că:

„Dacă nu am fi avut Sistemul Rezervei Federale, nu cred că am fi avut o situație speculativă atât de gravă precum cea cu care ne-am confruntat."

Carter Glass a răspuns: „Ați arătat clar că Consiliul Rezervei Federale a asigurat o expansiune creditului extraordinară prin aceste tranzacții pe piața liberă."

Emmanuel Goldenweiser a spus: „În 1928-1929, Consiliul Federal a încercat să limiteze creșterea rapidă a împrumuturilor garantate cu titluri de valoare și a speculațiilor de pe piața bursieră. Continuitatea acestei politici de restricție a fost însă întreruptă de reducerea ratelor la efecte de comerț în toamna anului 1928 și în vara anului 1929."

Atât J.P. Morgan, cât și Kuhn, Loeb Co. aveau „liste preferențiale" cu persoane cărora le trimiteau în avans anunțuri privind acțiunile profitabile. Persoanele de pe aceste liste preferențiale aveau dreptul să achiziționeze aceste acțiuni la preț de cost, adică cu 2 până la 15 puncte pe acțiune mai puțin decât prețul la care erau vândute publicului. Bărbații de pe aceste liste erau colegi bancheri, industriași proeminenți, politicieni puternici din orașe, membri ai comitetelor naționale ale Partidului Republican și Democrat și conducători ai țărilor străine. Bărbații de pe aceste liste au fost anunțați despre prăbușirea iminentă și au vândut toate acțiunile, cu excepția așa-numitelor acțiuni de primă mână, General Motors, Dupont etc. Prețurile acestor acțiuni au scăzut, de asemenea, la minime record, dar au crescut la scurt timp după aceea. Modul în care au operat marii bancheri în 1929 este dezvăluit de un articol din Newsweek din 30 mai 1936, când un numit al lui Roosevelt, Ralph W. Morrison, a demisionat din Consiliul Rezervei Federale:

„Opinia generală este că Consiliul Rezervei Federale a pierdut un om capabil. El și-a vândut acțiunile din sectorul utilităților din Texas către Insull pentru zece milioane de dolari, iar în 1929 a convocat o ședință și a ordonat băncilor sale să închidă toate împrumuturile garantate până la 1 septembrie. Drept urmare, acestea au traversat criza economică cu brio."

În mod previzibil, toți marii bancheri au trecut prin criză „cu brio". Cei care au suferit au fost muncitorii și fermierii care își investiseră banii în acțiuni care promiteau îmbogățirea rapidă, după ce președintele Statelor Unite, Calvin Coolidge, și secretarul Trezoreriei, Andrew Mellon, îi convinseseră să facă acest lucru.

Au existat câteva avertismente cu privire la criza care se apropia în Anglia, pe care ziarele americane nu le-au văzut niciodată. London Statist scria pe 25 mai 1929:

„Autoritățile bancare din Statele Unite par să dorească o panică economică pentru a frâna speculațiile."

London Economist din 11 mai 1929 scria:

„Evenimentele din ultimul an au marcat începutul unei noi tehnici care, dacă va fi menţinută şi dezvoltată, ar putea reuşi să «raţionalizeze speculatorul fără a afecta comerciantul»."

Guvernatorul Charles S. Hamlin a citat această declaraţie la audierile din Senat din 1931 şi a spus, în confirmarea acesteia:

„Aceasta era opinia anumitor membri ai Consiliului, de a retrage creditul Rezervei Federale de la speculator fără a afecta comerciantul."

Guvernatorul Hamlin nu s-a obosit să sublinieze că „speculatorii" pe care voia să-i distrugă erau profesorii şi comercianţii din oraşele mici care îşi investiseră economiile pe piaţa bursieră, sau că „comercianţii" pe care încerca să-i protejeze erau marii operatori de pe Wall Street, Bernard Baruch şi Paul Warburg.

Când Banca Rezervei Federale din New York a majorat rata dobânzii la şase la sută pe 9 august 1929, au început condiţiile de piaţă care au culminat cu ordine de vânzare uriaşe din 24 octombrie până în noiembrie, care au şters valori ale titlurilor de valoare în valoare de o sută şaizeci de miliarde de dolari. Aceia erau o sută şaizeci de miliarde pe care cetăţenii americani le aveau într-o lună şi nu le mai aveau în luna următoare. Ne putem face o idee despre amploarea acestei calamităţi dacă ne amintim că cheltuielile noastre enorme de bani şi bunuri în cel de-al Doilea Război Mondial s-au ridicat la puţin peste două sute de miliarde de dolari, iar o mare parte din această sumă a rămas sub formă de titluri negociabile în datoria naţională. Prăbuşirea bursei este cea mai mare nenorocire pe care a suferit-o vreodată Statele Unite.

Academia de Ştiinţe Politice a Universităţii Columbia, în cadrul reuniunii sale anuale din ianuarie 1930, a organizat o analiză post-mortem a prăbuşirii din 1929. Vicepreşedintele Paul Warburg urma să prezideze, iar directorul Ogden Mills urma să joace un rol important în discuţie. Cu toate acestea, aceşti doi domni nu s-au prezentat. Profesorul Oliver M.W. Sprague de la Universitatea Harvard a remarcat despre prăbuşire:

„Avem aici un caz de laborator minunat în care bursa pare să fi căzut sub propria greutate."

S-a subliniat că nu a existat o epuizare a creditului, ca în 1893, nici o penurie de monedă, ca în panica din 1907, când s-a recurs la certificate de compensare, și nici o prăbușire a prețurilor mărfurilor, ca în 1920. Ce a cauzat atunci criza? Oamenii cumpăraseră acțiuni la prețuri ridicate și se așteptau ca prețurile să continue să crească. Prețurile trebuiau să scadă, și au scăzut. Era evident pentru economiștii și bancherii adunați la Hotelul Astor, în fața paharelor de coniac și a trabucurilor, că vina era a oamenilor. Cu siguranță, oamenii făcuseră o greșeală cumpărând titluri de valoare supraevaluate, dar fuseseră convinși să o facă de către toți cetățenii de seamă, de la președintele Statelor Unite în jos. Toate revistele cu tiraj național, toate ziarele importante și toți bancherii, economiștii și politicienii proeminenți s-au alăturat marelui joc de încredere, îndemnând oamenii să cumpere acele titluri de valoare supraevaluate. Când Banca Rezervei Federale din New York a majorat rata dobânzii la șase la sută, în august 1929, oamenii au început să se retragă de pe piață, iar acest lucru s-a transformat într-o panică care a dus prețurile titlurilor de valoare mult sub nivelurile lor naturale. La fel ca în cazul panicii anterioare, acest lucru le-a permis atât operatorilor de pe Wall Street, cât și celor străini avizați să achiziționeze titluri de valoare „blue-chip" și „gilt-edged" la o fracțiune din valoarea lor reală.

Criza din 1929 a văzut, de asemenea, formarea unor holdinguri gigantice care au achiziționat aceste obligațiuni și titluri de valoare ieftine, precum Marine Midland Corporation, Lehman Corporation și Equity Corporation. În 1929, J.P. Morgan Company a organizat gigantul trust alimentar Standard Brands. A existat o oportunitate fără egal pentru operatorii de trusturi de a-și mări și consolida participațiile.

Emmanuel Goldenweiser, director de cercetare al Sistemului Rezervei Federale, a declarat în 1947:

„În retrospectivă, este clar că Consiliul ar fi trebuit să ignore expansiunea speculativă și să o lase să se prăbușească sub propria greutate."

Această recunoaștere a erorii, la optsprezece ani după eveniment, a fost o mică consolare pentru oamenii care și-au pierdut economiile în urma prăbușirii bursiere.

Prăbușirea de pe Wall Street din 1929 a marcat începutul unei deflații a creditului la nivel mondial care a durat până în 1932 și din care democrațiile occidentale nu și-au revenit decât odată cu începerea reînarmării pentru cel de-al Doilea Război Mondial. În timpul acestei crize economice, operatorii trusturilor și-au consolidat controlul prin sprijinul acordat celor trei escroci internaționali: frații Van Sweringen, Samuel Insull și Ivar Kreuger. Acești oameni au acumulat titluri de valoare în valoare de miliarde de dolari, ajungând la niveluri fantastice. Bancherii care i-au promovat și le-au lansat emisiunea de acțiuni ar fi putut să-i oprească în orice moment, solicitând rambursarea împrumuturilor de sub un milion de dolari, dar i-au lăsat să continue până când au încorporat numeroase proprietăți industriale și financiare în holdinguri, pe care băncile le-au preluat apoi pe nimic. Insull a acumulat participații în utilități publice în tot Midwestul, pe care băncile le-au obținut pentru o fracțiune din valoarea lor. Ivar Kreuger a fost susținut de Lee Higginson Company, presupus una dintre cele mai reputate case bancare din țară. Saturday Evening Post l-a numit „mai mult decât un titan financiar", iar revista engleză Fortnightly a spus, într-un articol scris în decembrie 1931, sub titlul „Un capitol în finanțele constructive": „Ca irigator financiar, Kreuger a devenit de o importanță vitală pentru Europa."[126]

„Irigator financiar", ne amintim, a fost titlul acordat lui Jacob Schiff de revista Newsweek, când a descris modul în care Schiff a cumpărat căile ferate americane cu banii lui Rothschild.

The New Republic a remarcat pe 25 ianuarie 1933, când a comentat faptul că Lee Higginson Company se ocupase de titlurile Kreuger și Toll pe piața americană:

„S-au pierdut trei sferturi de miliard de dolari. Cine a putut să impună poliției franceze să țină secretă vestea acestei sinucideri extrem de importante timp de câteva ore, timp în care cineva a vândut titluri Kreuger în cantități mari, ieșind astfel de pe piață înainte de dezastru?"

---

[126] NOTĂ: Ivar Kreuger, după cum ne amintim, era ocazional oaspetele personal al vechiului său prieten, președintele Herbert Hoover, la Casa Albă. Se pare că Hoover a menținut o relație cordială cu mulți dintre cei mai proeminenți escroci ai secolului al XX-lea, inclusiv cu partenerul său, Emile Francqui. Administrarea judiciară a fraudei Kreuger, în valoare de un miliard de dolari, a fost gestionată de Samuel Untermeyer, fost consilier al audierilor Comitetului Pujo.

Consiliul Rezervei Federale ar fi putut verifica expansiunea enormă a creditului acordat lui Insull și Kreuger prin investigarea garanțiilor pe baza cărora erau acordate împrumuturile, dar guvernatorii nu au efectuat niciodată vreo verificare a activităților acestor oameni.

Banca modernă, cu facilitățile de credit pe care le oferă, oferă o oportunitate care nu a existat anterior pentru operatori precum Kreuger de a da impresia unui capital abundent cu ajutorul capitalului împrumutat. Acest lucru permite speculatorului să cumpere titluri de valoare cu titluri de valoare. Singura limită a sumei pe care o poate acapara este suma pe care băncile sunt dispuse să i-o acorde, iar dacă un speculator este promovat de o casă bancară de renume, așa cum Kreuger a fost promovat de Lee Higginson Company, singura modalitate prin care ar putea fi oprit d ă ar fi o investigație a resurselor sale financiare reale, care, în cazul lui Kreuger, s-ar fi dovedit a fi nule.

Liderul poporului american în timpul crizei din 1929 și a depresiunii care a urmat a fost Herbert Hoover. După prima prăbușire a pieței (cele cinci miliarde de dolari în valori mobiliare care au dispărut pe 24 octombrie 1929), președintele Hoover a declarat:

„Activitatea fundamentală a țării, adică producția și distribuția de mărfuri, se află pe o bază solidă și prosperă."

Secretarul său al Trezoreriei, Andrew Mellon, a declarat la 25 decembrie 1929 că:

„Activitatea guvernului se află într-o stare solidă."

Propria sa afacere, Aluminum Company of America, aparent nu mergea atât de bine, întrucât el redusese salariile tuturor angajaților cu zece la sută.

New York Times a relatat pe 7 aprilie 1931: „Montagu Norman, guvernatorul Băncii Angliei, s-a consultat astăzi aici cu Consiliul Rezervei Federale. Mellon, Meyer și George L. Harrison, guvernatorul Băncii Rezervei Federale din New York, au fost prezenți."

„London Connection" îl trimisese pe Norman de data aceasta pentru a se asigura că Marea Depresiune se desfășura conform planului. Congresmanul Louis McFadden se plânsese, după cum a relatat *The New York Times*, pe 4 iulie 1930: „Prețurile mărfurilor sunt reduse la nivelurile din 1913. Salariile sunt reduse de surplusul de forță de muncă reprezentat de patru milioane de șomeri. Controlul Morgan asupra Sistemului Rezervei Federale se exercită prin controlul Băncii Rezervei Federale din New York, reprezentarea mediocră și acquiescența Consiliului Rezervei Federale din Washington." Pe măsură ce depresiunea se adâncea, strânsoarea trustului asupra economiei americane se întărea, dar nimeni nu arăta cu degetul către părțile care controlau sistemul.

CAPITOLUL TREISPREZECE

ANII 1930

În 1930, Herbert Hoover l-a numit în Consiliul Rezervei Federale pe un vechi prieten din perioada Primului Război Mondial, Eugene Meyer, Jr., care avea o lungă carieră în serviciul public începând din 1915, când a intrat în parteneriat cu Bernard Baruch în cadrul Alaska-Juneau Gold Mining Company. Meyer fusese consilier special al Consiliului Industriilor de Război pentru metale neferoase (aur, argint etc.); asistent special al secretarului de război pentru producția de avioane; în 1917 a fost numit în Comitetul Național pentru Economii de Război și a fost numit președinte al Corporației de Finanțare a Războiului între 1918 și 1926. Apoi a fost numit președinte al Consiliului Federal pentru Împrumuturi Agricole între 1927 și 1929. Hoover l-a numit în Consiliul Rezervei Federale în 1930, iar Franklin D. Roosevelt a creat Banca de Reconstrucție pentru Reconstrucție și Dezvoltare în 1946. Meyer trebuie să fi fost un om cu abilități excepționale pentru a deține atât de multe funcții importante. Cu toate acestea, au existat unii senatori care nu credeau că ar trebui să dețină vreo funcție guvernamentală, din cauza trecutului familiei sale ca negustor internațional de aur și a operațiunilor sale misterioase cu titluri de stat în valoare de miliarde de dolari în timpul Primului Război Mondial. În consecință, Senatul a organizat audieri pentru a stabili dacă Meyer ar trebui să facă parte din Consiliul Rezervei Federale.

La aceste audieri, reprezentantul Louis T. McFadden, președintele Comitetului pentru bancă și monedă al Camerei Reprezentanților, a declarat:

„Eugene Meyer Jr. a avut propriul său grup de susținători în guvern încă de la începutul carierei sale, în 1917.

Personalul său de la Corporaţia pentru Finanţarea Războiului a preluat controlul asupra Sistemului Federal de Împrumuturi Agricole, iar aproape imediat după aceea, Kansas City Joint Stock Land Bank şi Ohio Joint Stock Land Bank au dat faliment.

REPREZENTANTUL RAINEY: Domnul Meyer, când a demisionat nominal din funcţia de şef al Consiliului Federal pentru Împrumuturi Agricole, nu şi-a încetat de fapt activităţile acolo. A lăsat în urmă un grup capabil de distrugători. Aceştia îi continuă politicile şi se consultă cu el. Înainte de numirea sa, se consulta frecvent cu secretarul adjunct al Trezoreriei, Dewey. Chiar înainte de numirea sa, Chicago Joint Land Stock Bank, Dallas Joint Stock Land Bank, Kansas City Joint Land Stock Bank şi Des Moines Land Bank funcţionau toate. Obligaţiunile lor se vindeau la valoarea nominală. Comisarul agricol de atunci avea o înţelegere cu secretarul Dewey că nimic nu se va face fără consimţământul şi aprobarea Consiliului Federal pentru Împrumuturi Agricole. Câteva zile mai târziu, şerifii federali, cu pistoale la centură şi, uneori, cu pistoalele scoase, au intrat în aceste cinci bănci şi au cerut ca băncile să le fie predate. Vestea despre ceea ce se întâmplase s-a răspândit în toată Statele Unite prin intermediul ziarelor, iar aceste bănci au fost ruinate. Acest lucru a dus la ruperea relaţiilor cu vechiul Consiliu Federal pentru Împrumuturi Agricole, la demisia a trei dintre membrii săi şi la numirea domnului Meyer în funcţia de preşedinte al acelui consiliu.

SENATORUL CAREY: Cine a autorizat şerifii să preia băncile?

REP. RAINEY: Secretarul adjunct al Trezoreriei, Dewey. Asta a declanşat ruinarea tuturor acestor bănci rurale, iar familia Giannini le-a cumpărat în număr mare.

World's Work din februarie 1931, spunea:

„Când a început Primul Război Mondial pentru noi, în 1917, domnul Eugene Meyer, Jr. a fost printre primii chemaţi la Washington. În aprilie 1918, preşedintele Wilson l-a numit director al Corporaţiei de Finanţare a Războiului. Această corporaţie a împrumutat 700 de milioane de dolari instituţiilor bancare şi financiare."

Audierea din Senat privind cazul lui Eugene Meyer Jr. a continuat:

REPREZENTANTUL MCFADDEN: „Lazard Freres, casa bancară internațională din New York și Paris, era o casă bancară a familiei Meyer. Ea apare frecvent în importurile și exporturile de aur, iar una dintre funcțiile importante ale Sistemului Rezervei Federale are legătură cu mișcările de aur în cadrul menținerii operațiunilor proprii ale. Analizând procesul-verbal al audierii pe care am avut-o joia trecută, senatorul Fletcher l-a întrebat pe domnul Meyer: „Aveți vreo legătură cu sectorul bancar internațional?" Domnul Meyer a răspuns: „Eu? Nu personal." Această ultimă întrebare și răspuns nu apar în transcrierea stenografică. Senatorul Fletcher își amintește că a pus întrebarea și a primit răspunsul. Este o omisiune ciudată.

SENATORUL BROOKHART: Înțeleg că domnul Meyer a verificat-o pentru corecturi.

REPREZENTANTUL MCFADDEN: Domnul Meyer este cumnatul lui George Blumenthal, membru al firmei J.P. Morgan Company, care reprezintă interesele familiei Rothschild. El este, de asemenea, ofițer de legătură între guvernul francez și J.P. Morgan. Edmund Platt, căruia îi mai rămăseseră opt ani din mandatul de zece ani ca guvernator al Consiliului Rezervei Federale, a demisionat pentru a-i face loc domnului Meyer. Platt a primit funcția de vicepreședinte al Marine Midland Corporation de la cumnatul lui Meyer, Alfred A. Cook. Eugene Meyer, Jr., în calitate de șef al War Finance Corporation, implicat în plasarea a două miliarde de dolari în titluri de stat, a plasat multe dintre aceste comenzi mai întâi la casa de bancă situată acum la 14 Wall Street, în numele lui Eugene Meyer, Jr. Domnul Meyer este acum un acționar important al Allied Chemical Corporation. Vă atrag atenția asupra Raportului Camerei nr. 1635, al 68-lea Congres, a doua sesiune, care relevă că au fost duplicate obligațiuni în valoare de cel puțin douăzeci și patru de milioane de dolari. Obligațiuni în valoare de zece miliarde de dolari au fost distruse în secret. Comisia noastră pentru bancă și monedă a constatat că registrele War Finance Corporation conduse de Eugene Meyer, Jr. erau extrem de eronate. În timp ce registrele erau aduse în fața comisiei noastre de către persoanele care le păstrau și erau duse înapoi la

Trezorerie noaptea, comisia a descoperit că se făceau modificări în registrele permanente."

Istoricul serviciului public nu l-a împiedicat pe Eugene Meyer, Jr. să continue să servească poporul american în cadrul Consiliului Rezervei Federale, în calitate de președinte al Corporației de Finanțare a Reconstrucției și de șef al Băncii Internaționale.

Președintele Rand, al Marine Midland Corporation, întrebat despre dorința sa bruscă de a beneficia de serviciile lui Edmund Platt, a spus:

„Îi plătim domnului Platt 22.000 de dolari pe an și, bineînțeles, i-am preluat și secretara." Aceasta însemna încă cinci mii pe an.

Senatorul Brookhart a arătat că Eugene Meyer Jr. a administrat Consiliul Federal pentru Împrumuturi Agricole împotriva intereselor fermierilor americani, spunând:

„Domnul Meyer nu a împrumutat niciodată mai mult de 180 de milioane de dolari din capitalul social de 500 de milioane de dolari al consiliului pentru împrumuturi agricole, astfel încât, pentru a ajuta fermierii, nu a putut folosi nici măcar jumătate din capital."

> DL MEYER: Senatorul Kenyon mi-a scris o scrisoare în care arăta că am cooperat în beneficiul populației din Iowa.
>
> SENATORUL BROOKHART: „Ați ieșit în față și ați luat partea opusă față de cei de pe Wall Street. Ei trimit întotdeauna pe cineva să facă asta. Nu am descoperit încă în declarațiile dumneavoastră un interes deosebit în acordarea de împrumuturi fermierilor în general, sau vreun efort real de a le îmbunătăți situația. În cei doi ani în care ați condus Consiliul Federal pentru Împrumuturi Agricole, ați acordat foarte puține împrumuturi în comparație cu capitalul de care dispuneați. Ați împrumutat doar o optime din cerere, conform propriilor dumneavoastră declarații."

În ciuda dovezilor incriminatoare descoperite în cadrul acestor audieri din Senat, Eugene Meyer, Jr. a rămas în Consiliul Rezervei Federale.

În această perioadă tragică, președintele Louis McFadden al Comitetului pentru Bănci și Monedă al Camerei Reprezentanților și-a continuat cruciada solitară împotriva „Conexiunii de la Londra" care distrusese națiunea. La 10 iunie 1932, McFadden s-a adresat Camerei Reprezentanților:

„Unii oameni cred că băncile Rezervei Federale sunt instituții ale Guvernului Statelor Unite. Ele nu sunt instituții guvernamentale. Sunt monopoluri private de credit care exploatează poporul Statelor Unite în beneficiul propriu și al clienților lor străini. Băncile Rezervei Federale sunt agenții băncilor centrale străine. Henry Ford a spus: «Singurul scop al acestor finanțiști este controlul mondial prin crearea de datorii imposibil de stins.» Adevărul este că Consiliul Rezervei Federale a uzurpat guvernul Statelor Unite prin monopolul de credit arogant care operează Consiliul Rezervei Federale și băncile Rezervei Federale."

La 13 ianuarie 1932, McFadden a prezentat o rezoluție prin care acuza Consiliul Guvernatorilor Rezervei Federale de „conspirație criminală":

„Întrucât îi acuz, în solidar, de crima de a fi conspirat și acționat în mod trădător împotriva păcii și securității Statelor Unite și de a fi conspirat în mod trădător pentru a distruge guvernul constituțional al Statelor Unite. S-a hotărât ca Comisia Judiciară să fie autorizată și îndrumată, în ansamblu sau prin subcomisii, să investigheze conduita oficială a Consiliului Rezervei Federale și a agenților săi pentru a stabili dacă, în opinia respectivei comisii, aceștia s-au făcut vinovați de vreo crimă gravă sau de vreo contravenție care, în conformitate cu Constituția, necesită intervenția puterilor constituționale ale Camerei."

Nu s-a luat nicio măsură cu privire la această rezoluție. McFadden a revenit pe 13 decembrie 1932 cu o moțiune de punere sub acuzare a președintelui Herbert Hoover. Doar cinci membri ai Congresului l-au susținut în această chestiune, iar rezoluția a eșuat. Liderul majorității republicane din Cameră a remarcat: „Louis T. McFadden este acum mort politic."

La 23 mai 1933, McFadden a introdus Rezoluția Camerei nr. 158, Articolele de punere sub acuzare împotriva secretarului Trezoreriei, a doi secretari adjuncți ai Trezoreriei, a Consiliului Guvernatorilor Rezervei Federale și a funcționarilor și directorilor băncilor Rezervei Federale pentru vinovăția și complicitatea lor în provocarea Marii Depresiuni. „Îi acuz că au preluat ilegal peste 80 de miliarde de dolari de la Guvernul Statelor Unite în anul 1928, respectiva preluare ilegală constând în recrearea ilegală a creanțelor împotriva Trezoreriei Statelor Unite în valoare de peste 80 de miliarde de dolari în anul 1928 și în fiecare an ulterior, precum și prin jefuirea Guvernului Statelor Unite și a poporului Statelor Unite prin furtul și vânzarea rezervei de aur a Statelor Unite."

Rezoluția nu a ajuns niciodată în plen. O campanie de zvonuri potrivit căreia McFadden era nebun a cuprins Washingtonul, iar la următoarele alegeri parlamentare, el a fost învins zdrobitor de miile de dolari vărsați în districtul său natal, Canton, Pennsylvania.

În 1932, poporul american l-a ales pe Franklin D. Roosevelt președinte al Statelor Unite. Acest lucru a fost salutat ca eliberarea poporului american de influența malefică care a provocat Marea Depresiune, sfârșitul dominației Wall Street-ului și dispariția bancherilor din Washington.

Roosevelt își datora cariera politică unei circumstanțe fortuite. În calitate de secretar adjunct al Marinei în timpul Primului Război Mondial, datorită legăturilor vechi de la școală, intervenise pentru a împiedica urmărirea penală a unui mare cerc de homosexuali din Marină, care includea mai mulți prieteni de la Groton și Harvard. Acest lucru i-a adus aprecierea favorabilă a unui cerc internațional bogat de homosexuali care călătorea între New York și Paris și care era prezidat de Bessie Marbury, dintr-o familie foarte veche și proeminentă din New York. „Soția" lui Bessie, care a locuit cu ea timp de mai mulți ani, era Elsie de Wolfe, mai târziu Lady Mendl într-o „căsătorie de conveniență", arbitrul cercului internațional. Ele au recrutat-o pe cea mai tânără fiică a lui J.P. Morgan, Anne Morgan, în cercul lor și au folosit averea acesteia pentru a restaura Villa Trianon din Paris, care a devenit sediul lor. În timpul Primului Război Mondial, aceasta a fost folosită ca spital. Bessie Marbury se aștepta să primească Legiunea de Onoare din partea guvernului francez ca recompensă, dar J.P. Morgan Jr., care o disprețuia pentru că i-a corupt-o pe cea mai mică soră, a cerut guvernului francez să nu-i acorde distincția, ceea ce s-a și întâmplat. Rănită de această respingere, Bessie Marbury s-a aruncat în politică și a devenit o forță în Partidul Național Democrat. Ea o recrutase și pe Eleanor Roosevelt în cercul ei și, în timpul unei vizite la Hyde Park, Eleanor i-a mărturisit că era disperată să găsească ceva de făcut pentru „bietul Franklin", deoarece acesta era țintuit într-un scaun cu rotile și era foarte deprimat.

„Știu ce vom face”, a exclamat Bessie, „Îl vom propune pentru funcția de guvernator al statului New York!” Datorită influenței sale, a reușit să-și atingă acest obiectiv, iar Roosevelt a devenit ulterior președinte.

Unul dintre oamenii pe care Roosevelt i-a adus cu el din New York în calitate de consilier special al Trezoreriei a fost Earl Bailie de la J & W Seligman Company, care devenise notoriu ca fiind omul care i-a înmânat mita de 415.000 de dolari lui Juan Leguia, fiul președintelui Peru, pentru a-l convinge pe președinte să accepte un împrumut de la J & W Seligman Company. Această numire a fost foarte criticată, iar domnul Roosevelt, în conformitate cu noul său rol de apărător al poporului d, l-a trimis pe Earl Bailie înapoi la New York.

Franklin D. Roosevelt însuși era un bancher internațional cu o reputație proastă, având în vedere că a emis emisiuni mari de obligațiuni străine în această țară în anii 1920. Aceste obligațiuni au intrat în incapacitate de plată, iar cetățenii noștri au pierdut milioane de dolari, dar totuși l-au dorit pe domnul Roosevelt ca președinte. New York Directory of Directors îl menționează pe domnul Roosevelt ca președinte și director al United European Investors, Ltd., în 1923 și 1924, care a emis multe milioane de mărci germane în această țară, toate fiind neplătite. Poor's Directory of Directors îl menționează ca director al The International Germanic Trust Company în 1928. Franklin D. Roosevelt a fost, de asemenea, consilier al Federal International Banking Corporation, o organizație anglo-americană care se ocupa cu titluri de valoare străine în Statele Unite.

Firma de avocatură a lui Roosevelt, Roosevelt and O'Connor, a reprezentat în anii 1920 numeroase corporații internaționale. Partenerul său de avocatură, Basil O'Connor, a fost director în următoarele corporații:

Cuban-American Manganese Corporation, Venezuela-Mexican Oil Corporation, West Indies Sugar Corporation, American Reserve Insurance Corporation, Warm Springs Foundation. A fost director în alte corporații și, mai târziu, șef al Crucii Roșii Americane.

Când Franklin D. Roosevelt a preluat funcția de președinte al Statelor Unite, l-a numit pe James Paul Warburg, fiul lui Paul Warburg și vicepreședinte al International Acceptance Bank și al altor corporaţii, în funcţia de director al Bugetului. Roosevelt l-a numit secretar al Trezoreriei pe W.H. Woodin, unul dintre cei mai mari industriaşi din ţară, director al American Car Foundry Company şi al numeroase alte fabrici de locomotive, Remington Arms, The Cuba Company, Consolidated Cuba Railroads şi alte mari corporaţii. Woodin a fost înlocuit mai târziu de Henry Morgenthau, Jr., fiul operatorului imobiliar din Harlem care îl ajutase pe Woodrow Wilson să ajungă la Casa Albă. Cu o astfel de echipă, promisiunile lui Roosevelt privind schimbări sociale radicale aveau puţine şanse de îndeplinire. Unul dintre primele lucruri pe care le-a făcut a fost să declare un moratoriu bancar, pentru a ajuta bancherii să-şi pună în ordine registrele.

World's Work spune:

„Congresul le-a lăsat lui Charles G. Dawes şi Eugene Meyer Jr. libertatea de a evalua, prin propriile metode, garanţiile pe care potenţialii împrumutaţi ai capitalului de două miliarde de dolari le pot oferi."

Roosevelt a înfiinţat, de asemenea, Comisia pentru Valori Mobiliare, pentru a se asigura că nu vor intra noi figuri în gaşca de pe Wall Street, ceea ce a provocat următorul dialog în Congres:

REPREZENTANTUL WOLCOTT: La audierile din faţa acestei comisii din 1933, economiştii ne-au arătat grafice care dovedeau fără niciun dubiu că valoarea în dolari a mărfurilor urma nivelul preţului aurului. Nu a fost aşa, nu-i aşa?

LEON HENDERSON: Nu.253

REPREZENTANTUL GIFFORD: Nu a fost Joe Kennedy numit [în funcţia de preşedinte al Comisiei pentru Valori Mobiliare] de către preşedintele Roosevelt pentru că era favorabil marilor afaceri?

LEON HENDERSON: Cred că da.

Paul Einzig a subliniat în 1935 că:

„Preşedintele Roosevelt a fost primul care s-a declarat deschis în favoarea unei politici monetare care viza o creştere deliberată a preţurilor. Într-un sens negativ, politica sa a avut succes. Între 1933 şi 1935, el a reuşit să reducă îndatorarea privată, dar acest lucru s-a făcut cu preţul creşterii îndatorării publice."

Cu alte cuvinte, el a transferat povara datoriilor de la bogaţi la săraci, deoarece bogaţii sunt puţini, iar săracii sunt mulţi.

Senatorul Robert L. Owen, depunând mărturie în faţa Comisiei Camerei Reprezentanţilor pentru Bănci şi Monedă în 1938, a spus:

„Am introdus în proiectul de lege pe care l-am prezentat în Senat la 26 iunie 1913 o prevedere conform căreia puterile Sistemului ar trebui folosite pentru a promova un nivel stabil al preţurilor, ceea ce însemna un dolar cu putere de cumpărare şi de rambursare a datoriilor stabilă. Aceasta a fost eliminată. Puternicele interese financiare au preluat controlul asupra Consiliului Rezervei Federale prin intermediul domnilor Paul Warburg, Albert Strauss şi Adolph C. Miller şi au reuşit să organizeze acea întâlnire secretă din 18 mai 1920, provocând o contracţie a creditului atât de violentă încât a lăsat cinci milioane de oameni fără loc de muncă. În 1920, acel Consiliu al Rezervei d, a provocat în mod deliberat Panica din 1921. Aceiaşi oameni, fără restricţii pe piaţa bursieră, extinzând creditul la un nivel excesiv între 1926 şi 1929, au ridicat preţul acţiunilor la un nivel fantastic, la care nu puteau obţine dividende, iar când oamenii şi-au dat seama de acest lucru, au încercat să iasă, ceea ce a dus la Căderea din 24 octombrie 1929."

Senatorul Owen nu a abordat problema dacă Consiliul Rezervei Federale poate fi tras la răspundere în faţa publicului. De fapt, nu poate. Membrii săi sunt funcţionari publici numiţi de preşedinte, dar salariile lor sunt plătite de acţionarii privaţi ai băncilor Rezervei Federale.

Guvernatorul W.P.G. Harding al Consiliului Rezervei Federale a declarat în 1921 că:

„Banca Rezervei Federale este o instituţie deţinută de băncile membre acţionare. Guvernul nu deţine niciun dolar din acţiunile acesteia."

Cu toate acestea, guvernul pune la dispoziţia Sistemului Rezervei Federale utilizarea creditului său de miliarde de dolari, iar acest lucru conferă Rezervei Federale caracteristica unei bănci centrale, puterea de a emite monedă pe creditul guvernului. Nu avem bancnote ale guvernului federal sau certificate de aur ca monedă. Avem bancnote ale Băncii Rezervei Federale, emise de băncile

Rezervei Federale, iar fiecare dolar pe care îl tipăresc este un dolar în buzunarul lor.

W. Randolph Burgess, de la Banca Rezervei Federale din New York, a declarat în fața Academiei de Științe Politice în 1930 că:

„În ceea ce privește principiile sale majore de funcționare, Sistemul Rezervei Federale nu diferă de alte bănci de emisiune, precum Banca Angliei, Banca Franței sau Reichsbank."

Toate aceste bănci centrale au puterea de a emite monedă în țările respective. Astfel, oamenii nu dețin proprii lor bani în Europa, și nici aici. Aceștia sunt tipăriți în mod privat pentru profit privat. Oamenii nu au suveranitate asupra banilor lor, și s-a ajuns la situația în care nu au suveranitate nici asupra altor chestiuni politice majore, precum politica externă.

În calitate de bancă centrală de emisiune, Sistemul Rezervei Federale are în spate toată averea enormă a poporului american. Când a început să funcționeze în 1913, a creat o amenințare serioasă pentru băncile centrale ale țărilor sărace din Europa. Deoarece reprezenta această mare avere, a atras mult mai mult aur decât era de dorit în anii 1920, și era evident că în curând tot aurul lumii se va aduna în această țară. Acest lucru ar fi transformat etalonul aur într-o glumă în Europa, deoarece acolo nu ar mai fi existat aur care să susțină emisiunea de bani și credit. Scopul declarat al Rezervei Federale în 1927, după întâlnirea secretă cu șefii băncilor centrale străine, a fost acela de a trimite înapoi în Europa cantități mari din acel aur, iar metodele sale de a face acest lucru – rata scăzută a dobânzii și achizițiile masive de titluri de stat, care au creat sume uriașe de bani noi – au intensificat speculațiile de pe piața bursieră și au transformat prăbușirea bursei și depresiunea rezultată într-un dezastru național.

Deoarece Sistemul Rezervei Federale era vinovat de provocarea acestui dezastru, am putea presupune că ar fi încercat să-l atenueze. Cu toate acestea, în anii întunecați 1931 și 1932, guvernatorii Consiliului Rezervei Federale au văzut cum situația poporului american se înrăutățea și nu au făcut nimic pentru a-l ajuta. Acest lucru a fost mai criminal decât complotul inițial al Depresiunii. Oricine a trăit acei ani în această țară își amintește șomajul generalizat, mizeria și foamea poporului nostru. În orice moment din acei ani, Consiliul Rezervei Federale ar fi putut acţiona pentru a ameliora această situaţie.

Problema era să se repună nişte bani în circulaţie. O mare parte din banii folosiţi în mod normal pentru a plăti chiria şi facturile pentru alimente fuseseră absorbiţi de Wall Street, încât nu mai existau bani pentru a duce viaţa de zi cu zi. În multe zone, oamenii îşi tipăreau proprii bani pe lemn şi hârtie pentru a-i folosi în comunităţile lor, iar aceşti bani erau valabili, deoarece reprezentau obligaţii reciproce pe care oamenii le îndeplineau.

Sistemul Rezervei Federale era o bancă centrală de emisiune. Avea puterea de a emite milioane de dolari şi a făcut-o atunci când i-a convenit proprietarilor săi. De ce nu a făcut acest lucru în 1931 şi 1932? Bancherii de pe Wall Street terminaseră cu domnul Herbert Hoover şi doreau ca Franklin D. Roosevelt să intre pe o undă de glorie ca salvator al naţiunii. Prin urmare, poporul american a trebuit să înfometeze şi să sufere până în martie 1933, când Cavalerul Alb a venit călare cu echipa sa de mituitori de pe Wall Street şi a pus nişte bani în circulaţie l ă. Asta a fost tot. Imediat ce domnul Roosevelt a preluat funcţia, Rezerva Federală a început să cumpere titluri de stat în valoare de zece milioane de dolari pe săptămână timp de zece săptămâni şi a creat o sută de milioane de dolari în bani noi, ceea ce a atenuat criza acută de bani şi credit, iar fabricile au început să angajeze din nou oameni.

În timpul administraţiei Roosevelt, Consiliul Rezervei Federale era, în ochii publicului, reprezentat de Marriner Eccles, un discipol şi admirator al „Şefului". Eccles era un bancher din Utah, preşedinte al First Securities Corporation, un fond de investiţii de familie alcătuit din mai multe bănci pe care Eccles le achiziţionase la preţuri mici în timpul crizei agricole din 1920-1921. Eccles era, de asemenea, director al unor corporaţii precum Pet Milk Company, Mountain States Implement Company şi Amalgamated Sugar. În calitate de bancher important, Eccles se integra bine în grupul de oameni puternici care îl susţineau pe Roosevelt.

Au existat unele discuţii în Congres cu privire la faptul dacă Eccles ar trebui să facă parte din Consiliul Rezervei Federale în acelaşi timp în care deţinea toate aceste bănci din Utah, dar el a declarat că avea foarte puţin de-a face cu First Securities

Corporation în afară de faptul că era președintele acesteia, așa că a fost confirmat în funcția de președinte al Consiliului.

Eugene Meyer, Jr. a demisionat acum din Consiliu pentru a-și dedica mai mult timp împrumutării capitalului de două miliarde de dolari al Reconstruction Finance Corporation și determinării valorii garanțiilor prin propriile sale metode.

Legea bancară din 1935, care a sporit considerabil puterea lui Roosevelt asupra finanțelor naționale, a fost o parte integrantă a legislației prin care acesta a propus să-și extindă domnia în Statele Unite. Ea nu a fost contestată de popor, așa cum a fost Legea de redresare națională, deoarece nu constituia o încălcare atât de flagrantă a libertăților lor. A fost, totuși, o măsură importantă. În primul rând, a prelungit mandatul Consiliului Guvernatorilor Rezervei Federale la paisprezece ani, adică de trei ori și jumătate durata unui mandat prezidențial. Acest lucru însemna că un președinte care prelua funcția și care ar fi putut fi ostil Consiliului nu putea numi o majoritate favorabilă lui în cadrul acestuia. Astfel, o politică monetară inaugurată înainte ca un președinte să intre la Casa Albă ar fi continuat indiferent de dorințele sale.

Legea bancară din 1935 a abrogat, de asemenea, clauza din Legea bancară Glass-Steagall din 1933, care prevedea că o instituție bancară nu putea fi listată la bursă și, în același timp, să se implice în activități de investiții bancare. Această clauză era una bună, deoarece împiedica o instituție bancară să împrumute bani unei corporații pe care o deținea. Totuși, trebuie reținut că această clauză ascundea alte prevederi din acea lege, cum ar fi crearea Corporației Federale de Asigurare a Depozitelor, care oferea fonduri de asigurare în valoare de 150 de milioane de dolari, pentru a garanta depozite în valoare de cincisprezece miliarde de dolari. Acest lucru a sporit puterea marilor bancheri asupra băncilor mici și le-a oferit un alt pretext pentru a le investiga. Legea bancară din 1933 a stabilit, de asemenea, că toate veniturile băncilor Rezervei Federale trebuie, conform legii, să revină băncilor însele. În cele din urmă, dispoziția din lege conform căreia guvernul avea dreptul la o parte din profituri a fost eliminată. Aceasta nu fusese niciodată respectată, iar creșterea activelor băncilor Rezervei Federale de la 143 de milioane de dolari în 1913 la 45 de miliarde de dolari în 1949 a revenit în întregime acționarilor privați ai băncilor. Astfel, singura dispoziție constructivă a Legii bancare din 1933 a fost abrogată în 1935, iar băncilor Rezervei Federale li s-a permis acum să acorde împrumuturi direct industriei, concurând cu băncile membre, care nu puteau spera să se ridice la nivelul capacității lor de a aranja împrumuturi mari.

Când dispoziția conform căreia băncile nu puteau fi implicate în activități de investiții bancare și nu puteau opera la bursă a fost abrogată în 1935, Carter Glass, inițiatorul acelei dispoziții, a fost întrebat de reporteri:

„Asta înseamnă că J.P. Morgan poate reveni în sectorul bancar de investiții?"

„Păi, de ce nu?", a răspuns senatorul Glass. „A existat un val de proteste în toată țara pentru că băncile nu acordau împrumuturi. Acum, familia Morgan se poate întoarce la subscrierea de emisiuni."

Deoarece acea prevedere le era nefavorabilă, bancherii pur și simplu au restricționat acordarea de împrumuturi până la abrogarea ei.

Newsweek din 14 martie 1936 a menționat că:

„Consiliul Rezervei Federale a demis nouă președinți ai băncilor de rezervă, explicând că «intenționa să transforme funcțiile de președinte al băncilor de rezervă în mare parte într-o slujbă cu jumătate de normă, pe bază onorifică»."

Acesta a fost un alt exemplu de centralizare a controlului în cadrul Sistemului Rezervei Federale. Sistemul regional de districte nu fusese niciodată un factor important în administrarea politicii monetare, iar Consiliul nu reducea numărul funcționarilor săi din afara Washingtonului. Președintele Comisiei Senatului pentru Bănci și Monedă întrebase, în timpul audierilor privind rezervele de aur din 1934:

„Nu este adevărat, domnule guvernator Young, că secretarul Trezoreriei a dominat în ultimii doisprezece ani politica băncilor Rezervei Federale și a Consiliului Rezervei Federale în ceea ce privește achiziționarea de obligațiuni ale Statelor Unite?"

Guvernatorul Young a negat acest lucru, dar se scosese deja la iveală faptul că, în ambele călătorii sale grăbite în această țară, în 1927 și 1929, pentru a dicta politica Rezervei Federale, guvernatorul Montagu Norman al Băncii Angliei se dusese direct la Andrew

Mellon, secretarul Trezoreriei, pentru a-l convinge să cumpere titluri de stat pe piața liberă și să înceapă transferul aurului din această țară înapoi în Europa.

Audierea privind rezervele de aur a adus în prim-plan și alte persoane care aveau un interes mai mult decât trecător în operațiunile Sistemului Rezervei Federale. James Paul Warburg, proaspăt întors de la Conferința Economică de la Londra împreună cu profesorul O.M.W. Sprague și Henry L. Stimson, a venit să declare că, în opinia sa, ar trebui să modernizăm etalonul aur. Frank Vanderlip a sugerat să desființăm Consiliul Rezervei Federale și să înființăm o Autoritate Monetară Federală. Acest lucru nu ar fi făcut nicio diferență pentru bancherii din New York, care ar fi selectat personalul oricum. Iar senatorul Robert L. Owen, critic de lungă durată al sistemului, a făcut următoarea declarație:

„Oamenii nu știau că băncile Rezervei Federale au fost organizate în scopul obținerii de profit. Acestea erau menite să stabilizeze creditul și oferta monetară a țării. Acest scop nu a fost atins. De fapt, a existat o variație remarcabilă a puterii de cumpărare a banilor de când sistemul a intrat în vigoare. Oamenii din Rezerva Federală sunt aleși de marile bănci, prin mici campanii discrete, și, în mod firesc, aceștia urmează idealurile care le sunt prezentate ca fiind cele mai solide din punct de vedere financiar."

Benjamin Anderson, economist la Chase National Bank din New York, a declarat:

„În acest moment, în 1934, avem rezerve excedentare de 900 de milioane de dolari. În 1924, cu rezerve suplimentare de 300 de milioane, s-a obținut foarte rapid o expansiune a creditului bancar de aproximativ trei sau patru miliarde. Acești bani suplimentari au fost puși în circulație de băncile Rezervei Federale în 1924 prin cumpărarea de titluri de stat și au fost cauza expansiunii rapide a creditului bancar. Băncile au continuat să obțină rezerve excedentare deoarece a intrat mai mult aur și deoarece, ori de câte ori se producea o încetinire, oamenii de la Rezerva Federală puneau la dispoziție ceva mai mult. S-au abținut puțin în 1926.

Situația s-a stabilizat puțin în acel an. Apoi, în 1927, au pus în circulație rezerve suplimentare de mai puțin de 300 de milioane, au declanșat o creștere nebună a pieței bursiere, iar asta ne-a dus direct la prăbușirea din 1929."

Dr. Anderson a mai afirmat că:

„Banii băncilor Rezervei Federale sunt bani pe care acestea i-au creat. Atunci când achiziționează titluri de stat, ele creează rezerve. Plătesc titlurile de stat prin cecuri emise de ele însele, iar aceste cecuri ajung la băncile comerciale și sunt depuse de acestea la băncile Rezervei Federale, astfel încât se creează bani care înainte nu existau."

SENATORUL BULKLEY: Asta nu crește deloc masa monetară în circulație?

ANDERSON: Nu.

Aceasta este o explicație a modului în care băncile Rezervei Federale și-au mărit activele de la 143 de milioane de dolari la 45 de miliarde de dolari în treizeci și cinci de ani. Ele nu au produs nimic, erau întreprinderi neproductive și, totuși, au obținut acest profit enorm, doar prin crearea de bani, 95% din aceștia sub formă de credit, care nu s-au adăugat la masa monetară. Acesta nu a fost distribuit populației sub formă de salarii și nici nu a crescut puterea de cumpărare a fermierilor și a muncitorilor. A fost bani de credit creați de bancheri pentru uzul și profitul bancherilor, care și-au mărit averea cu peste patruzeci de miliarde de dolari în câțiva ani, deoarece au obținut controlul asupra creditului guvernului în 1913 prin adoptarea Legii Rezervei Federale.

Marriner Eccles a avut, de asemenea, multe de spus despre crearea banilor. Se considera un economist și fusese adus în serviciul guvernului de Stuart Chase și Rexford Guy Tugwell, doi dintre primii consilieri ai lui Roosevelt. Eccles a fost singurul din cercul lui Roosevelt care a rămas în funcție pe toată durata administrației sale.

În fața Comisiei pentru bancă și monedă a Camerei Reprezentanților, la 24 iunie 1941, guvernatorul Eccles a declarat:

„Banii sunt creați din dreptul de a emite bani de credit."

Transferul creditului guvernamental către bancherii privați în 1913 le-a oferit acestora oportunități nelimitate de a crea bani. Sistemul Rezervei Federale putea, de asemenea, să distrugă bani în cantități mari prin operațiuni de piață deschisă. Eccles a declarat, la Audierile privind argintul din 1939:

„Când vindeţi obligaţiuni pe piaţa liberă, eliminaţi rezervele.”

Stingerea rezervelor înseamnă eliminarea bazei pentru emisiunea de bani şi credit sau, mai precis, restricţionarea banilor şi a creditului, o condiţie care este de obicei chiar mai favorabilă bancherilor decât crearea de bani. Retragerea sau distrugerea banilor îi conferă bancherului un control imediat şi nelimitat asupra situaţiei financiare, întrucât el este singurul care deţine bani şi singurul care are puterea de a emite bani într-o perioadă de penurie monetară. Panica monetară din 1873, 1893, 1920-1921 şi 1929-1931 a fost caracterizată de o retragere a mijloacelor de circulaţie. În termeni economici, acest lucru nu pare a fi ceva atât de teribil, dar când înseamnă că oamenii nu au bani să-şi plătească chiria sau să-şi cumpere mâncare, şi când înseamnă că un angajator trebuie să concedieze trei sferturi din angajaţii săi pentru că nu poate împrumuta banii necesari pentru a-i plăti, vina enormă a bancherilor şi lunga istorie de suferinţă şi mizerie pentru care sunt responsabili ar sugera că nicio pedeapsă nu ar fi prea severă pentru crimele lor împotriva semenilor lor.

La 30 septembrie 1940, guvernatorul Eccles a spus:

„Dacă nu ar exista datorii în sistemul nostru monetar, nu ar exista bani.”

Aceasta este o afirmaţie corectă despre sistemul nostru monetar. În loc ca banii să fie creaţi prin producţia oamenilor, prin creşterea anuală a bunurilor şi serviciilor, ei sunt creaţi de bancheri din datoriile oamenilor. Deoarece este inadecvat, este supus unor fluctuaţii mari şi este, în esenţă, instabil. Aceste fluctuaţii sunt, de asemenea, o sursă de profituri mari. Din acest motiv, Consiliul Rezervei Federale s-a opus în mod constant oricărei legislaţii care încearcă să stabilizeze sistemul monetar. Poziţia sa a fost expusă în mod definitiv în scrisoarea preşedintelui Eccles către senatorul Wagner din 9 martie 1939 şi în Memorandumul emis de Consiliu la 13 martie 1939.

Preşedintele Eccles a scris că:

„... vă informăm că Consiliul Guvernatorilor Sistemului Rezervei Federale nu este în favoarea adoptării proiectului de lege nr. 31 al Senatului, un proiect de lege care vizează modificarea Legii

Rezervei Federale, sau a oricărei alte legislații de acest caracter general."

Memorandumul Consiliului a precizat, în „Memorandumul privind propunerile de menținere a prețurilor la niveluri fixe":

„Consiliul Guvernatorilor se opune oricărui proiect de lege care propune un nivel stabil al prețurilor, pe motiv că prețurile nu depind în primul rând de prețul sau costul banilor; că controlul Consiliului asupra banilor nu poate fi complet; și că prețurile medii stabile, chiar dacă ar putea fi obținute prin măsuri oficiale, nu ar asigura o prosperitate durabilă."

Cu toate acestea, William McChesney Martin, președintele Consiliului Guvernatorilor în 1952, a declarat în fața Subcomisiei pentru controlul datoriei, Comitetul Patman, la 10 martie 1952, că „unul dintre scopurile fundamentale ale Legii Rezervei Federale este protejarea valorii dolarului".

Senatorul Flanders l-a întrebat: „Este acest lucru menționat în mod specific în legislația inițială de înființare a Sistemului Rezervei Federale?"

„Nu", a răspuns domnul Martin, „dar este inerent întregii istorii legislative și circumstanțelor înconjurătoare".

Senatorul Robert L. Owen ne-a povestit cum a fost eliminat din legislația inițială împotriva voinței sale și că Consiliul Guvernatorilor s-a opus unei astfel de legislații. Se pare că domnul Martin nu știe acest lucru.

Prețurile medii stabile sunt, într-adevăr, imposibile atâta timp cât avem speculanți la bursă care fac prețurile să urce și să coboare pentru a obține profituri pentru ei înșiși. În ciuda insistenței guvernatorului Eccles că prețurile medii stabile nu ar asigura o prosperitate durabilă, acestea ar putea contribui mult la realizarea acestei condiții. Un om cu un salariu anual de 2.500 de dolari nu este mai prosper dacă prețul pâinii crește cu cinci cenți pe pâine în cursul anului.

În 1935, Eccles a declarat în fața Comisiei Camerei Reprezentanților pentru Bănci și Monedă:

„Guvernul controlează rezerva de aur, adică puterea de a emite bani și credit, reglementând astfel în mare măsură structura prețurilor."

Aceasta reprezintă o contradicție aproape directă cu afirmația lui Eccles din 1939, potrivit căreia prețurile nu depind, în primul rând, de prețul sau de costul banilor.

În 1935, guvernatorul Eccles a declarat în fața Comisiei Camerei Reprezentanților:

„Consiliul Rezervei Federale are puterea de a efectua operațiuni de piață deschisă. Operațiunile de piață deschisă sunt cel mai important instrument de control asupra volumului și costului creditului în această țară. Când spun „credit" în acest context, mă refer la bani, deoarece cea mai mare parte a banilor folosiți de populația acestei țări se află sub formă de credit bancar sau depozite bancare. Când băncile Rezervei Federale cumpără bilete la ordin sau titluri de valoare pe piața liberă, ele cresc volumul banilor populației și scad costul acestora; iar când vând pe piața liberă, ele scad volumul banilor și cresc costul acestora. Autoritatea asupra acestor operațiuni, care afectează bunăstarea întregii populații, trebuie să fie investită într-un organism care reprezintă interesul național."

Mărturia guvernatorului Eccles dezvăluie esența mașinii de bani pe care Paul Warburg a dezvăluit-o colegilor săi bancheri increduli la Jekyll Island în 1910. Majoritatea americanilor spun că nu pot înțelege cum funcționează Sistemul Rezervei Federale. Rămâne de neînțeles, nu pentru că este complex, ci pentru că este atât de simplu. Dacă un escroc vine la tine și se oferă să-ți demonstreze minunata sa mașină de bani, privești cum introduce o foaie de hârtie albă și scoate o bancnotă de 100 de dolari. Acesta este Sistemul Rezervei Federale. Apoi te oferi să cumperi această minunată mașină de bani, dar nu poți. Ea este deținută de acționarii privați ai băncilor Rezervei Federale din cadrul, ale căror identități pot fi urmărite parțial, dar nu complet, până la „London Connection".

La audierile Comisiei pentru bancă și monedă a Camerei Reprezentanților din 6 iunie 1960, congresmanul Wright Patman, președinte, l-a interogat pe Carl E. Allen, președintele Băncii Rezervei Federale din Chicago. (p. 4).

PATMAN: „Domnule Allen, când Comitetul de piață deschisă al Rezervei Federale cumpără o obligațiune de un milion de dolari, dumneavoastră creați banii pe creditul națiunii pentru a plăti acea obligațiune, nu-i așa?

ALLEN: Așa este.

PATMAN: Și creditul națiunii este reprezentat de bancnotele Rezervei Federale în acest caz, nu-i așa? Dacă băncile vor banii propriu-ziși, le dați bancnote ale Rezervei Federale în schimb, nu-i așa?

ALLEN: S-ar putea face asta, dar nimeni nu vrea bancnotele Rezervei Federale.

PATMAN: Nimeni nu le vrea, pentru că băncile preferă să aibă creditul ca rezerve.

Aceasta este partea cea mai incredibilă a operațiunii Rezervei Federale și una pe care oricine o înțelege cu greu. Cum poate un cetățean american să înțeleagă conceptul că există oameni în această țară care au puterea să înregistreze într-un registru că guvernul Statelor Unite le datorează acum un miliard de dolari și să încaseze principalul și dobânda pentru acest „împrumut"?

Congresmanul Wright Patman ne povestește în „The Primer of Money", la pagina 38, cum a intrat într-o bancă a Rezervei Federale și a cerut să vadă obligațiunile pentru care poporul american plătește dobânzi. După ce i s-au arătat obligațiunile, a cerut să vadă banii lichizi, dar ei aveau doar niște registre contabile și cecuri în alb. Patman spune:

„Banii lichizi, în realitate, nu există și nu au existat niciodată. Ceea ce numim «rezerve de numerar» sunt pur și simplu credite contabile înregistrate în registrele contabile ale băncilor Rezervei Federale. Creditele sunt create de băncile Rezervei Federale și apoi transmise prin sistemul bancar."

Peter L. Bernstein, în *A Primer on Money, Banking and Gold*, spune:

„Trucul bancnotelor Rezervei Federale este că băncile Rezervei Federale nu pierd numerar atunci când plătesc această monedă băncilor membre. Bancnotele Rezervei Federale nu sunt rambursabile în nimic altceva decât în ceea ce guvernul numește «monedă cu putere legală» – adică bani pe care un creditor trebuie să fie dispus să-i accepte de la un debitor în plată a sumelor care i se datorează.

Dar, întrucât toate bancnotele Rezervei Federale sunt declarate prin lege ca fiind monedă legală, ele sunt de fapt rambursabile doar în ele însele... ele reprezintă o obligație nerambursabilă emisă de băncile Rezervei Federale."[127]

După cum spune congresmanul Patman, „Dolarul reprezintă o datorie de un dolar față de Sistemul Rezervei Federale. Băncile Rezervei Federale creează bani din nimic pentru a cumpăra obligațiuni de stat de la Trezoreria Statelor Unite, punând bani în circulație cu dobândă, prin înregistrări contabile de credit în carnetul de cecuri al Trezoreriei Statelor Unite. Trezoreria emite o obligațiune purtătoare de dobândă în valoare de un miliard de dolari. Rezerva Federală acordă Trezoreriei un credit de un miliard de dolari pentru obligațiune și a creat din nimic o datorie de un miliard de dolari pe care poporul american este obligat să o plătească cu dobândă." (Money Facts, Comisia pentru bancă și monedă a Camerei Reprezentanților, 1964, p. 9)

Patman continuă:

„De unde obține sistemul Rezervei Federale banii cu care creează rezervele bancare?

Răspuns. Nu primește bani, ci îi creează. Când Rezerva Federală emite un cec, creează bani. Rezerva Federală este o adevărată mașină de făcut bani. Poate emite bani sau cecuri.

În 1951, Banca Rezervei Federale din New York a publicat o broșură intitulată „O zi de lucru la Banca Rezervei Federale din New York". La pagina 22, aflăm că:

„Există încă un alt element de interes public în funcționarea băncilor, pe lângă păstrarea în siguranță a banilor; băncile pot „crea" bani. Unul dintre cei mai importanți factori de reținut în acest sens este că oferta de bani afectează nivelul general al prețurilor — costul vieții. Indicele costului vieții și oferta de bani sunt paralele."

---

127 Peter L. Bernstein, *A Primer on Money, Banking and Gold*, Vintage Books, New York, 1965, p. 104.

Deciziile Consiliului Rezervei Federale, sau mai degrabă deciziile pe care li se cere să le ia de către „părţi necunoscute", afectează viaţa de zi cu zi a fiecărui american prin efectul acestor decizii asupra preţurilor. Creşterea ratei dobânzii sau scumpirea banilor are ca efect limitarea cantităţii de bani disponibile pe piaţă, la fel ca şi creşterea rezervelor minime obligatorii de către Sistemul Rezervei Federale. Vânzarea de obligaţiuni de către Comitetul de piaţă deschisă reduce, de asemenea, masa monetară. Cumpărarea de titluri de stat pe piaţa deschisă „creează" mai mulţi bani, la fel ca şi scăderea ratei dobânzii şi „ieftinirea" banilor. Este axiomatic că o creştere a masei monetare aduce prosperitate, iar o scădere a acesteia duce la o depresiune. Creşterile dramatice ale masei monetare care depăşesc oferta de bunuri duc la inflaţie, „prea mulţi bani care urmăresc prea puţine bunuri". Un aspect mai ezoteric al sistemului monetar este „viteza de circulaţie", care sună mult mai tehnic decât este. Aceasta este viteza cu care banii schimbă proprietarii; dacă este vorba de aur îngropat în grădina unui ţăran, aceasta este o viteză de circulaţie lentă, cauzată de o lipsă de încredere în economie sau în naţiune. O viteză de circulaţie foarte rapidă, cum ar fi boom-ul bursier de la sfârşitul anilor 1920, înseamnă o rotaţie rapidă, cheltuieli şi investiţii de bani, şi provine din încredere, sau încredere excesivă, în economie. Cu o viteză de circulaţie ridicată, o ofertă monetară mai mică circulă între la fel de mulţi oameni şi bunuri cât ar circula o ofertă monetară mai mare cu o viteză de circulaţie mai lentă. Menţionăm acest lucru deoarece viteza de circulaţie, sau încrederea în economie, este, de asemenea, puternic influenţată de acţiunile Rezervei Federale. Milton Friedman comentează în Newsweek, 2 mai 1983: „Funcţia principală a Rezervei Federale este de a determina masa monetară. Ea are puterea de a creşte sau de a reduce masa monetară în orice ritm doreşte."

Aceasta este o putere enormă, deoarece creşterea masei monetare poate determina realegerea unei administraţii, în timp ce o scădere d ă poate determina înfrângerea unei administraţii. Friedman continuă să critice Rezerva Federală: „Cum se face că o instituţie care are un bilanţ de performanţă atât de slab are totuşi o reputaţie publică atât de bună şi se bucură chiar de o credibilitate considerabilă pentru previziunile sale?"

Toate tranzacţiile de piaţă deschisă, care afectează masa monetară, sunt efectuate pentru un singur cont al Sistemului de către

Banca Rezervei Federale din New York în numele tuturor băncilor Rezervei Federale și sunt supravegheate de un funcționar al Băncii Rezervei Federale din New York. Conferințele la care se iau decizii privind cumpărarea sau vânzarea de titluri de către Comitetul de piață deschisă rămân închise publicului, iar deliberările rămân, de asemenea, un mister. Pe 8 mai 1928, *The New York Times* a raportat că Adolph C. Miller, guvernatorul Consiliului Rezervei Federale, declarând în fața Comitetului pentru Bănci și Monedă al Camerei Reprezentanților, a afirmat că achizițiile de pe piața liberă și ratele de rediscount erau stabilite prin „conversații". La acea vreme, achizițiile pe piața deschisă se ridicau la șaptezeci sau optzeci de milioane de dolari pe zi, iar astăzi ar fi de zece ori mai mult. Acestea sunt sume uriașe care sunt manipulate pe baza unor simple „conversații", dar aceasta este toată informația pe care o putem obține.

Din cauza acestor tranzacții misterioase care afectează viața, libertatea și fericirea fiecărui cetățean american, au existat numeroase propuneri, cum ar fi Documentul Senatului nr. 23, prezentat de domnul Logan la 24 ianuarie 1939, conform căruia „Guvernul ar trebui să creeze, să emită și să pună în circulație toată moneda și creditul necesare pentru a satisface puterea de cheltuire a Guvernului și puterea de cumpărare a consumatorilor. Privilegiul de a crea și emite bani nu este doar prerogativa supremă a Guvernului, ci este cea mai mare oportunitate creativă a acestuia."

La 21 martie 1960, congresmanul Wright Patman a folosit o ilustrație simplă în Registrul Congresului pentru a arăta cum „creează banii" băncile.

„Dacă depun 100 de dolari la banca mea, iar cerințele de rezervă impuse de Banca Rezervelor Federale sunt de 20%, atunci banca poate acorda un împrumut lui John Doe de până la 80 de dolari. De unde provin acești 80 de dolari? Nu provin din depozitul meu de 100 de dolari; dimpotrivă, banca creditează pur și simplu contul lui John Doe cu 80 de dolari. Banca poate achiziționa obligațiuni de stat prin aceeași procedură, prin simpla creare de depozite în favoarea guvernului, prin intermediul. Crearea de bani este o prerogativă a băncilor comerciale... Din 1917, Rezerva Federală a acordat băncilor private rezerve în valoare de patruzeci și șase de miliarde de dolari."

Modul în care se face acest lucru este cel mai bine dezvăluit de guvernatorul Eccles în cadrul audierilor din fața Comisiei Camerei Reprezentanților pentru Bănci și Monedă din 24 iunie 1941:

ECCLES: „Sistemul bancar în ansamblu creează și anulează depozitele pe măsură ce acordă împrumuturi și face investiții, fie că cumpără obligațiuni de stat, fie că cumpără obligațiuni de utilități, fie că acordă împrumuturi fermierilor.

DL PATMAN: Sunt întru totul de acord cu ceea ce spuneți, domnule guvernator, dar rămâne faptul că ele au creat banii, nu-i așa?

ECCLES: Ei bine, băncile creează bani atunci când acordă împrumuturi și fac investiții."

La 30 septembrie 1941, în fața aceleiași comisii, guvernatorul Eccles a fost întrebat de reprezentantul Patman:

„De unde ați obținut banii pentru a cumpăra titluri de stat în valoare de două miliarde de dolari în 1933?

ECCLES: Noi i-am creat.

DL PATMAN: Din ce?

ECCLES: Din dreptul de a emite bani de credit.

DL PATMAN: Și nu există nimic în spatele acestora, nu-i așa, în afară de creditul guvernului nostru?

ECCLES: Așa funcționează sistemul nostru monetar. Dacă nu ar exista datorii în sistemul nostru monetar, nu ar exista niciun ban."

Pe 17 iunie 1942, guvernatorul Eccles a fost interogat de domnul Dewey.

ECCLES: „Mă refer la Rezerva Federală, când efectuează o operațiune de piață deschisă, adică dacă achiziționează titluri de stat pe piața deschisă, pune bani noi în mâinile băncilor, ceea ce creează depozite inactive.

DEWEY: Nu există rezerve excedentare care să poată fi utilizate în acest scop?

ECCLES: Ori de câte ori Sistemul Rezervei Federale cumpără titluri de stat pe piața liberă sau le cumpără direct de la Trezorerie, în ambele cazuri, asta este ceea ce face.

DEWEY: Cu ce veți plăti pentru a le cumpăra? Veți crea credit?

ECCLES: Asta este tot ce am făcut vreodată. Așa funcționează Sistemul Rezervei Federale. Sistemul Rezervei Federale creează bani. Este o bancă de emisiune.

La audierile din Camera Reprezentanților din 1947, domnul Kolburn l-a întrebat pe domnul Eccles:

„Ce înțelegeți prin monetizarea datoriei publice?

ECCLES: Mă refer la faptul că banca creează bani prin achiziționarea de titluri de stat. Totul este creat prin datorii – fie private, fie publice.274

FLETCHER: Domnule președinte Eccles, când credeți că există posibilitatea de a reveni la o piață liberă și deschisă, în locul acestei piețe financiare fixate și controlate artificial pe care o avem acum?

ECCLES: Niciodată. Nici în timpul vieții dumneavoastră, nici în timpul vieții mele."

Congresmanul Jerry Voorhis este citat în *U.S. News*, 31 august 1959, întrebându-l pe secretarul Trezoreriei Anderson: „Vreți să spuneți că băncile, atunci când cumpără titluri de stat, nu împrumută depozitele clienților lor? Că ele creează banii pe care îi folosesc pentru a cumpăra titlurile? ANDERSON: Așa este. Băncile sunt diferite de alte instituții de creditare. Când o asociație de economii, o companie de asigurări sau o cooperativă de credit acordă un împrumut, împrumută exact banii pe care clienții săi i-au depus anterior. Dar când o bancă acordă un împrumut, ea pur și simplu adaugă la contul de depozit al împrumutatului din bancă suma împrumutului. Banii nu sunt luați de la nimeni. Sunt bani noi, recreați de bancă, pentru uzul împrumutatului."

Ciudat, nu a existat niciodată un proces privind legalitatea sau constituționalitatea Legii Rezervei Federale. Deși se află pe un teren la fel de șubred ca și Legea privind redresarea națională (National Recovery Act, NRA), care a fost contestată în cauza Schechter Poultry v. Statele Unite ale Americii, 29 U.S. 495, 55 US 837.842

(1935), NRA a fost declarată neconstituțională de Curtea Supremă pe motiv că „Congresul nu poate renunța la funcțiile sale legitime de legiferare ( ) sau le poate transfera altora. Congresul nu poate, din punct de vedere constituțional, să-și delege autoritatea legislativă asupra asociațiilor sau grupurilor comerciale sau industriale, astfel încât să le împuternicească să adopte legi."

Articolul 1, secțiunea 8 din Constituție prevede că „Congresul are puterea de a împrumuta bani pe creditul Statelor Unite... și de a bate monedă, de a reglementa valoarea acesteia și a monedei străine și de a stabili standardul de greutăți și măsuri". Conform deciziei NRA, Congresul nu poate delega această putere Sistemului Rezervei Federale și nici nu poate delega autoritatea sa legislativă Sistemului Rezervei Federale pentru a permite acestuia să stabilească rata rezervelor bancare, rata de rediscount sau volumul de bani. Toate acestea sunt „legiferate" de Consiliul Rezervei Federale, care se reunește în sesiuni legislative pentru a decide asupra acestor chestiuni și pentru a emite „legi" sau regulamente care le stabilesc.

Al Doilea Război Mondial le-a oferit marilor bancheri care dețineau Sistemul Rezervei Federale șansa de a descărca asupra țării miliarde de dolari tipăriți la începutul anului 1930, în cea mai mare operațiune de falsificare din istorie, totul legalizat, desigur, de guvernul lui Roosevelt. Henry Hazlitt scrie în numărul din 4 ianuarie 1943 al *revistei Newsweek:*

„Banii care au început să circule acum o săptămână, pe 21 decembrie 1942, erau, de fapt, bani tipăriți în sensul cel mai strict al cuvântului, adică bani care *nu* aveau *nicio garanție în spate.* Declarația Rezervei Federale conform căreia „Consiliul Guvernatorilor, după consultarea cu Departamentul Trezoreriei, a autorizat băncile Rezervei Federale să utilizeze în acest moment stocurile existente de monedă tipărită la începutul anilor treizeci, cunoscute sub numele de «bancnote ale Rezervei Federale». Repetăm, aceste bancnote nu au absolut nicio garanție în spate."

Guvernatorul Eccles a depus mărturie și cu privire la alte aspecte interesante legate de Rezerva Federală și finanțarea războiului în cadrul audierilor din Senat privind Oficiul de Administrare a Prețurilor din 1944:

„Moneda în circulație a crescut de la șapte miliarde de dolari în patru ani la douăzeci și unu de miliarde și jumătate. Pierdem cantități considerabile de aur în perioada războiului. Pe măsură ce exporturile noastre au plecat, în mare parte pe baza acordului de împrumut-închiriere, am efectuat importuri pentru care am acordat solduri în dolari. Aceste țări retrag acum aceste solduri în dolari sub formă de aur.

DL SMITH: Domnule guvernator Eccles, care este obiectivul pe care îl urmăresc guvernele străine în cadrul acestui program propus, prin care noi am contribui cu aur la un fond internațional?

GUVERNATORUL ECCLES: Aș dori să discut despre OPA și să lăsăm fondul de stabilizare pentru un moment în care voi fi pregătit să abordez acest subiect.

DL SMITH: O clipă. Consider că acest fond este foarte relevant pentru ceea ce discutăm astăzi.

DL FORD: Cred că fondul de stabilizare nu are nicio legătură cu OPA și, prin urmare, ar trebui să ne concentrăm asupra subiectului de față.

Congresmenii nu au ajuns niciodată să discute despre Fondul de Stabilizare, o altă inițiativă prin care am fi restituit țărilor sărace din Europa aurul care fusese trimis aici. În 1945, Henry Hazlitt, comentând în *Newsweek* din 22 ianuarie mesajul anual al lui Roosevelt către Congres privind bugetul, l-a citat pe Roosevelt spunând:

„Voi recomanda ulterior o legislație care să reducă cerințele actuale ridicate privind rezervele de aur ale băncilor Rezervei Federale."

Hazlitt a subliniat că cerința de rezervă nu era ridicată, ci era exact la fel ca în ultimii treizeci de ani. Scopul lui Roosevelt era să elibereze mai mult aur din Sistemul Rezervei Federale și să-l pună la dispoziția Fondului de Stabilizare, numit ulterior Fondul Monetar Internațional, parte a Băncii Mondiale pentru Reconstrucție și Dezvoltare, echivalentul Comitetului Financiar al Ligii, care ar fi înghițit suveranitatea financiară a Statelor Unite dacă Senatul ne-ar fi lăsat să ne alăturăm acestuia.

CAPITOLUL PATRUZEECI

DEZVĂLUIREA CONGRESULUI

„Politica domnului Volcker este oarecum o enigmă.” – New York Times

Din 1933, când Eugene Meyer a demisionat din Consiliul Guvernatorilor Rezervei Federale, niciun membru al familiilor bancare internaționale nu a mai făcut parte personal din Consiliul Guvernatorilor. Aceștia au ales să acționeze din culise, prin intermediul președinților atent selectați ai Băncii Rezervei Federale din New York și al altor angajați.

Actualul președinte al Consiliului Guvernatorilor Rezervei Federale este Paul Volcker. Numirea sa a fost întâmpinată de un economist renumit cu următoarea predicție: „Alegerea lui Volcker a fost de departe cea mai proastă. Carter l-a pus pe Dracula la conducerea băncii de sânge. Pentru noi, asta înseamnă că un colaps și o depresiune în anii ’80 sunt mai sigure ca niciodată.”

Raportul de cercetare al colonelului E.C. Harwood, din 6 august 1979, exprima o opinie similară. „Paul Volcker este din același aluat cu oamenii de finanțe neseriosi care au greșit direcția acțiunilor monetare ale acestei națiuni în ultimele cinci decenii. Rezultatul va fi probabil la fel de dezastruos pentru dolar și pentru economia SUA.”

În ciuda acestor perspective sumbre, articolul din *The New York Times* privind numirea lui Volcker era extrem de entuziast. Pe 26 iulie 1979, *The Times* a menționat că Volcker a învățat „meseria” de la Robert Roosa, acum partener la Brown Brothers Harriman, și că Volcker făcuse parte din grupul de consilieri al lui Roosa la Banca Rezervei Federale din New York și, mai târziu, la Trezorerie în timpul administrației Kennedy. „David Rockefeller, președintele Chase, și domnul Roosa au avut o influență puternică asupra deciziei domnului Carter de a-l numi pe domnul Volcker în funcția de președinte al Consiliului Rezervei." *New York Times* nu a subliniat faptul că David Rockefeller și Robert Roosa îl aleseseră anterior pe domnul Carter, membru al Comisiei Trilaterale, ca candidat la președinție al Partidului Democrat, sau că domnul Carter nu ar fi refuzat să-l numească pe Paul Volcker, alegerea lor, în funcția de nou președinte al Consiliului Rezervei Federale. Nici nu este exagerat să reamintim că această modalitate de selecție a președintelui Consiliului Guvernatorilor se înscrie direct în linia prerogativelor regale care datează de la acordul inițial al lui George Peabody cu N.M. Rothschild, la reuniunea de la Jekyll Island și la promulgarea Legii Rezervei Federale.

Ziarul „The Times" a menționat că „alegerea lui Volcker a fost aprobată de băncile europene din Bonn, Frankfurt și Zurich". William Simon, fost secretar al Trezoreriei, a fost citat spunând că este „o alegere minunată". *„The Times"* a mai menționat că indicele Dow a crescut odată cu nominalizarea lui Volcker, înregistrând cea mai mare creștere din ultimele trei săptămâni, de 9,73 puncte, și că dolarul s-a apreciat brusc pe piețele valutare atât din țară, cât și din străinătate.

Cine era Volcker, de numirea sa a putut avea un astfel de efect asupra pieței bursiere și asupra valorii dolarului pe piața valutară? El reprezenta cea mai puternică casă a „London Connection", Brown Brothers Harriman, și casele londoneze care conduceau imperiul Rockefeller. Pe 29 iulie 1979, *The Times* spusese despre Volcker: „Omul nou își va trage propriul drum".

Trecutul lui Volcker arată că aceasta era o prostie. Cursul său a fost întotdeauna trasat pentru el de stăpânii săi din Londra. A studiat la Princeton, a obținut un masterat la Harvard și a urmat London School of Economics în 1951-1952, școala postuniversitară a bancherilor. Apoi a venit la Banca Rezervei Federale din New York ca economist între 1952 și 1957, a fost economist la Chase Manhattan Bank între 1957 și 1961, a lucrat la Departamentul Trezoreriei între 1961 și 1965, ca subsecretar adjunct pentru afaceri monetare între 1963 și 1965 și ca subsecretar pentru afaceri monetare între 1969 și 1974. A devenit apoi președinte al Băncii Rezervei Federale din New York între 1975 și 1979, când Carter, la cererea lui Robert Roosa și David Rockefeller, l-a numit președinte al Consiliului Guvernatorilor Rezervei Federale, o funcție ocupată d. I-a succedat în funcția de președinte al Băncii Rezervei Federale din New York Anthony Solomon, doctorand la Harvard, care a lucrat la OPA în perioada 1941-1942 și în cadrul misiunii financiare a guvernului în Iran în perioada 1942-1946. A condus o companie de conserve în Mexic între 1951 și 1961, a fost președinte al International Investment Corp. pentru Iugoslavia între 1969 și 1972 (o țară comunistă) și subsecretar pentru afaceri monetare la Trezorerie între 1977 și 1980. Pe scurt, trecutul lui Solomon era foarte similar cu cel al lui Paul Volcker.

New York Times a declarat pe 2 decembrie 1981: „Timp de ani de zile, Rezerva Federală a fost a doua sau a treia instituție cea mai secretă din oraș. Sunshine Act din 1976 a ridicat puțin cortina. Consiliul ține acum o ședință publică o dată pe săptămână, miercuri la ora 10:00, dar nu pentru a discuta politica monetară, care este încă considerată strict secretă și nu poate fi discutată în public." *The Times* a menționat că, atunci când au loc ședințele Comitetului de piață deschisă, Solomon și Volcker stau împreună în capul mesei și transmit instrucțiunile pe care le-au primit din străinătate.

În spatele lui Volcker și Solomon se află Robert Roosa, secretar al Trezoreriei în cabinetul din umbră al lui Carter, care reprezintă Brown Brothers Harriman, Comisia Trilaterală, Consiliul pentru Relații Externe, Grupul Bilderberg și Institutul Economic Regal. El este administrator al Fundației Rockefeller, al băncii „[128] " și director al companiilor Texaco și American Express. Dr. Martin Larson subliniază că „consorțiul internațional de finanțiști cunoscut sub numele de Bilderbergers, care se reunește anual în secret pentru a determina destinul lumii occidentale, este o creație a alianței Rockefeller-Rothschild și că și-a ținut a treia reuniune pe Insula St. Simons, la mică distanță de Insula Jekyll". Larson afirmă, de

[128] A se vedea graficul V.

asemenea, că „interesele familiei Rockefeller funcţionează în strânsă alianţă cu familia Rothschild şi alte bănci centrale”.[129]

La 18 iunie 1983, preşedintele Ronald Reagan a pus capăt luni de speculaţii anunţând că îl reînnoieşte pe Paul Volcker în funcţia de preşedinte al Consiliului Guvernatorilor Rezervei Federale pentru încă un mandat de patru ani, deşi mandatul lui Volcker nu expira decât la 6 august 1983,. Reînnoirea mandatului de către Reagan a unei persoane numite de Carter i-a nedumerit pe unii observatori politici, dar se pare că acesta a cedat unei presiuni considerabile, după cum indică un editorial din *The Washington Post* din 10 iunie 1983: „Nu există nimeni care să se ridice la nivelul domnului Volcker atât în ceea ce priveşte poziţia politică, cât şi înţelegerea reţelelor complexe care alcătuiesc sistemul financiar mondial.” Autorul anonim nu a oferit nicio dovadă pentru ridicarea lui Volcker la rangul de cel mai mare finanţist al lumii, iar în ceea ce priveşte poziţia sa politică, *The New York Times* a comentat la 19 iunie 1983: „Politica domnului Volcker este oarecum o enigmă.” Poziţia sa „apolitică” este în conformitate cu tradiţia de la Washington a „independenţei politice a Fed”, menţinută de mulţi ani. Cu toate acestea, problema dependenţei sale de „conexiunea londoneză” nu a fost niciodată discutată la Washington.

În realitate, Volcker este mai degrabă un politician decât un economist. După ce a studiat la London School of Economics şi a aflat cine dă ordinele în comunitatea financiară internaţională, Volcker a intrat de atunci în joc. Niciodată nu a eşuat în a îndeplini ordinele „London Connection”.

Este oare posibil ca „Conexiunea de la Londra” să existe şi ca oameni precum Volcker şi Solomon să primească instrucţiuni, oricât de viclene sau indirecte ar fi acestea, de la bancheri străini? Să analizăm dovezile, circumstanţiale, desigur, dar dovezi circumstanţiale de o calitate care a trimis adesea oameni la penitenciar sau la scaunul electric. John Moody a subliniat în 1911 că şapte oameni din grupul Morgan, aliaţi cu grupul Standard Oil-Kuhn, Loeb, conduceau Statele Unite. Unde se situează aceste grupuri în peisajul financiar actual?

---

[129] A se vedea Graficul I.

U.S. News a publicat pe 11 aprilie 1983 o listă a celor mai mari holdinguri bancare din Statele Unite, în funcție de active, la data de 31 decembrie 1982. Pe locul 1 se află Citicorp, New York, cu active de 130 de miliarde de dolari. Aceasta este First National Bank of New York a lui Baker și Morgan, care a fuzionat cu National City Bank în 1955, doi dintre cei mai mari cumpărători de acțiuni ai Băncii Rezervei Federale din New York în 1914. Pe locul 3 se află Chase Manhattan, New York, cu active de 80,9 miliarde de dolari. Aceasta este fuziunea dintre Chase și Bank of Manhattan, grupul Rockefeller și Kuhn Loeb, de asemenea cumpărători de acțiuni ale Băncii Rezervei Federale din New York în 1914. Pe locul 4 se află Manufacturers Hanover din New York, cu 64 de miliarde de dolari, de asemenea cumpărător de acțiuni ale Băncii Rezervei Federale d, New York, în 1914. Pe locul 5 se află J.P. Morgan Company din New York, cu active de 58,6 miliarde de dolari și deținătoare a unei părți considerabile din acțiunile Băncii Rezervei Federale. Numărul 6 este Chemical Bank din New York, cu 48,3 miliarde de dolari, de asemenea cumpărător de acțiuni ale Băncii Rezervei Federale în 1914. Iar numărul 11, First Chicago Corporation, First National Bank of Chicago, care a fost principalul corespondent al băncii Morgan-Baker din New York și care a furnizat primii doi președinți ai Consiliului Consultativ Federal.

Legătura directă care duce de la participanții la Conferința de la Jekyll Island din 1910 până în prezent este ilustrată de un pasaj din „A Primer on Money”, Comitetul pentru Bănci și Monedă, Camera Reprezentanților a Statelor Unite, al 88-lea Congres, a doua sesiune, 5 august 1964, p. 75:

„Efectul practic al cerinței ca toate achizițiile să se facă prin piața liberă este acela de a lua bani de la contribuabili și de a-i da dealerilor. Aceasta obligă guvernul să plătească o taxă pentru împrumutarea de bani. Există șase dealeri „bancari”: First National City Bank of New York; Chemical Crop. Exchange Bank, New York, Morgan Guaranty Trust Co., New York, Bankers Trust of New York, First National Bank of Chicago și Continental Illinois Bank of Chicago.”

Astfel, băncile care primesc o „taxă” pentru toți banii împrumutați de Guvernul Statelor Unite sunt aceleași bănci care au planificat Legea Rezervei Federale din 1913. Există dovezi ample care demonstrează preeminența actuală a acelorași bănci care au înființat Sistemul Rezervei Federale în 1914. De exemplu, Warren Brookes scrie pe pagina editorială a *The Washington Post*, 6 iunie 1983:

„Citicorp (National City Bank și First National Bank of New York, fuzionate în 1955) tocmai a înregistrat un randament al capitalului propriu de 18,6%, J.P. Morgan, 17%, Chemical Bank și Bankers Trust, aproape 16%, o rată excepțională de rentabilitate."

Acestea sunt băncile care au cumpărat prima emisiune de acțiuni ale Băncii Rezervei Federale în 1914 și care dețineau pachetul majoritar de acțiuni al Băncii Rezervei Federale din New York, care stabilește rata dobânzii și este banca pentru toate operațiunile de piață deschisă.

Aceste bănci profită, de asemenea, în mod constant de fluctuațiile altfel inexplicabile ale creșterii monetare și ale ratelor dobânzilor. Brookes comentează în continuare cu privire la „ratele reale de creștere monetară care oscilează alternativ între 0 și 17% în perioade succesive de șase luni, timp de trei ani marcați de recesiune. Cele două măsuri ale creșterii monetare cele mai admirate de Milton Friedman, M2 și M3, au arătat de fapt puține schimbări de la an la an în perioada 1972-1982." Astfel, avem rate de creștere monetară care oscilează între 0 și 17%, dar fără schimbări reale de la an la an, ceea ce ridică întrebarea de ce nu putem avea stabilitate în creșterea monetară pe tot parcursul anului. Răspunsul este că profiturile mari sunt obținute din aceste oscilații, iar următoarea întrebare este: cine pune în mișcare aceste oscilații? Răspunsul este „Conexiunea de la Londra".

Pentru a distrage atenția de la controlul continuu al bancherilor și al moștenitorilor lor, care au obținut monopolul guvernamental asupra banilor și creditului națiunii în 1913, propagandiștii plătiți ai monopolului controlat al mass-media și ai mediului academic lansează constant teorii economice noi și tot mai exotice. Astfel, James Burnham, unul dintre propagandiștii National Review, a câștigat faimă cu o teorie ridicolă despre „manageri". El a postulat că vechii arbitri ai bogăției, J.P. Morgan, Warburg și Rothschild, dispăruseră de pe scenă până în 1950, fiind înlocuiți de o nouă clasă de „manageri". Această teorie, care nu avea niciun fundament în realitate, a servit la ascunderea faptului că aceiași oameni controlau în continuare sistemul monetar mondial. „Managerii" erau exact asta, directori executivi precum Volcker, care erau doar figuranţi, angajaţi plătiţi care îşi primeau salariile doar atâta timp cât îndeplineau instrucţiunile angajatorilor lor. Burnham rămâne un propagandist bine plătit la *National Review*, pe care mulţi lideri proeminenţi, inclusiv preşedintele Reagan, o consideră o publicaţie „conservatoare".

Între 1914 şi 1982, o perioadă în care mii de bănci americane au dat faliment, cumpărătorii iniţiali ai acţiunilor Băncii Rezervei Federale nu numai că au supravieţuit, ci şi-au consolidat puterea. Şi ce se întâmplă cu „Conexiunea de la Londra"? Mai există oare şi continuă să dicteze destinul economic al Statelor Unite? *Washington Post*, din 19 mai 1983, a publicat un articol datat la Nairobi, Kenya, referitor la reuniunea Băncii Africane de Dezvoltare. „Banca comercială britanică Morgan Grenfell şi un sindicat din Statele Unite, Kuhn Loeb, Lehman Brothers International, francezii Lazard Freres şi britanicii Warburg acţionează discret în calitate de consilieri financiari pentru aproximativ zece state africane împovărate de datorii."

Sunt aceleaşi nume pe care le-am întâlnit în 1914, care încă gestionează finanţele lumii, obţinând profituri pentru ei înşişi, dar cu rezultate dezastruoase pentru toţi ceilalţi. Poate că putem căuta alinare la actuala administraţie a preşedintelui Reagan. Din păcate, înainte de a ajunge la el, trebuie să parcurgem întreaga gamă a lungii liste a principalilor săi colaboratori, compusă din oameni de la J. Henry Schroder, Brown Brothers Harriman şi alte componente de frunte ale „Conexiunii de la Londra".

Lopez Portillo, preşedintele Mexicului, în discursul său adresat Congresului Naţional al Mexicului în septembrie 1982, a numit boom-ul creditelor mondiale din ultimul deceniu o molimă financiară asemănătoare cu Moartea Neagră care a măturat Europa în secolul al XIV-lea. „La fel ca în Evul Mediu, aceasta distruge ţară după ţară. Se transmite prin şobolani şi generează şomaj şi mizerie, faliment industrial şi îmbogăţire prin speculaţii. Remediul prescris de vindecătorii prin credinţă este inactivitatea forţată şi privarea pacientului de hrană."

Revista Forbes a declarat la 11 octombrie 1982: „Lumea se zbate după lichidităţi, nu pentru că oferta de bani s-a contractat, ci pentru că o mare parte din aceştia se îndreaptă acum spre achitarea datoriilor vechi, în loc să finanţeze noi investiţii productive."

Politica ratelor ridicate ale dobânzii şi a restricţionării monetare a fost dezastruoasă pentru Statele Unite. La începutul anului 1983, o uşoară relaxare a politicii monetare şi a creditării promite o oarecare uşurare, dar atâta timp cât Sistemul Rezervei Federale şi manipulatorii săi invizibili îşi continuă controlul asupra ofertei monetare, ne putem aştepta la mai multe probleme. *Revista The Nation*, în numărul din 11 decembrie 1982, comentând problemele economice, a afirmat: „Vina pentru toate acestea revine Sistemului Rezervei Federale, care funcţionează ca de obicei în numele sistemului bancar internaţional".

Dovezile privind modul în care Sistemul Rezervei Federale acţionează în numele sistemului bancar internaţional sunt ilustrate grafic printr-o serie de diagrame întocmite de personalul Comitetului pentru Bănci, Monedă şi Locuinţe al Camerei Reprezentanţilor, al 94-lea Congres, a doua sesiune, august 1976, „DIRECTORII FEDERAL RESERVE D : UN STUDIU AL INFLUENŢEI CORPORATIVE ŞI BANCARE".[130]

[131]Prezentăm ca Graficul V pagina 49 din acest studiu, care arată interconectarea consiliilor de administraţie ale lui David Rockefeller. Ca Graficul VI, reproducem pagina 45 din acest studiu, care arată interconectarea consiliilor de administraţie ale lui Frank R. Milliken, unul dintre directorii de clasa C ai Băncii Rezervei Federale din New York. În acest grafic se regăsesc toate personalităţile principale din povestea noastră despre conferinţa de la Jekyll Island: Citibank, J.P. Morgan and Company, Kuhn Loeb and Company şi multe alte firme conexe. Ca Grafic VII, reproducem pagina 53 din acest studiu, care prezintă legăturile de conducere ale unui alt director de clasa C al Băncii Rezervei Federale din New

130 Din cauza limitărilor de spaţiu, doar cinci dintre cele şaptezeci şi cinci de grafice din studiu, care arată toate legăturile dintre persoane proeminente şi puternice cu control în Sistemul Rezervei Federale, au fost selectate pentru a ilustra legăturile dintre funcţionarii şi directorii celor douăsprezece bănci ale Rezervei Federale din 1976 şi firmele enumerate în această carte.

131 „Cei trei directori de clasa C sunt numiţi de Consiliul Guvernatorilor ca reprezentanţi ai interesului public în ansamblu." p. 34, Studiu al Congresului, 1976.

York, Alan Pifer. În calitate de președinte al Carnegie Corporation din New York, el are legături cu J. Henry Schroder Trust Company, J. Henry Schroder Banking Corporation, Rockefeller Center, Inc., Banca Rezervei Federale din Boston, Equitable Life Assurance Society (J.P. Morgan) și altele. Astfel, un studiu din august 1976 al Comisiei Camerei Reprezentanților pentru Bănci, Monedă și Locuințe ne prezintă întreaga distribuție principală a personajelor, care funcționează astăzi exact așa cum o făceau în 1914.

Acest studiu al Congresului, de 120 de pagini, detaliază funcțiile de politică publică ale băncilor districtuale ale Rezervei Federale, modul în care sunt selectați directorii, cine este selectat, factorul de lobby în relațiile publice, dominația bancară și examinarea băncilor, precum și legăturile corporative cu băncile de rezervă. Au fost utilizate diagrame pentru a ilustra funcțiile de director de clasa A, clasa B și clasa C ale fiecărei bănci districtuale. Pentru fiecare sucursală bancară a fost concepută o diagramă care oferă informații cu privire la directorii numiți de bancă și cei numiți de Consiliul Guvernatorilor Sistemului Rezervei Federale.

În prefața studiului, președintele Henry S. Reuss (D-Wis) a scris:

„Această comisie a observat de mulți ani influența intereselor private asupra responsabilităților esențial publice ale Sistemului Rezervei Federale.

După cum arată clar studiul, este dificil să ne imaginăm un consiliu de administrație al unei agenții publice cu o bază mai restrânsă decât cel reunit pentru cele douăsprezece bănci ale Sistemului Rezervei Federale.

Doar două segmente ale societății americane – sectorul bancar și marile întreprinderi – au o reprezentare substanțială în consiliile de administrație, și adesea chiar și acestea se contopesc prin intermediul consiliilor de administrație interconectate... Micii fermieri sunt absenți. Întreprinderile mici sunt abia vizibile. Nicio femeie nu apare în consiliile de administrație ale districtelor și doar șase în cele ale sucursalelor. La nivel de sistem – incluzând consiliile de administrație ale districtelor și sucursalelor – apar doar treisprezece membri din grupurile minoritare.

Studiul ridică o întrebare importantă cu privire la afirmația repetată adesea de către Rezerva Federală privind „independența".

Ne-am putea întreba: independentă de ce? Cu siguranță nu de sectorul bancar sau de marile întreprinderi, dacă judecăm după legăturile masive dezvăluite de această analiză a consiliilor districtuale.

Dominanța marilor întreprinderi și a sectorului bancar asupra Sistemului Rezervei Federale, menționată în acest raport, poate fi atribuită, în parte, Legii inițiale a Rezervei Federale, care a acordat băncilor comerciale membre dreptul de a desemna două treimi din membrii consiliului de administrație al fiecărei bănci de district. Însă Consiliul Guvernatorilor de la Washington trebuie să-și asume și el o parte din responsabilitatea pentru acest dezechilibru. Aceștia numesc așa-numiții membri „publici" ai consiliilor de administrație ale fiecărei bănci de district, numiri care au reflectat în mare măsură aceleași interese înguste ale membrilor aleși de bănci... Până când nu vom avea reforme fundamentale, Sistemul Rezervei Federale va fi împiedicat să-și îndeplinească responsabilitățile publice ca agenție de stabilizare economică și de reglementare bancară. Mandatul Sistemului este prea esențial pentru bunăstarea națiunii pentru a lăsa o parte atât de mare a mecanismului sub controlul unor interese private înguste.

Concentrarea puterii economice și financiare în Statele Unite a mers prea departe."

Într-o secțiune a textului intitulată „Sistemul de cluburi", Comitetul a remarcat:

„Această abordare de tip „club" determină Rezerva Federală să apeleze în mod constant la aceleași surse – aceleași companii, aceleași universități, aceleași holdinguri bancare – pentru a ocupa posturile de conducere."

Acest studiu al Congresului concluzionează după cum urmează:

„Multe dintre companiile din aceste tabele, așa cum s-a menționat anterior, au multiple legături cu Sistemul Rezervei Federale. First Bank Systems; Southeast Banking Corporation; Federated Department Stores; Westinghouse Electric Corporation; Proctor and Gamble; Alcoa; Honeywell, Inc.; Kennecott Copper; Owens-Corning Fiberglass; toate au două sau mai multe legături la nivel de directori cu bănci de district sau sucursale.

În concluzie, directorii Rezervei Federale sunt aparent reprezentanți ai unui mic grup de elită care domină o mare parte din viața economică a acestei națiuni.”

SFÂRȘITUL RAPORTULUI CONGRESULUI.

ANEXĂ

La ora 11:05, marţi, 26 iulie 1983, lista băncilor membre care deţin acţiuni ale *Băncii Rezervei Federale din New York* include douăzeci şi şapte de bănci din New York City. Mai jos este prezentat numărul de acţiuni deţinute de zece dintre aceste bănci, care reprezintă 66% din numărul total de acţiuni în circulaţie, şi anume 7.005.700:

	Acţiuni	Procent
Bankers Trust Company	438.831	(6%)
Bank of New York	141.482	(2%)
Chase Manhattan Bank	1.011.862	(14%)
Chemical Bank	544.962	(8%)
Citibank	1.090.813	(15%)
European American Bank & Trust	127.800	(2%)
J. Henry Schroder Bank & Trust	37.493	(5%)
Manufacturers Hanover	509.852	(7%)
Morgan Guaranty Trust	655.443	(9%)
Banca Naţională a Americii de Nord	105.600	(2%)

Numărul enorm de acţiuni deţinute astăzi, comparativ cu achiziţiile iniţiale din 1914, este determinat de Secţiunea 5 din Legea iniţială a Rezervei Federale, care prevedea ca o bancă membră să cumpere şi să deţină acţiuni în Banca Rezervei Federale din district, echivalente cu 6% din capitalul şi surplusul său.

În prezent, acțiunile deținute de cinci dintre băncile menționate mai sus reprezintă 53% din totalul ***acțiunilor Băncii Rezervei Federale din New York.*** O analiză a principalilor acționari ai băncilor din New York arată clar că câteva familii, legate prin căsătorie sau interese de afaceri, controlează în continuare băncile din New York, care, la rândul lor, dețin pachetul majoritar de acțiuni al Băncii Rezervei Federale din New York.

Este de remarcat faptul că trei dintre băncile care dețin acțiuni ale Băncii Rezervei Federale din New York, în valoare de 270.893 de acțiuni, *sunt filiale ale unor bănci străine.*

- J. Henry Schroder Bank and Trust este înregistrată de Standard & Poor's ca filială a Schroders Ltd. din Londra.
- National Bank of North America este o filială a National Westminster Bank, una dintre cele „Cinci Mari" bănci londoneze.
- European American Bank este o filială a European American Bank, Bahamas, LTD.

Este interesant de remarcat că printre directorii European American Bank & Trust se numără:

- Milton F. Rosenthal, președinte și director operațional al companiei internaționale de aur Engelhard Minerals and Chemical;
- Hamilton F. Potter, partener la Sullivan and Cromwell (avocații J. Henry Schroder Bank & Trust);
- Edward H. Tuck, partener la Shearman and Sterling (avocații Citibank);
- F.H. Ulrich și Hans Liebkutsch, directori generali ai gigantului Midland Bank din Londra, una dintre cele „Cinci Mari"; și
- Roger Alloo, Paul-Emmanuel Janssen și Maurice Laure de la Societe Generale de Banque (Bruxelles, Belgia).

Aceste informații, preluate din ultima ediție a tabelului disponibil la *Consiliul Guvernatorilor, Sistemul Rezervei Federale,* sunt citate ca dovezi actuale care indică faptul că pachetul majoritar de acțiuni al Băncii Rezervei Federale din New York, care stabilește rata și amploarea operațiunilor pentru *întregul Sistem al Rezervei Federale*, este puternic influențat de bănci controlate direct de „*The London* Connection”, adică de Banca Angliei controlată de Rothschild.

ANEXA I

- E.C. Knuth, în The Empire of the City, tipărită în ediție privată, 1946, p. 27, se referă la „Banca Angliei, partenerul deplin al Administrației Americane în conducerea afacerilor financiare ale întregii lumi" și citează Encyclopaedia Americana, ediția din 1943.
- Barron îl citează pe Lord Swaythling (8 aprilie 1923): „Lord Swaythling a spus: «Bursa poate fi condusă doar de la Londra. Acesta este centrul bursei.»" (They Told Barron, de Clarence W. Barron, fondatorul Baron's Weekly, Harpers, New York, 1930, p. 27.)
- În lumea financiară internațională, „bursa" înseamnă tranzacțiile cu bani sau titluri de valoare sau, pur și simplu, „schimbul" valorilor acestor titluri. Este necesar ca acest „schimb" să aibă loc acolo unde valorile pot fi stabilite, iar acest loc este „City" din Londra.
- Londra a fost stabilită ca principal centru de schimb datorită „Consols" ale Băncii Angliei, obligațiuni care nu puteau fi răscumpărate niciodată, dar care ofereau o rată stabilă de rentabilitate. Henry Clews scrie, în The Wall Street View, Silver Burdett Co. 1900, p. 255,
- „Legea Consolidată din 1757 a consolidat datoriile națiunii engleze la 3%, care erau păstrate într-un cont la Banca Angliei și constituie marele bastion al depozitelor sale."
- Prin „aruncarea" ostentativă a „Consols" pe Bursa din Londra după Bătălia de la Waterloo, într-o pretinsă panică, Nathan Meyer Rothschild a cumpărat apoi în secret Consols vândute în panică de alți deținători la un preț scăzut și a devenit cel mai mare deținător de Consols, câștigând astfel controlul asupra Băncii Angliei în 1815.

DIVIDENDE DE 12% D

Deși un guvern laburist a naționalizat Banca Angliei în 1946, Marea Enciclopedie Sovietică subliniază (vol. I, p. 490c) că Banca

Angliei continuă să plătească dividende de 12% pe an, la fel cum făcea înainte de naționalizare.

„Guvernatorul" este numit de guvern, într-o situație similară cu cea din Statele Unite, unde guvernatorii Sistemului Rezervei Federale sunt numiți de președinte. Cu toate acestea, așa cum se subliniază în Enciclopedia Americana, vol. 13, p. 272,

„În practică, guvernatorii Băncii Angliei nu au ezitat să critice și să exercite presiuni asupra guvernului în public."

RATA BANCARĂ

Rata dobânzii stabilită de Banca Angliei este cunoscută sub denumirea de „rata bancară" și reprezintă un factor determinant pentru ratele dobânzilor la nivel mondial, deși ratele din alte țări pot fi mai mari sau mai mici decât această „rată bancară". Banca Angliei gestionează datoria publică și este chemată să medieze în chestiuni politice. Ea a servit drept intermediar în relația cu revoluționarii iranieni în cadrul negocierilor pentru eliberarea ostaticilor americani – un exemplu recent.

Nu ar trebui să ne surprindă faptul că actualul guvernator al Băncii Angliei, Sir Gordon Richardson, este o personalitate financiară internațională proeminentă, care apare și în alte pagini ale acestei publicații datorită legăturii sale cu J. Henry Schroder Wagg din Londra, între 1962 și 1972, când a devenit guvernator al Băncii Angliei. El a fost, de asemenea, director al J. Henry Schroder Co., New York, și al Schroder Banking Corp., New York. De asemenea, ocupă funcția de director la Rolls Royce și Lloyd's Bank. Deși locuiește la Londra, are o reședință la New York și figurează în actualul registru al Manhattanului pur și simplu ca „G. Richardson, 45 Sutton Place S.", deși o mențiune anterioară îl indica la 4 Sutton Place. Sutton Place a fost dezvoltat ca o adresă la modă pentru cercurile internaționale de către Bessie Marbury, pe care am menționat-o anterior pentru legăturile sale cu familia Morgan și cu familia Roosevelt.

Printre actualii directori ai Băncii Angliei (1982) se numără Leopold de Rothschild de la N.M. Rothschild & Sons, Sir Robert Clark, președintele Hill Samuel Bank, cea mai influentă bancă după Rothschilds, John Clay, de la Hambros Bank, și David Scholey, de la Warburg Bank, precum și copreședinte al S.C. Warburg Co.

Anthony Sampson scrie, în „*The Changing Anatomy of* Britain”, Random House, New York, 1982, p. 279:

„Băncile mai cosmopolite, cu experți și directori străini, precum Warburgs, Montagus, Rothschilds și Kleinworts, au descoperit, de asemenea, o nouă sursă uriașă de profituri pe piața eurodolarilor, care a început la sfârșitul anilor ’50 și s-a multiplicat pe parcursul anilor ’60... Bancherii britanici înșiși controlau fonduri relativ mici, dar știau cum să facă bani din banii altora.”

Piața eurodolarului, o nouă evoluție în domeniul „banilor creați”, este monopolizată de firmele menționate mai sus.

IMPERIUL EURODOLARULUI

„Astăzi, împreună cu aliații de pe insula Manhattan (cea mai importantă proprietate imobiliară a Marii Britanii), Imperiul Britanic controlează întreaga piață financiară a eurodolarului, în valoare de 1,5 trilioane de dolari, alte 300-500 de miliarde de dolari în Insulele Cayman și Bahamas, și 50-100 de miliarde de dolari în „piața Asia-dolarului” din Hong Kong și Singapore... Considerați piața de 1,5 trilioane de dolari eurodolari o piață „nelegală” în dolari americani asupra căreia această națiune nu are niciun control. Aici, controlul și profiturile se află în mod copleșitor în mâinile băncilor londoneze, care stabilesc condițiile de creditare și rata dobânzii pentru această masă de dolari americani în raport cu Rata Interbancară de Împrumut din Londra (LIBOR)... Băncile americane precum Citibank (New York City), în consiliul de administrație al căreia se află puternicul finanțist britanic Lord Aldington, colaborează deschis pe această piață. În același timp, băncile britanice, inclusiv binecunoscuta bancă centrală a comerțului mondial cu droguri, Hong Kong and Shanghai Bank, se revarsă în America pentru a devora băncile americane.

În 1978, Hongshang (N.r. – Hong Kong and Shanghai Bank) a preluat Marine Midland Bank din New York, a 11-a cea mai mare bancă comercială din stat... Britanicii controlează, de asemenea, crearea de dolari americani. În timp ce președintele Consiliului Rezervei Federale, Paul Volcker, înăsprește creditarea economiei interne, băncile controlate de britanici din Insulele Cayman (cum ar fi European American Bank – n.r.), o posesiune britanică situată la 200 de mile de Florida, precum și din Bermude și o duzină de alte terminale informatice de „bănci libere” d, creează sute de miliarde de dolari americani. Cum se face acest lucru? Nu există rate de rezervă sau alte restricţii privind crearea de credite denominate în dolari în sistemul bancar de „liberă întreprindere" al Imperiului. Un credit de bună-credinţă de 1 milion de dolari provenind din Statele Unite poate fi transformat în credite denominate în dolari de la 20 la 100 de milioane de dolari pe măsură ce trece prin sistemul britanic fără rate de rezervă.[132]

Nu numai puterea financiară, ci şi puterea juridică a rămas în Marea Britanie. Washington Post a comentat la 18 iunie 1983 că, după Revoluţia Americană, toate vechile legi au rămas în vigoare în noile State Unite: unele dintre aceste legi ale „dreptului comun englez" datează din 1278, cu mult înainte de descoperirea Americii.

Această enormă putere financiară a „City-ului" se manifestă în multe domenii. Dean Acheson afirmă, în „Present at the Creation", 1969, W.W. Norton, New York, p. 779,

„Am stat la reşedinţa ambasadei, vechea reşedinţă a lui J.P. Morgan, 14 Prince's Gate, cu vedere spre Hyde Park."

Câţi americani ştiu că reşedinţa Ambasadei SUA din Londra este casa lui J.P. Morgan sau că Dean Acheson, un fost angajat al lui Morgan, s-a descris pe sine ca secretar de stat la p. 505,

„Atitudinea mea fusese de mult timp, şi se ştia că fusese, pro-britanică."

Nimeni nu a comentat prejudecata deschisă a unui secretar de stat american în favoarea Angliei.

Banii „creaţi" de Rezerva Federală nu sunt folosiţi doar pentru chestiuni financiare; aceşti bani sunt folosiţi şi pentru a menţine controlul bancherilor asupra fiecărui aspect al vieţii politice, economice şi sociale. Sunt folosiţi pentru a finanţa cheltuielile enorme ale candidaţilor politici, bugetele umflate ale universităţilor, cheltuielile uriaşe necesare pentru a lansa ziare sau reviste şi o gamă vastă de fundaţii, „think-tank-uri" şi alte instrumente de control al minţii.

RĂZBOIUL PSIHOLOGIC

132 Revista Harpers, februarie 1980.

Puțini americani știu că aproape fiecare evoluție în psihologie din Statele Unite în ultimii șaizeci și cinci de ani a fost dirijată de Biroul de Război Psihologic al Armatei Britanice. Cu puțin timp în urmă, autorul prezentului articol a aflat un nou nume, *Institutul Tavistock din Londra,* cunoscut și sub numele de *Institutul Tavistock de Relații Umane.* „Relațiile umane" acoperă fiecare aspect al comportamentului uman, iar obiectivul modest al Institutului Tavistock este de a obține și exercita controlul asupra fiecărui aspect al comportamentului uman al cetățenilor americani.

Din cauza barajelor intense de artilerie din Primul Război Mondial, mulți soldați au rămas cu sechele permanente din cauza șocului de obuz. În 1921, marchizul de Tavistock, al 11-lea duce de Bedford, a donat o clădire unui grup care intenționa să desfășoare programe de reabilitare pentru soldații britanici afectați de șocul de obuz. Grupul a preluat numele de „Institutul Tavistock" după numele binefăcătorului său. Statul Major General al Armatei Britanice a decis că era crucial să determine punctul de rupere al soldatului în condiții de luptă. Institutul Tavistock a fost preluat de Sir John Rawlings Reese, șeful Biroului de Război Psihologic al Armatei Britanice.

În secret total, s-a constituit un grup de specialiști foarte bine pregătiți în războiul psihologic. În cincizeci de ani, numele „Institutul Tavistock" apare doar de două ori în indexul ziarului New York Times, însă acest grup, potrivit lui LaRouche și altor autorități, a organizat și instruit întreg personalul Oficiului Serviciilor Strategice (OSS), al Comisiei de Evaluare a Bombardamentelor Strategice, al Cartierului General Suprem al Forțelor Expediționare Aliate și al altor grupuri militare americane cheie în timpul celui de-al Doilea Război Mondial. În timpul celui de-al Doilea Război Mondial, Institutul Tavistock a colaborat cu divizia de științe medicale a Fundației Rockefeller pentru experimente ezoterice cu droguri psihoactive.

Actuala cultură a drogurilor din Statele Unite își are originea în întregime în acest institut, care a supervizat programele de instruire ale Agenției Centrale de Informații. „Contracultura LSD" a luat naștere când Sandoz A.G., o casă farmaceutică elvețiană deținută de S.G. Warburg & Co., a dezvoltat un nou drog din acid lisergic, numit LSD.

James Paul Warburg (fiul lui Paul Warburg, care redactase Legea Rezervei Federale în 1910) a finanțat o filială a Institutului Tavistock d ă din Statele Unite, numită Institutul pentru Studii Politice, al cărui director, Marcus Raskin, a fost numit în Consiliul Național de Securitate. James Paul Warburg a înființat un program al CIA pentru a experimenta LSD pe agenții CIA, dintre care unii s-au sinucis ulterior. Acest program, MK-Ultra, supravegheat de dr. Gottlieb, a dus la procese uriașe împotriva Guvernului Statelor Unite intentate de familiile victimelor.

Institutul pentru Studii Politice a înființat o filială în campus, Students for Democratic Society (SDS), dedicată drogurilor și revoluției. În loc să finanțeze SDS din propriile resurse, Warburg a folosit fonduri ale CIA, aproximativ douăzeci de milioane de dolari, pentru a promova revoltele din campus din anii 1960.

Institutul englez Tavistock nu și-a limitat activitățile la grupurile de stânga, ci a coordonat și programele unor think tank-uri americane presupuse „conservatoare", precum Institutul Herbert Hoover de la Universitatea Stanford, Fundația Heritage, Wharton, Hudson, Institutul de Tehnologie din Massachusetts și Rand. Programele de „formare în sensibilitate" și „întâlniri sexuale" ale celor mai radicale grupuri din California, precum Institutul Esalen și numeroșii săi imitatori, au fost toate dezvoltate și implementate de psihologii Institutului Tavistock.

Unul dintre rarele articole referitoare la Institutul Tavistock apare în Business Week, din 26 octombrie 1963, alături de o fotografie a clădirii sale situate în cea mai scumpă zonă de cabinete medicale din Londra. Articolul menționează „prejudecata freudiană" a Institutului și comentează că acesta este finanțat din plin de corporații britanice de prim rang, inclusiv Unilever, British Petroleum și Baldwin Steel. Potrivit Business Week, programele de testare psihologică și programele de formare în relații de grup ale Institutului au fost implementate în Statele Unite de Universitatea din Michigan și Universitatea din California, care sunt focare de radicalism și rețea de droguri.

Marquisul de Tavistock, al 12-lea duce de Bedford, a fost cel cu care Rudolf Hess a zburat în Anglia pentru a discuta despre încheierea celui de-al Doilea Război Mondial. Se spune că Tavistock valora 40 de milioane de dolari în 1942. În 1945, soţia sa s-a sinucis prin supradoză de pastile.

BIOGRAFII

NELSON ALDRICH (1841-1915)

Senator din Rhode Island; şef al Comisiei Monetare Naţionale; fiica sa, Abby Aldrich, s-a căsătorit cu John D. Rockefeller, Jr.; a devenit bunicul omonimului său, Nelson Aldrich Rockefeller, precum şi al actualilor David Rockefeller şi Laurence Rockefeller.

WILLIAM JENNINGS BRYAN (1860-1925)

Secretarul de stat al lui Woodrow Wilson, candidat al Partidului Democrat la preşedinţie care a pierdut de trei ori, în 1896, 1900 şi 1908, şi lider al Partidului Democrat.

ALFRED OWEN CROZIER (1863-1939)

Avocat de renume în Grand Rapids, Cincinnati și New York, Crozier a scris opt cărți despre probleme juridice și monetare, concentrându-se pe opoziția sa față de înlocuirea monedei constituționale cu moneda corporativă tipărită de firme private în scopul obținerii de profit.

CLARENCE DILLON (1882-1979)

Născut în San Antonio, Texas, fiul lui Samuel Dillon și al Bertei Lapowitz. Harvard, 1905. S-a căsătorit cu Anne Douglass din Milwaukee. Fiul său, C. Douglas Dillon (ulterior secretar al Trezoreriei, 1961-65), s-a născut la Geneva, Elveția, în 1909, în timp ce se aflau în străinătate. Dillon l-a cunoscut pe William A. Read, fondatorul firmei de brokeraj de obligațiuni de pe Wall Street William A. Read and Company, prin intermediul colegului său de la Harvard, William A. Phillips, în 1912, iar Dillon s-a alăturat biroului lui Read din Chicago în același an. S-a mutat la New York în 1914. Read a murit în 1916, iar Dillon a cumpărat o participație majoritară în firmă. În timpul Primului Război Mondial, Bernard Baruch, președintele Consiliului Industriilor de Război (cunoscut drept „țarul industriei americane"), l-a rugat pe Dillon să devină vicepreședinte al Consiliului Industriilor de Război. În 1920, numele William A. Read & Company a fost schimbat în Dillon, Read & Company. Dillon a fost director al American Foreign Securities

Corporation, pe care o înfiinţase în 1915 pentru a finanţa achiziţiile de muniţie ale guvernului francez din Statele Unite. Mâna sa dreaptă de la Dillon Read, James Forrestal, a devenit secretar al Marinei, mai târziu secretar al Apărării, şi a murit în circumstanţe misterioase într-un spital federal. În 1957, revista Fortune l-a inclus pe Dillon pe lista celor mai bogaţi oameni din Statele Unite, cu o avere estimată atunci între 150 şi 200 de milioane de dolari.

ALAN GREENSPAN (1926-)

Numit de preşedintele Reagan pentru a-l succeda **pe Paul Volcker** în funcţia de preşedinte al Consiliului Guvernatorilor Sistemului Rezervei Federale în 1987. Greenspan îl succedase pe Herbert Stein în funcţia de preşedinte al Consiliului Prezidenţial al Consilierilor Economici în 1974. Era protejatul fostului preşedinte al Consiliului Guvernatorilor, **Arthur Burns** din Austria (Bernstein). Burns era un monetarist reprezentant al Şcolii de Economie vieneze a familiei Rothschild, care şi-a manifestat influenţa în Anglia prin Royal Colonial Society, o faţadă pentru familia Rothschild şi alţi bancheri englezi care îşi ascundeau profiturile din comerţul mondial cu droguri în ***Hong Kong Shanghai Bank.*** Economistul angajat al Societăţii Coloniale Regale era Alfred Marshall, inventatorul teoriei monetariste, care, în calitate de şef al Grupului Oxford, a devenit patronul lui Wesley Clair Mitchell, cel care a fondat Biroul Naţional de Cercetare Economică pentru familia Rockefeller în Statele Unite.

Mitchell, la rândul său, a devenit patronul lui Arthur Burns şi Milton Friedman, ale căror teorii sunt acum tehnicile de putere ale lui Greenspan la Consiliul Rezervei Federale. Greenspan este, de asemenea, protejatul lui Ayn Rand, o excentrică care îşi amesteca aventurile sexuale cu porunci guturale de a fi egoist. Rand a fost, de asemenea, patroana propagandistului CIA William Buckeley şi a revistei National Review. Greenspan a fost director al unor firme importante de pe Wall Street, precum *J.P. Morgan Co.*, Morgan Guaranty Trust (banca americană pentru sovietici după Revoluția bolșevică din 1917), Brookings Institution, Bowery Savings Bank, Dreyfus Fund, General Foods și Time, Inc. Cea mai impresionantă realizare a lui Greenspan a fost în calitate de președinte al Comisiei Naționale pentru Securitate Socială între 1981 și 1983. El a jonglat cu cifrele pentru a convinge publicul că Securitatea Socială era falimentară, când de fapt aceasta avea un surplus enorm.

Aceste cifre au fost apoi folosite pentru a impune lucrătorilor americani o creștere uriașă a impozitului reținut la sursă pentru asigurările sociale, invocând dictonul economic al lui David Ricardo privind legea de fier a salariilor, conform căruia lucrătorii puteau primi doar un salariu de subzistență, iar orice fonduri peste acest nivel trebuiau să le fie extorcate cu forța prin creșteri de impozite. În calitate de partener al J.P. Morgan Co. din 1977, Greenspan a reprezentat linia neîntreruptă de control al Sistemului Rezervei Federale de către firmele reprezentate la întâlnirea secretă de pe *Insula Jekyll din 1910*, unde Henry P. Davison, mâna dreaptă a lui J.P. Morgan, a fost o figură-cheie în redactarea Legii Rezervei Federale.

La câteva zile după preluarea funcției de președinte al Consiliului Rezervei Federale, Greenspan a majorat imediat rata dobânzii pe 4 septembrie 1987, prima astfel de majorare în trei ani de prosperitate generală, și a precipitat prăbușirea pieței bursiere din octombrie 1987, *Lunea Neagră*, când media Dow Jones a scăzut cu 508 puncte. Sub conducerea lui Greenspan, Consiliul Rezervei Federale a împins treptat Statele Unite tot mai adânc în recesiune, fără ca membrii complacenți ai Congresului să emită vreun cuvânt de critică.

COLONELUL EDWARD MANDELL HOUSE (1858-1938)

Fiu al unui agent Rothschild din Texas. A reuşit să aleagă cinci guvernatori consecutivi ai Texasului; a devenit consilierul lui Woodrow Wilson în 1912. A cooperat cu **Paul Warburg** pentru a obţine adoptarea Legii Rezervei Federale de către Congres în 1913.

ROBERT MARION LAFOLLETTE (1855-1925)

A fost senator din Wisconsin între 1905 şi 1925. A condus reformatorii agrari în opoziţia faţă de bancherii din est şi planurile acestora privind Legea Rezervei Federale. A candidat la preşedinţie în 1924 pe lista Partidului Progresist-Socialist.

CHARLES AUGUSTUS LINDBERGH, SR. (1860-1924)

Congresman din Minnesota (1907-1917) care a condus lupta împotriva adoptării Legii Rezervei Federale în 1913. A ocupat această funcţie până în 1917, când a demisionat pentru a candida la funcţia de guvernator al statului Minnesota. El a dus o campanie bună, în ciuda atacurilor negative din presă conduse de The New York Times. Campania sa a fost afectată negativ când agenţii federali i-au ars cărţile, inclusiv *Why Is Your Country At War? (De ce* ţara ta este în război?), precum şi documentele şi conţinutul biroului său de acasă din Little Falls, Minnesota.

LOUIS T. McFADDEN (1876-1936)

Membru al Congresului şi preşedinte al Comisiei pentru bancă şi monedă a Camerei Reprezentanţilor, 1927-1933; s-a opus cu curaj manipulatorilor Sistemului Rezervei Federale în anii 1920 şi 1930. A introdus proiecte de lege pentru punerea sub acuzare a Consiliului Guvernatorilor Rezervei Federale şi a oficialilor aliaţi. După trei tentative de asasinat, a murit în circumstanţe misterioase.

JOHN PIERPONT MORGAN (1837-1913)

Considerat cel mai influent finanţist american la începutul secolului. Who's Who din 1912 afirma că „controlează peste 50.000 de mile de căi ferate în Statele Unite". A organizat United States Steel Corporation. A devenit reprezentant al ***Casei Rothschild*** prin intermediul tatălui său, **Junius S. Morgan**, care devenise partener la Londra al George Peabody & Company, mai târziu *Junius S. Morgan Company*, un agent al familiei Rothschild. **John Pierpont Morgan, Jr.** i-a succedat tatălui său la conducerea imperiului Morgan.

DAVID MULLINS (1946-)

Numit guvernator al Consiliului Rezervei Federale la 21 mai 1990, mandatul lui David Mullins se încheie la 31 ianuarie 1996. A fost recent nominalizat pentru funcţia de vicepreşedinte al Consiliului Rezervei Federale şi a ocupat funcţia de secretar adjunct al Trezoreriei pentru Finanţe Interne în perioada 1988-1990, primind cea mai înaltă distincţie a departamentului, Premiul

Alexander Hamilton, pentru contribuţia sa la programe precum combustibilii sintetici, finanţele federale, Consiliul de Asistenţă pentru Credite Agricole, şi ca autor al Planului Preşedintelui pentru salvarea instituţiilor de economii şi împrumuturi. Este un văr îndepărtat al autorului, descendent al lui John Mullins d, primul colonist înregistrat în zona de vest a Virginiei, erou al bătăliei de la King's Mountain şi beneficiar al unei concesii de 200 de acri de teren pentru serviciile sale în Revoluţia Americană.

WRIGHT PATMAN (1893-1976)

Congresman şi preşedinte al Comitetului pentru bancă şi monedă al Camerei Reprezentanţilor între 1963 şi 1974. A condus lupta în Congres pentru a opri manipulatorii Sistemului Rezervei Federale din 1937 până la moartea sa în 1976.

CONGRESMANUL ARSENE PUJO

A fost membru al Congresului între 1903 şi 1913. Democrat din Louisiana. Preşedinte al Comisiei pentru bancă şi monedă a Camerei Reprezentanţilor. Preşedinte al Subcomisiei „Pujo Hearings", 1912.

SIR GORDON RICHARDSON (1915-)

Director al ***Băncii Angliei*** din 1973. Preşedinte al J. Henry Schroder Wagg, Londra, 1962-72; director al J. Henry Schroder Banking Corporation, New York; Schroder Banking Corporation, New York; Lloyd's Bank, Londra; Rolls Royce.

JACOB SCHIFF (1847-1920)

Născut în casa Rothschild din Frankfurt, Germania. A emigrat în Statele Unite, s-a căsătorit cu Therese Loeb, fiica lui Solomon Loeb, fondatorul ***Kuhn, Loeb and Co.*** Schiff a devenit partener senior al Kuhn, Loeb and Co. și, în calitate de reprezentant al intereselor **Rothschild**, a obținut controlul asupra majorității rețelei feroviare din Statele Unite.

BARONUL KURT VON SCHRODER (1889-)

Bancherul personal al lui **Adolf Hitler**, a avansat fonduri pentru accederea lui Hitler la putere în Germania în 1933; reprezentant german al sucursalelor din Londra și New York ale J. Henry Schroder Banking Corporation; lider senior al SS; director al tuturor filialelor germane ale I.T.T.; cercul de prieteni al lui Himmler; consilier al consiliului de administrație al ***Deutsche Reichsbank*** (banca centrală germană).

ANTHONY MORTON SOLOMON (1919-)

Absolvent al Universității Harvard, economist la Oficiul de Administrare a Prețurilor, 1941-42; misiune financiară în Iran, 1942-46; Agenția pentru Dezvoltare Internațională în America de Sud, 1965-69; președinte al Corporației Internaționale de Investiții pentru Iugoslavia, 1969-72; consilier al președintelui Comitetului pentru Finanțe din Camera Reprezentanților, 1972-73; subsecretar pentru Afaceri Monetare, Trezoreria SUA, 1977-80; președinte al Băncii Rezervei Federale din New York, 1980-

SAMUEL UNTERMYER (1858-1940)

Partener al firmei de avocatură *Guggenheimer și Untermyer* din New York, care a condus „Audierea Pujo" a Comitetului pentru Bănci și Monedă al Camerei Reprezentanților în 1912. Avocat al **lui Rogers** și **Rockefeller** în numeroase procese importante împotriva lui F. Augustus Heinze, Thomas W. Lawson și alții. A câștigat un onorariu unic de 775.000 de dolari pentru gestionarea fuziunii Utah Copper Company. Conform unui articol din The New York Times din 26 mai 1924, a cerut recunoașterea imediată a Rusiei Sovietice la o întâlnire de la Carnegie Hall. Prestigiul și puterea lui Untermyer sunt ilustrate de faptul că acest necrolog de pe prima pagină a *ziarului The New York Times* a ocupat șase coloane. Prezența sa în Who's Who a fost cea mai lungă timp de treisprezece ani.

FRANK VANDERLIP (1864-1937)

Secretar adjunct al Trezoreriei între 1897 și 1901; și-a câștigat renumele prin finanțarea Războiului hispano-american, emițând obligațiuni în valoare de 200.000.000 de dolari pe durata mandatului său, în cadrul a ceea ce este cunoscut drept *„Războiul Băncii Naționale a* Orașului" (*National City Bank's* War). Președinte al Băncii Naționale a Orașului între 1909 și 1919. Unul dintre membrii fondatori ai grupului de la Jekyll Island care ***a redactat Legea Rezervei Federale*** în noiembrie 1910. Acest fapt important nu este menționat în necrologul extins publicat în The New York Times, la 30 iunie 1937.

GEORGE SYLVESTER VIERECK (1884-1962)

Autor al studiului definitiv *The Strangest Friendship in History, Woodrow Wilson and Col. House*, Liveright, 1932. Un poet de seamă al începutului anilor 1900, recenzat pe prima pagină a *The*

New York Times Book Review şi cunoscut ca fiind cel mai important cetăţean germano-american al Statelor Unite.

PAUL VOLCKER (1927-)

Preşedinte al Consiliului Guvernatorilor Rezervei Federale din 1979, numit de **preşedintele Carter**, renumit de **preşedintele Reagan** pentru un nou mandat de patru ani începând cu 6 august 1983. A studiat la Princeton, Harvard şi London School of Economics; a lucrat la Banca Rezervei Federale din New York, 1952-57; Chase Manhattan Bank, 1957-61; Departamentul Trezoreriei, 1961-74; preşedinte al Băncii Rezervei Federale din New York, 1975-79.

PAUL WARBURG (1868-1932)

Recunoscut de autorităţile avizate ca fiind autorul real al planului nostru privind banca centrală, ***Sistemul Rezervei Federale***. A emigrat în Statele Unite din Germania în 1904; *partener la banca Kuhn Loeb and Company*, New York; naturalizat în 1911. Membru al Consiliului Guvernatorilor Rezervei Federale iniţial, 1914-1918; preşedinte al Consiliului Consultativ Federal, 1918-1928. Fratele lui Max Warburg, care a fost şeful Serviciului Secret German în timpul Primului Război Mondial şi care a reprezentat Germania la Conferinţa de Pace, 1918-1919, în timp ce Paul era preşedintele Sistemului Rezervei Federale.

SIR WILLIAM WISEMAN (1885-1962)

Partener al ***Kuhn, Loeb and Company***; şef al Serviciului Secret Britanic în timpul Primului Război Mondial. A colaborat îndeaproape cu **colonelul House,** dominând Statele Unite şi Anglia.

BIBLIOGRAFIE

Ziare:

- New York Times 1858-1983
- Washington Post 1933-1983

Periodice:

- Barron's Weekly 1921-1983
- Business Week 1929-1983
- Revista Forbes 1917-1983
- Fortune 1930-1983
- Harper's 1850-1983
- National Review 1955-1983
- Newsweek 1933-1983
- The Nation 1865-1983
- The New Republic 1914-1983
- Time 1923-1983

Cărţi:

- Current Biography 1940-1983 H.W. Wilson Co., N.Y.
- Dicţionarul biografic naţional, Scribners, N.Y. 1934-1965
- Directorul directorilor, Londra 1896-1983
- Directorul directorilor din oraşul New York 1898-1918
- Dicţionarul concis de biografii naţionale, 1903-1979, Oxford University Press
- Registrul Congresului 1910-1983
- Indexul internaţional al publicaţiilor periodice 1920-1965, H.W. Wilson Co., N.Y.

- Indexul Poole al literaturii periodice 1802-1906, Wm. T Poole, Chicago Ghidul cititorului pentru periodice 1900-1983
- Ghidul bancherilor al lui Rand McNally 1904-1928
- Moody's Banking and Finance 1928-1968
- Cine este cine în America 1890-1983, A.N. Marquis Co.
- Who's Who, Marea Britanie 1921-1983
- Cine a fost cine în America 1607-1906, A.N. Marquis Co.
- Who's Who în lume 1972-1983, A.N. Marquis Co.
- Cine este cine în finanțe și industrie 1936-1969, A.N. Marquis Co.
- Registrul directorilor Standard and Poor's 1928-1983
- Audierea Comisiei Senatului privind Legea Rezervei Federale, 1913
- Audierea Comisiei Camerei Reprezentanților privind Legea Rezervei Federale, 1913
- Audierea Comisiei Camerei Reprezentanților privind Money Trust (Comisia Pujo), 1913
- Ancheta Camerei Reprezentanților privind Sistemul Rezervei Federale, 1928
- Ancheta Senatului privind aptitudinea lui Eugene Meyer de a fi guvernator al Consiliului Rezervei Federale, 1930
- Audierea Senatului privind numirea lui Thomas B. McCabe în funcția de guvernator al Sistemului Rezervei Federale, 1948
- Audierea Comisiei Camerei Reprezentanților privind extinderea datoriei publice, 1945
- Directorii Rezervei Federale: un studiu privind influența corporativă și bancară.
- Raport al personalului, Comisia pentru bancă, monedă și locuințe, Camera Reprezentanților, al 94-lea Congres, a 2-a sesiune, august 1976.

- Sistemul Rezervei Federale, scopuri şi funcţii, Consiliul Guvernatorilor, 1963
- O istorie a crimelor monetare, Alexander Del Mar, Societatea Del Mar, 1899
- Inflaţia monedei fiduciare în Franţa, Andrew Dickson White, Fundaţia pentru Educaţie Economică, N.Y. 1959
- Războiul împotriva aurului, Antony C. Sutton, 76 Press, California, 1977
- Wall Street şi ascensiunea lui Hitler, Antony C. Sutton, 76 Press, California, 1976
- Discursuri adunate ale lui Louis T McFadden, Registrul Congresului
- Adevărul despre Rockefeller, E.M. Josephson, Chedney Press, N.Y. 1964
- Moartea ciudată a lui Franklin D. Roosevelt, E.M. Josephson, Chedney Press, N.Y. 1948
- În spatele tronului, Paul Emden, Hoddard Stoughton, Londra, 1934
- Puterea banilor în Europa, Paul Emden, Hoddard Stoughton, Londra
- Baronii hoţi, Mathew Josephson, Harcourt Brace, N.Y. 1934
- Familia Rothschild, Frederic Morton, Curtis Publishing Co., 1961
- Magnificii Rothschild, Cecil Roth, Robert Hale Co., 1939
- Pioni în joc, William Guy Carr, (tipărită privat), 1956
- Ridicarea vălurilor, Francois Coty, Paris, 1940
- Scriitori despre istoria monetară engleză, 1626-1730, Londra, 1896
- Sistemul Rezervei Federale după cincizeci de ani, Comitetul pentru bancă şi monedă, ianuarie, februarie 1964
- Conspiraţia bancherilor, Arthur Kitson, 1933

- Legile Statelor Unite privind moneda, finanțele și banca din 1789 până în 1891, Charles F. Dunbar, Ginn & Co., Boston, 1893
- Politica monetară a abundenței în locul penuriei, Comitetul pentru bancă și monedă, 1937-1938
- Cea mai ciudată prietenie din istorie, Woodrow Wilson și col. House, George Sylvester Viereck, Liveright, N.Y. 1932
- Elaborarea politicii Rezervei Federale, G.L. Bach, Knapf, N.Y. 1950
- Conducătorii Americii, un studiu al capitalului financiar, Anna Rockester, International Publishers, N.Y. 1936
- Sistemul bancar din Statele Unite înainte de Războiul Civil, Comisia Monetară Națională, 1911
- Sistemul bancar național, Comisia Monetară Națională, 1911
- Sistemul Rezervei Federale, Paul Warburg, Macmillan, N.Y. 1930
- Roosevelt, Wilson și Legea Rezervei Federale, Col. Elisha Garrison, Christopher Publishing House, Boston, 1931
- Oamenii care conduc America, Arthur D. Howden Smith, Bobbs Merrill, N.Y., 1935
- Giganții financiari ai Americii, George E Redmond, Stratford, Boston, 1922
- Marea Enciclopedie Sovietică, Macmillan, Londra, 1973
- Enciclopedia Britannica, 1979
- Enciclopedia Americana, 1982
- Dope, Inc., Goldman, Steinberg et al., New Benjamin Franklin House Publishing Company, N.Y. 1978
- Băncile, moneda și trustul monetar, Charles A. Lindbergh, Sr. 1913
- Ciudata carieră a domnului Hoover sub două steaguri, John Hamill, William Faro, N.Y. 1931

- Sistemul Rezervei Federale, H. Parker Willis, Ronald Co., 1923
- ABC-ul Sistemului Rezervei Federale, E.W. Kemmerer, Universitatea Princeton, 1919
- Aventuri în finanțele constructive, Carter Glass, Doubleday, N.Y. 1927
- Reforma bancară în Statele Unite, Paul Warburg, Universitatea Columbia, 1914
- Banii SUA vs. moneda corporativă, Alfred Crozier, Cleveland, 1912
- Philip Dru - Administrator, E.M. House, B.W. Huebsch, N.Y. 1912
- Documentele intime ale colonelului House, editate de Charles Seymour, 4 vol. 1926-1928, Houghton Mifflin Co.
- Marea conspirație a Casei Morgan, H.W. Loucks, 1916
- Capital City, McRae și Cairncross, Eyre Methuen, Londra, 1963
- Agresia, Otto Lehmann-Russbeldt, Hutchinson, Londra, 1934
- Imperiul finanțelor înalte, Victor Perlo, International Pub., 1957
- Memoriile lui Max Warburg, Berlin, 1936
- Scrisori și prietenii ale lui Sir Cecil Spring-Rice Tragedie și speranță, Carroll Quigley, Macmillan, N.Y.
- Politica banilor, Brian Johnson, McGraw Hill, N.Y. 1970
- Un manual despre bani, Comisia pentru bancă și monedă a Camerei Reprezentanților, 1964
- Pierpont Morgan și prietenii săi, Anatomia unui mit, George Wheeler, Prentice Hall, N.J., 1973
- Pierpont Morgan, Herbert Satterlee, Macmillan, New York, 1940

- Morgan cel Magnific, John K. Winkler, Vanguard, N.Y., 1930
- Wilson, Arthur Link (5 vol.) Princeton University Press, Princeton, N.J.
- Începuturi istorice... Rezerva Federală, Roger T Johnson, Banca Rezervei Federale din Boston, 1977 (7 ediții, 1977-1982, în total 92.000 de exemplare.) [Este de remarcat faptul că această broșură de 64 de pagini nu menționează deloc Insula Jekyll, autorul Paul Warburg sau sursa fondurilor de promovare care au dus la promulgarea Legii Rezervei Federale la 23 decembrie 1913.]
- Rezerva Federală și dolarul nostru manipulat, Martin A. Larson, Devin Adair Co., Old Greenwich, Conn., 1975
- Chain Banking, Stockholder and Loan Links of 200 Largest Member Banks, Comisia pentru bancă și monedă a Camerei Reprezentanților, 3 ianuarie 1963
- Băncile internaționale, Raport al personalului, Comisia pentru bancă, monedă și locuințe, mai 1976
- Auditul Sistemului Rezervei Federale, Audieri în fața Comisiei pentru bancă și monedă a Camerei Reprezentanților, 1975.

ÎNTREBĂRI ŞI RĂSPUNSURI

În timpul prelegerilor susţinute în multe ţări şi al apariţiilor în emisiuni de radio şi televiziune în calitate de invitat, autorul primeşte frecvent întrebări despre Sistemul Rezervei Federale. Cele mai frecvente întrebări şi răspunsurile la acestea sunt următoarele:

Î: Ce este Sistemul Rezervei Federale?

R: ***Sistemul Rezervei Federale*** nu este federal; nu are rezerve; şi nu este un sistem, ci mai degrabă un sindicat criminal. Este produsul activităţii sindicaliste criminale a unui consorţiu internaţional de familii dinastice care alcătuiesc ceea ce autorul numeşte ***„Ordinea*** Mondială" (vezi **„THE WORLD** ORDER" şi **„THE CURSE OF** CANAAN", ambele de **Eustace Mullins**).[133] Sistemul Rezervei Federale este o bancă centrală care operează în Statele Unite. Deşi studentul nu va găsi o astfel de definiţie a unei bănci centrale în manualele niciunei universităţi, autorul a definit o bancă centrală după cum urmează:

- Este puterea financiară dominantă a ţării care o găzduieşte.
- Este în întregime deţinută de sectorul privat, deşi încearcă să dea impresia unei instituţii guvernamentale.
- Are dreptul de a tipări şi emite bani, prerogativa tradiţională a monarhilor.
- Este înfiinţată pentru a asigura finanţarea războaielor.
- Funcţionează ca un monopol monetar, având putere totală asupra tuturor banilor şi creditelor populaţiei.

Î: Când Congresul a adoptat Legea Rezervei Federale pe 23 decembrie 1913, ştiau membrii Congresului că înfiinţau o bancă centrală?

R: Membrii celui de-al 63-lea Congres nu aveau cunoştinţă despre o bancă centrală sau despre operaţiunile sale monopoliste. Mulţi

133 Publicat de Omnia Veritas Ltd – www.omnia-veritas.com

dintre cei care au votat pentru proiectul de lege au fost înşelaţi; alţii au fost mituiţi; alţii au fost intimidaţi. Prefaţa Legii Rezervei Federale prevede:

„O lege care prevede înfiinţarea băncilor de rezervă federală, furnizarea unei monede elastice, asigurarea mijloacelor de rediscountare a efectelor comerciale, instituirea unei supravegheri mai eficiente a activităţii bancare în Statele Unite şi pentru alte scopuri."

„***Alte*** scopuri" nespecificate erau acelea de a oferi conspiratorilor internaţionali un ***monopol asupra tuturor banilor şi creditelor*** poporului Statelor Unite; de a finanţa Primul Război Mondial prin această nouă bancă centrală, de a pune muncitorii americani la mila agenţiei de colectare a sistemului Rezervei Federale, ***Serviciul de Venituri Interne***, şi de a permite monopolistilor să confişte activele concurenţilor lor şi să-i scoată din afaceri.

Î: Sistemul Rezervei Federale este o agenţie guvernamentală?

R: Chiar şi actualul preşedinte al Comisiei bancare a Camerei Reprezentanţilor susţine că *Rezerva Federală este o agenţie guvernamentală* şi că nu se află în proprietate privată. Adevărul este că ***guvernul nu a deţinut niciodată vreo acţiune a Băncii Rezervei Federale.*** Această mascaradă provine din faptul că preşedintele Statelor Unite îi numeşte pe guvernatorii Consiliului Rezervei Federale, care sunt apoi confirmaţi de Senat. Autorul secret al *legii*, bancherul **Paul Warburg**, un reprezentant al băncii **Rothschild**, a inventat din senin denumirea *de* „Federal" pentru legea pe care a redactat-o pentru a-şi îndeplini două dintre aspiraţiile sale preferate: o *„monedă* elastică" (cecuri fără acoperire) şi facilitarea tranzacţionării accepturilor, credite comerciale internaţionale. **Warburg** a fost fondatorul şi preşedintele *International Acceptance Corporation* şi a obţinut profituri de miliarde de dolari din tranzacţionarea acestor efecte comerciale. Secţiunea 7 din Legea Rezervei Federale prevede

„băncile Rezervei Federale, inclusiv capitalul şi surplusul acestora, precum şi veniturile derivate din acestea, vor fi scutite de impozitele federale, statale şi locale, cu excepţia impozitelor pe proprietăţi imobiliare."

Clădirile guvernamentale nu plătesc impozit pe proprietate imobiliară.

Î: Bancnotele noastre de un dolar, care poartă eticheta „bancnote ale Rezervei Federale", sunt bani ai guvernului?

R: ***Bancnotele Rezervei Federale*** sunt de fapt bilete la ordin, ***promisiuni de plată***, mai degrabă decât ceea ce considerăm în mod tradițional bani. Sunt bancnote purtătoare de dobândă emise în schimbul obligațiunilor de stat purtătoare de dobândă, hârtie emisă fără altă garanție decât hârtia însăși, cunoscută sub numele de monedă fiduciară, deoarece are doar autoritatea emitentului pentru a garanta aceste bancnote. Legea Rezervei Federale autorizează emiterea acestor bancnote,

„în scopul acordării de avansuri băncilor Rezervei Federale... Bancnotele menționate vor fi obligațiuni ale Statelor Unite. Acestea vor fi răscumpărate în aur la cerere la Departamentul Trezoreriei Statelor Unite din Districtul Columbia."

Turiștii care vizitează *Biroul de Tipărire și Gravură* de pe Mall-ul din Washington, D.C. pot vedea tipărirea bancnotelor Rezervei Federale la această agenție guvernamentală, angajată de ***Sistemul Rezervei Federale*** pentru suma nominală de 0,00260 fiecare, în unități de 1.000, la același preț indiferent de valoarea nominală. Aceste bancnote, ***tipărite pentru o bancă privată***, devin apoi pasive și obligații ale guvernului Statelor Unite și se adaugă la datoria noastră actuală de 4 trilioane de dolari. Guvernul nu avea nicio datorie când a fost adoptată Legea Rezervei Federale în 1913.

Î: Cine deține acțiunile băncilor Rezervei Federale?

R: Familiile dinastice ale *Ordinii Mondiale* dominante, internaționaliști care nu sunt loiali niciunei rase, religii sau națiuni. Sunt familii precum Rothschild, **Warburg**, **Schiff**, Rockefeller, **Harriman**, **Morgan** și altele cunoscute drept *elita* sau „cei mari și bogați".

Î: Pot cumpăra aceste acțiuni?

R: **Nu**. Legea Rezervei Federale stipulează că acțiunile băncilor Rezervei Federale nu pot fi cumpărate sau vândute pe nicio bursă de valori. Ele se transmit prin moștenire ca avere a „marilor bogați".

Aproape jumătate dintre proprietarii de acţiuni ale băncilor Rezervei Federale *nu sunt americani.*

Î: Serviciul Fiscal Federal este o agenţie guvernamentală?

R: Deşi figurează ca parte a *Departamentului Trezoreriei*, ***IRS*** este, de fapt, o agenţie privată de colectare a creanţelor pentru Sistemul Rezervei Federale. Aceasta îşi are originea în ***„Mâna Neagră"*** *din Italia medievală*, o grupare d ă care se ocupa cu recuperarea datoriilor prin forţă şi şantaj pentru *familiile mafiote italiene* aflate la putere. Toate impozitele pe veniturile personale colectate de ***IRS*** trebuie, conform legii, depuse la cea mai apropiată ***bancă a Rezervei Federale***, în temeiul secţiunii 15 din Legea Rezervei Federale,

„Banii deţinuţi în fondul general al Trezoreriei pot fi... depuşi în băncile Rezervei Federale, bănci care, la cererea Secretarului Trezoreriei, vor acţiona ca agenţi fiscali ai Statelor Unite."

Î: Consiliul Rezervei Federale controlează preţul zilnic şi cantitatea de bani?

R: ***Consiliul Guvernatorilor Rezervei Federale***, reunit în şedinţă privată sub forma Comitetului Federal pentru Piaţa Deschisă împreună cu preşedinţii ***băncilor Rezervei Federale***, controlează întreaga activitate economică din Statele Unite prin emiterea de ordine de cumpărare a obligaţiunilor de stat pe piaţa deschisă, ***creând bani din nimic*** şi provocând presiune inflaţionistă sau, dimpotrivă, prin vânzarea obligaţiunilor de stat pe piaţa deschisă şi stingerea datoriei, creând presiune deflaţionistă şi provocând scăderea pieţei bursiere.

Î: Poate Congresul să desfiinţeze Sistemul Rezervei Federale?

R: Ultima dispoziţie a Legii Rezervei Federale din 1913, Sec. 30, prevede:

„Dreptul de a modifica, altera sau abroga prezenta lege este rezervat în mod expres."

Această formulare înseamnă că ***Congresul*** poate, în orice moment, să ia măsuri pentru a desfiinţa Sistemul Rezervei Federale, sau să răscumpere acţiunile şi să le integreze în Departamentul

Trezoreriei, sau să modifice Sistemul după cum consideră de cuviință. Nu a făcut-o niciodată.

Î: Există mulți critici ai Rezervei Federale în afară de dumneavoastră?

R: Când am început cercetările mele în 1948, ***Fed*** avea doar treizeci și patru de ani. Nu era niciodată menționată în presă. Astăzi, ***Fed*** este discutată deschis în secțiunea de știri și în paginile financiare. Există proiecte de lege în Congres pentru ca ***Fed*** să fie auditată de Biroul de Contabilitate al Guvernului. Datorită *dezvăluirilor mele*, aceasta nu mai este o vacă sacră, deși cei trei mari candidați la președinție d, în 1992, **Bush**, **Clinton** și **Perot**, s-au alăturat într-un cor unanim în timpul dezbaterilor, declarând că s-au angajat să nu se atingă de Fed.

Î: Ați suferit consecințe personale din cauza dezvăluirilor dvs. despre Fed?

R: Am fost concediat din cadrul *Bibliotecii Congresului* după ce am publicat această dezvăluire în 1952, fiind singura persoană concediată vreodată din personal din motive politice. Când am dat în judecată, instanța a refuzat să audieze cazul. Întreaga ediție germană a acestei cărți a fost arsă în 1955, fiind singura carte arsă în Europa de la cel de-al Doilea Război Mondial încoace. Am îndurat hărțuiri continue din partea agențiilor guvernamentale, așa cum am detaliat în cărțile mele „A WRIT FOR MARTYRS" și „MY LIFE IN CHRIST". Și familia mea a suferit hărțuiri. Când am vorbit recent la Wembley Arena din Londra, presa m-a denunțat ca fiind „un nebun sinistru".

Î: Presa susține întotdeauna Fed-ul?

R: Au existat câteva defecțiuni încurajatoare în ultimele luni. Un articol de pe prima pagină a ***Wall Street Journal***, din 8 februarie 1993, afirma:

„Structura actuală a Fed este greu de justificat într-o democrație. Este o ***instituție*** ciudat ***de nedemocratică.*** Organizarea sa este atât de învechită încât există o singură bancă de rezervă la vest de Munții Stâncoși și două în Missouri... A avea o bancă centrală cu monopol asupra emisiunii de monedă într-o societate democratică este un act de echilibru foarte dificil."

ALTE TITLURI

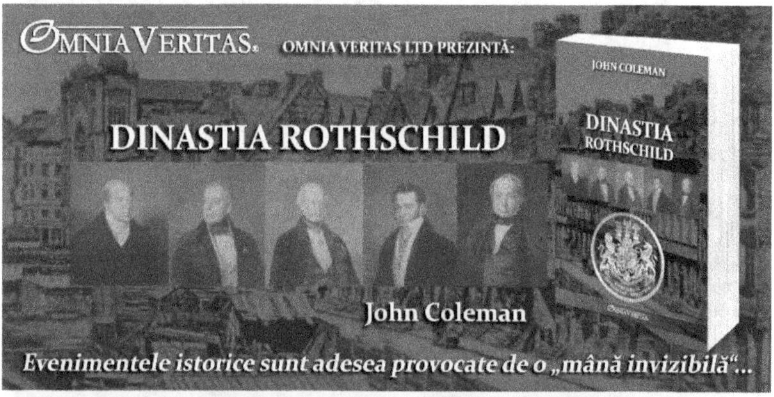

OMNIA VERITAS
OMNIA VERITAS LTD PREZINTĂ:
JOHN COLEMAN
DIPLOMAŢIA PRIN ÎNŞELĂCIUNE
O RELATARE A COMPORTAMENTULUI TRĂDĂTOR AL GUVERNELOR MARII BRITANII ŞI STATELOR UNITE
Istoria înființării Organizației Națiunilor Unite este un exemplu clasic de diplomație a înșelăciunii.

OMNIA VERITAS
OMNIA VERITAS LTD PREZINTĂ:
FRANCMASONERIA
de la A la Z
John Coleman
JOHN COLEMAN
FRANCMASONERIA de la A la Z
În secolul XXI, masoneria a devenit mai puțin o lojă secretă și mai mult o „societate a misterelor".
Această carte explică ce este masoneria

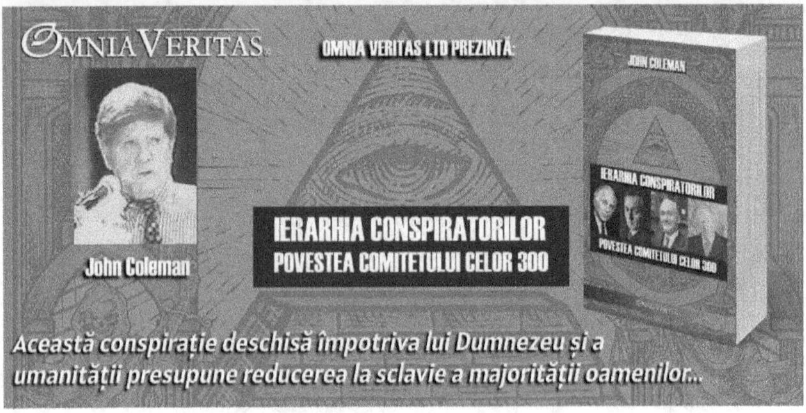
OMNIA VERITAS
OMNIA VERITAS LTD PREZINTĂ:
JOHN COLEMAN
John Coleman
IERARHIA CONSPIRATORILOR
POVESTEA COMITETULUI CELOR 300
Această conspirație deschisă împotriva lui Dumnezeu și a umanității presupune reducerea la sclavie a majorității oamenilor...

OMNIA VERITAS
OMNIA VERITAS LTD PREZINTĂ:
INSTITUTUL TAVISTOCK PENTRU RELAŢII UMANE
Modelarea declinului moral, spiritual, cultural, politic și economic al Statelor Unite
John Coleman
Fără Tavistock, nu ar fi existat nici Primul, nici Al Doilea Război Mondial...
Secretele Institutului Tavistock pentru Relații Umane

OMNIA VERITAS
OMNIA VERITAS LTD PREZINTĂ:
LUPTĂM PENTRU PETROL
O istorie a războaielor petroliere ale SUA
JOHN COLEMAN
Povestea istorică a industriei petroliere ne poartă prin meandrele „diplomației".
Lupta pentru monopolizarea resursei râvnite de toate națiunile

OMNIA VERITAS
OMNIA VERITAS LTD PREZINTĂ:
O singură ordine mondială
DICTATURA SOCIALISTĂ
În toți acești ani, în timp ce atenția noastră era îndreptată spre atrocitățile comunismului de la Moscova, socialiștii de la Washington erau ocupați să jefuiască America!
JOHN COLEMAN
„Inamicul de la Washington este mai de temut decât cel de la Moscova".

www.ingramcontent.com/pod-product-compliance
Lightning Source LLC
LaVergne TN
LVHW011259061026
849535LV00005B/1316